Lehrerhandbuch Erzieherausbildung Band 1

Kompetenzorientierte Unterrichtssequenzen

Von Hanna Heinz

3., aktualisierte Auflage

HT

Handwerk und Technik • Hamburg

Über die Autorin

Hanna Heinz unterrichtete als Dipl. Sozialpädagogin (FH) langjährig in der beruflichen Ausbildung von Erziehern/Erzieherinnen und Kinderpflegern/Kinderpflegerinnen an der Fachakademie für Sozialpädagogik und an der Berufsfachschule für Kinderpflege in Lindau/Bayern. Neben der unterrichtlichen Tätigkeit begleitete sie die praktische Ausbildung in verschiedenen Erziehungs- und Bildungseinrichtungen. Sowohl eine Klassenlehrerausbildung, eine heilpädagogische Zusatzausbildung und die Qualifikation als Mentorin zum Kindergartenprojekt „Giraffentraum – gewaltfreie Kommunikation für den vorschulischen Bereich“ bereichern ihre Arbeit.

Symbole im Buch

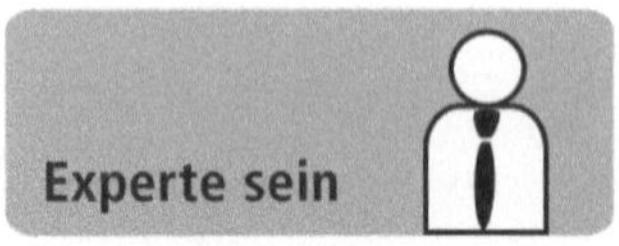

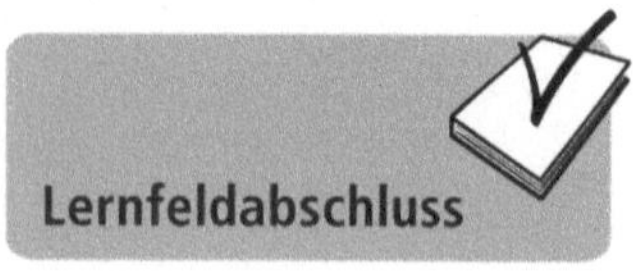

Weiteres digitales Zusatzmaterial im mitgelieferten E-Book

Außerdem erhältlich: Lehrerhandbuch Band 2 (Best.-Nr. 4710), Lehrerhandbuch Band 3 (Best.-Nr. 4712), Lehrerhandbuch Band 4 (Best.-Nr. 4713)

ISBN 978-3-582-23167-3 Best.-Nr. 4709

Verlag Handwerk und Technik GmbH
Lademannbogen 135, 22339 Hamburg; Postfach 63 05 00, 22331 Hamburg – 2024
E-Mail: info@handwerk-technik.de – Internet: www.handwerk-technik.de

Herstellung: Hildegard Graf, 82110 Germering
Satz und Layout: PER Medien & Marketing GmbH, 38102 Braunschweig
Umschlagmotive: stock.adobe.com: Bild 1 (bittedankeschön); Bild 2 (Lucian_3D); Bild 4 (ecco); Bild 5 (Ekler); istockphoto.com: Bild 3 (foto-ruhrgebiet); Bild 6 (CSA-Images)
Druck: Esser printSolutions GmbH, 75015 Bretten

Vorwort

Mit dem Rahmenlehrplan von 2020 etabliert ein handlungs- und kompetenzorientierter Unterricht in der Ausbildung von Erzieherinnen und Erziehern, d. h., es kann notwendigerweise auf der Metaebene erfahrbar werden, was später in der täglichen pädagogischen Arbeit mit Kindern, Jugendlichen und jungen Erwachsenen praktiziert werden soll. Damit wird in der Ausbildung nachvollzogen, was für die erzieherische Praxis mit der Einführung der Erziehungs- und Bildungspläne längst gilt.

Als „Grundsätze der Ausbildung“ werden im Rahmenlehrplan für die Fachschule Sozialpädagogik (2020) u.a. drei Grundlagen beschrieben:

- Die **Kompetenzorientierung** der Ausbildung, wobei Kompetenz folgendermaßen definiert wird:
  Das kompetente Handeln einer Fachkraft wird beschrieben als Möglichkeit, „Wissen und Fertigkeiten, die das Handeln in einer konkreten Situation erfordern, mit professioneller Haltung und Bereitschaft zum Handeln“ zu verbinden: „Situationsbezug, fachliche Expertise, Persönlichkeit und Performanz als tatsächlich erbrachte Leistung sind die spezifischen Merkmale des Kompetenzbegriffs.“ (Rahmenlehrplan FS SP 2020, S. 8)

In Korrespondenz mit der Kompetenzorientierung zeigt der Lehrplan

- die **Handlungsorientierung** als ein didaktisches und lernorganisatorisches Konzept und als weiteren Grundsatz der Ausbildung auf:
  Sie „zielt auf eine konstruktive Lehr-/Lernprozessgestaltung, die auf die Interdependenz von Denken und Handeln aufbaut. Ein wesentliches didaktisches Element in der Ausbildung beruflicher Handlungskompetenz bildet die Orientierung des Unterrichts an der Bearbeitung komplexer beruflicher Aufgabenstellungen.“ (ebd. S. 8)
- Die **Entwicklungsorientierung** folgt – womit der Erwerb „tragfähiger Berufsvorstellungen und Handlungskonzepte, indem [Studierende] ihre Alltagstheorien, Orientierungs- und Handlungsmuster fachwissenschaftlich reflektieren und in der Praxis an zentralen Aufgaben des Berufs erproben und weiterentwickeln,“ gemeint ist (ebd. S. 11).

Für Lehrkräfte an Fachschulen und Fachakademien stellt sich die Frage, wie sie die benannten Grundsätze im Unterricht verwirklichen und in konkrete didaktische Maßnahmen umsetzen können. Auch dafür gibt der Lehrplan Anhaltspunkte, indem er ein **konstruktivistisches Verständnis von Lernen** vorgibt und Lernen bezeichnet als einen aktiven, selbst gesteuerten, konstruktiven, emotionalen, situativen und sozialen Prozess.

Dieser Prozess legt folgende Unterrichtsprinzipien nahe:

- Lernen in vollständigen Handlungsvollzügen
- Fachwissenschaften im beruflichen Kontext
- Theorie-Praxis-Verknüpfung
- Entwicklung der professionellen Haltung
- kooperative und selbst gesteuerte Lernformen
- forschendes Lernen und erwachsenengerechte Lehr- und Lernformen
- doppelte Vermittlungspraxis

Es ist tatsächlich eine neue Philosophie spürbar, die von diesem Lehrplan ausgeht – und mit dessen Umsetzung vollzieht sich ein Paradigmenwechsel im didaktischen Verfahren. Hinzukommt, dass die Bundesländer seit 2015, entsprechend der politischen und gesellschaftlichen Bedürfnisse, die **praxisorientierte Ausbildung zur Erzieherin/zum Erzieher** anbieten:

In einem Eckpunktepapier des Kultusministeriums BW heißt es: „Die Verabschiedung des Gesetzes zum Ausbau der Tagesbetreuung für Kinder unter drei Jahren (TAG) und des Kinderförderungsgesetz (KiFöG) waren Auslöser für Veränderungen, die sich in besonderem Maße in einer veränderten Altersstruktur der zu betreuenden Kinder zeigen. Ab dem Jahr 2013 haben Kinder ab dem vollendeten ersten Lebensjahr einen Rechtsanspruch auf einen Betreuungsplatz. Die gesetzliche Verankerung dieses Rechtsanspruches generiert einen zusätzlichen Bedarf an Betreuungsplätzen. Gleichzeitig bedeutet dies auch einen zusätzlichen Bedarf an gut ausgebildeten Erzieherinnen und Erziehern.“ (Eckpunkte_ Erzieherausbildung_pia.pdf, 2015) In der Konzeption formuliert des Weiteren der „Rahmenplan zur praxisorientierten Ausbildung“ Zielsetzungen für diese wie folgt: „Ziel dieser Grundsätze (zur PiA) ist es, die praktische Ausbildung von Erzieherinnen und Erziehern (in Baden-Württemberg) inhaltlich und strukturell an die gestiegenen Berufsanforderungen anzupassen. Die praktische Ausbildung ist eingebettet in ein Gesamtkonzept, das sich an dem Erwerb von beruflicher Handlungskompetenz ausrichtet. Sie ersetzen daher nicht die sachlich und zeitlich gegliederten Ausbildungspläne im Einvernehmen von Fachschule und Einrichtung.

Professionelles pädagogisches Handeln von Erzieherinnen und Erziehern zeichnet sich dadurch aus, dass es sich in offenen sozialen Situationen vollzieht. Ein möglichst breites fachliches Wissen sowie vielfältiges methodisches Können müssen hierbei auf den Umgang mit Menschen in konkreten Situationen angewandt werden. In der Ausbildung erworbenes Fach- und Methodenwissen kommen nur zum Tragen, wenn sie in personale Fähigkeiten wie Selbstkontrolle, Selbstreflexion und Selbstständigkeit eingebunden sind; das sind Selbstkompetenzen, die ebenfalls in das Qualifikationsprofil des Erzieherberufes einbezogen werden müssen.“ Gleichzeitig bezieht man sich dort auf die Gültigkeit bestehender Lehrpläne. (Rahmenplan_PIA.pdf, Seite 1–3)

Damit haben die „Grundsätze der Ausbildung“ (vgl. – III –) auch in der PiA im vollen Umfang Gültigkeit.

Die Kompetenzorientierung greift in der Umsetzung in Lernfeldern genauso und macht die Unterrichtskonzepte bedeutsam, um der Handlungsorientierung gerecht zu werden. Die im Folgenden beschriebenen Bezüge zum Rahmenlehrplan 2020 (vgl. – IV –) sind alle wichtig, gerade in einer praxisintegrierten Ausbildung.

Das vorliegende „Lehrerhandbuch Erzieherausbildung“ (Band 1) versucht, die vorgegebenen Unterrichtsprinzipien in konkreten didaktischen Arrangements für die 6 Lernfelder des „Rahmenlehrplans für die Fachschule für Sozialpädagogik“ (KMK 2020)“ umzusetzen und beachtet dabei das „Kompetenzorientierte Qualifikationsprofil“ (KMK 2011) zur gleichen Zielgruppe. Diese kompetenzorientierten Unterrichtssequenzen richten sich aus an fachdidaktischen Grundlagen für den Unterricht, unter anderem an dem Werk „Didaktik der Sozialpädagogik“ (Hrsg. Jaszus/Küls, 2023), in dem zentrale didaktische Modelle grundlegend für den sozialpädagogischen Bereich erörtert werden.

Lernfeld 1 Berufliche Identität und professionelle Perspektiven weiterentwickeln

Lernfeld 2 Pädagogische Beziehungen gestalten und mit Gruppen pädagogisch arbeiten

Lernfeld 3 Lebenswelten und Diversität wahrnehmen, verstehen und Inklusion fördern

Lernfeld 4 Sozialpädagogische Bildungsarbeit in den Bildungsbereichen professionell gestalten

Lernfeld 5 Erziehungs- und Bildungspartnerschaften mit Eltern und Bezugspersonen gestalten sowie Übergänge unterstützen

Lernfeld 6 Institution und Team entwickeln sowie in Netzwerken kooperieren

Dabei wird die Kompetenzorientierung in der Unterrichtsorganisation mit den Lernfeldern verbindlich, die **Handlungsorientierung** mit den Lernsituationen greifbar.
Doch braucht es darüber hinaus eine zielführende „konstruktive Lehr- und Lernprozessgestaltung“ (RLP S. 8), welche den Lernenden eine Erprobung und Reflexion von professionellen Handlungsmustern innerhalb des Unterrichtsprozesses ermöglichen. „Personale Bildungsprozesse der Studierenden rücken im Kontext ihrer beruflichen Sozialisation in den Mittelpunkt der Didaktik“ (RLP S. 11). Die Metaebene Unterricht kann wirksam werden im Sinne der im Bildungsplan geforderten fachlichen und methodischen sowie personalen und sozialen Kompetenzen. Die Lehrkraft wird zum Lernbegleiter/Coach für die zukünftigen Erzieherinnen und Erzieher, also auch zum Vorbild in einem selbst organisierten Lernverfahren: „Lernen in Beziehungen ist ko-konstruktives Lernen, in dem die Studierenden mit den Lehrkräften in einen Austausch über ihre eigenen Konstruktionen von Wirklichkeit kommen“ (RLP S. 12).

Die Lehrkraft stellt geeignete Lernkonzepte für die Erarbeitung von Fachtexten aus dem Bereich Selbst organisierte Lernformen (SOL) ebenso zur Verfügung wie soziale Lernformen aus dem Bereich **Kooperatives Lernen** und/oder weiterführend auch längerfristige Lernverfahren. Letztendlich dienen sie alle dem gleichen Ziel: Der Lernende selbst übernimmt individuell Verantwortung im Rahmen eines kooperativen Geschehens.

Aus diesem Verständnis heraus sollen die beschriebenen Unterrichtskonzepte als Anregung für die eigene Unterrichtspraxis jeder Lehrkraft dienen, die dann spezifisch ausgerichtet werden können an der jeweiligen Zielgruppe, den Lehrinhalten im Einzelnen, der Lehr- und Lernsituation an der eigenen Schule – also auch auf unterrichtsdidaktischer Ebene vollzieht sich die **zielgruppenspezifische Orientierung** auf der Basis eines konstruktivistischen Bildungsbegriffs. Gleichzeitig wird der Bildungsprozess als lebendiges Entwicklungsgeschehen flexibel gehalten und bewusst gestaltet.

Zu diesem Zweck befinden sich die im Buch vorgestellten Sequenzen in editierbarer Form (Format Microsoft WORD) im beigefügten E-Book (siehe innere Umschlagsseite vorne). Alle Arrangements können somit auch in Auszügen oder modifiziert verwendet werden.

Um den Erwerb von Fachkompetenz zu gewährleisten, sei vorangestellt: Alle offenen Unterrichtskonzepte brauchen eine fachdidaktische Absicherung durch **fachliche Grundlagen** wie Lehrwerke und Fachliteratur, Beiträge aus Fachzeitschriften, digitale Materialien zu den Fachgebieten oder ein vom Fachkollegium erarbeitetes Konzept zum jeweiligen Lerninhalt. Sie ergeben die fachtheoretischen Grundlagen, welche es mit den nachfolgenden didaktischen Arrangements zu erarbeiten gilt.

Über Anregungen und Kommentare zur Weiterentwicklung von „Lehrerhandbuch Erzieherausbildung“ freut sich die Autorin.

Autorin und Verlag

Vorwort zur 3., aktualisierten Auflage 2024

Es wurden Hinweise und Ergänzungen im Theorieteil sowie in einigen Arbeitsblättern zur PiA – praxisintegrierten Ausbildung – aufgenommen.

Inhalt

Vorliegender BAND 1 für die Lernfelder 1–3

Seite

Didaktisches Glossar ... **1**
Lernlandschaften ... 3
Lernfeldarbeit ... 5
Lernsituationen ... 8
Didaktischer Jahresplan ... 10
Advance Organizer (Lernlandkarte) ... 11
Lernspirale ... 12
SOL Selbst organisierte Lernformen im Lernbüro ... 13
Experte sein ... 15
Offene Lernwerkstatt ... 17
Konstruktivistisches Planspiel, Rollenspiel ... 19
Projekt ... 21
Lernortkooperation ... 23
Lerntagebuch ... 25
Unterrichtsevaluation ... 27
Portfolio ... 28

Das Lerntagebuch – Grundlage individuellen Lernens ... **30**
LF 1: Kompetenzraster, Entwicklungsgespräch, Referenz ... 33
LF 2: Kompetenzdiagnose, Entwicklungsgespräch, Referenz, Plakate ... 38
LF 3: Entwicklungsspinne, Entwicklungsgespräch, Referenz, Plakat ... 45
LF 4: Kann-Liste, Entwicklungsgespräch, Referenz ... 50
LF 5: Lerntagebucheintrag, Entwicklungsgespräch, Referenz ... 55
LF 6: Entwicklungsgespräch, Referenz ... 58

Evaluation des Unterrichts ... **60**
Weitere Vorlagen im E-Book

Bearbeiten einer beruflichen Handlungssituation [Teil 1] ... **62**
Leitfaden ... 62
Blanko-Vorlage ... 65

Lernfeld 1
Berufliche Identität und professionelle Perspektiven weiterentwickeln

Advance Organizer (Lernlandkarte) zu LF 1 ... **71**
Farbige Version im E-Book

Querschnittsaufgaben der sozialpädagogischen Arbeit ... **72**

Lernsituationen: Arbeiten in der Krippe ... **74**
Rahmensituation ... 75
Lernsituation 1 „Team“ inkl. Arbeitsblätter ... 76
Lernsituation 2 „Elternabend und Tagesablauf“ inkl. Arbeitsblätter ... 93
Lernsituation 3 „Bezugskind Tim“ inkl. Arbeitsblätter ... 120

Lernfeld 2
Pädagogische Beziehungen gestalten und mit Gruppen pädagogisch arbeiten

Advance Organizer (Lernlandkarte) zu LF 2 .... **135**
Farbige Version im E-Book

Pädagogische Handlungskonzepte – Lernsituationen mit Arbeitsblättern [Lernfelderöffnung] **136**
3 Präsentationsdateien für Unterricht im E-Book:
- Montessori-Pädagogik
- Reggio-Pädagogik
- Waldorfpädagogik

Lerntheke: Kommunikation **149**
Arbeitsauftrag 149
Lerntheken-Blätter 1 bis 10 150

Bearbeiten einer beruflichen Handlungssituation [Teil 2] **160**
Rahmensituation 160
Lernsituation „Annas Tag in der Krippe“ 160
Musterlösung 161

Bearbeiten einer beruflichen Handlungssituation [Teil 3] **168**
Rahmensituation 168
Lernsituation „Elternperspektive“ 168
Musterlösung 168

Tisch-Tafel-Präsentation: Pädagogische Handlungskonzepte [Lernfeldabschluss] **174**
Arbeitsauftrag 175
Bewertungsbogen 176
Rückmeldung der Besucher 177
Zeitleiste im E-Book

Lernfeld 3
Lebenswelten und Diversität wahrnehmen, verstehen und Inklusion fördern

Advance Organizer (Lernlandkarte) zu LF 3 .... **178**
Farbige Version im E-Book

Stationenlernen: Lebenswelten und Diversität wahrnehmen, verstehen und Inklusion fördern **179**
Überblick über die 4 Stationen 179
Expertenrunde (Variation) 180
Station 1 Wahrnehmen 181
Station 2 Objektiv beobachten 209
Station 3 Dokumentieren 227
Station 4 Inklusion fördern 234

Planspiel: Vorbereitung eines Entwicklungsgesprächs [Lernfeldabschluss] **257**
Präsentationsdatei für den Unterricht „Kinderbetrachtung“ im E-Book
Weitere Vorlagen im E-Book

Literaturverzeichnis 270
Bildquellenverzeichnis 272

Inhalt BAND 2 für die Lernfelder 4–6 (separat erhältlich)

Didaktisches Glossar
Lernlandschaften
Lernfeldarbeit
Lernsituationen
Didaktischer Jahresplan
Advance Organizer (Lernlandkarte)
Lernspirale
SOL Selbst organisierte Lernformen im Lernbüro
Experte sein
Offene Lernwerkstatt
Konstruktivistisches Planspiel, Rollenspiel
Projekt
Lernortkooperation
Lerntagebuch
Unterrichtsevaluation
Portfolio

Projektarbeit: Elternabend zum Thema Märchen

Projektarbeit: Teamfortbildung zum Thema Gewalt ist keine Lösung
Evaluationsbögen für Projektarbeit im E-Book
- Für Gäste
- Für Fachlehrkräfte
- Für Projektteilnehmer
- Für fachliche Projektbegleiter

Lernfeld 4 Sozialpädagogische Bildungsarbeit in den Bildungsbereichen professionell gestalten

Advance Organizer (Lernlandkarte) zu LF 4
Farbige Version im E-Book

Textarbeit: Ko-Konstruktion
Text „Bildung neu definieren" (Fthenakis) im E-Book

Lernatelier: Bildungsarbeit professionell gestalten
Atelierkarten: Soziale & emotionale, ethisch-religiöse Erziehung
Atelierkarten: Sprach- und medienbezogene Angebote
Atelierkarten: Naturwissenschaftliche, mathematische und technische Angebote
Atelierkarten: Gestalterische und musikalische Angebote
Atelierkarten: Bewegung und Gesundheit
Atelierkarten: Aneignung kultureller/materiell-dinglicher/sozialer/subjektiver Welt
Einlagen für das Atelierbuch
Impulse zur fachlichen Reflexion

Lerninseln: Spiel und Spielverhalten von Kindern
Lerninsel 1 Merkmale von Spiel
Lerninsel 2 Bedeutung kindlichen Spiels
Lerninsel 3 Spielfreundliches Erzieherverhalten
Lerninsel 4 Arten von Spiel
Lerninsel 5 Spielmaterial
Grundlagentexte zu den Lerninseln
Weitere Vorlagen im E-Book

Offene Lernwerkstatt zum Thema Spiel
Arbeitsauftrag und Vorlagen
Bewertungsbogen
Weitere Vorlagen im E-Book

Schritte methodischen Vorgehens: Überblick
Folienvorlagen
Arbeitsblatt

Methodisch-didaktisches Glossar erstellen [Lernfeldabschluss]

Kurzarbeit: Bildungsbegriff und Spiel [Leistungsnachweis 45 Minuten]
Zusatztext und Lösungsentwurf im E-Book

Schulaufgabe: Ko-Konstruktion und Freispiel [Leistungsnachweis 90 Minuten]
Lösungsentwurf im E-Book

Lernfeld 5 Erziehungs- und Bildungspartnerschaften mit Eltern und Bezugspersonen gestalten sowie Übergänge unterstützen

Advance Organizer (Lernlandkarte) zu LF 5
Farbige Version im E-Book

Rollenspiel: Ein Elterngespräch [Lernfelderöffnung]
Auswertung
Rollenkarten

Lerntheke: Gesprächsführung
Lerntheken-Blätter 1 bis 23
Präsentationsdatei „Gewaltfreie Kommunikation (GfK) nach M. Rosenberg" im E-Book

Das Berliner Eingewöhnungsmodell
Arbeitsauftrag
Text „Das Berliner Eingewöhnungsmodell" (Braukhane/Knobeloch) im E-Book

Lernsituationen: Elternpartnerschaft im Familienzentrum
Rahmensituation „Familienzentrum Kindervilla Kunterbunt"
Lernsituation 1 „Der 9-jährige Ulli"
Lernsituation 2 „Familienleben bei Benni"
Lernsituation 3 „Neue Lebenswelt"
Lernsituation 4 „Elternkooperation in der Kindervilla"

Didaktischer Jahresplan
Beispielplan „Der 9-jährige Ulli"
Blankovorlage

Rollenspiel: Arten des Zuhörens [Lernfeldabschluss]
Arbeitsauftrag
Plakate Arten des Zuhörens
Rollenkarten

Lernfeld 6
Institution und Team entwickeln sowie in Netzwerken kooperieren

Advance Organizer (Lernlandkarte) zu LF 6
Farbige Version im E-Book

Planspiel: Wir gründen eine ideale Kindertagesstätte [Lernfelderöffnung]
Weitere Vorlagen im E-Book

Lernsituationen: Institution und Team entwickeln sowie in Netzwerken kooperieren
Rahmensituation „Familienzentrum Kindervilla Kunterbunt"
Lernsituation 1 „An der Konzeption arbeiten"
Lernsituation 2 „Im Team arbeiten"
Lernsituation 3 „Die Qualität erhöhen"
Lernsituation 4 „Die Organisation entwickeln"

Expertenforum: Werden Sie Experte für Konzeptionen
Schülermentorat: Lernpartnerschaft Teamentwicklung
Zukunftswerkstatt: Lernortkooperation

Literaturverzeichnis
Bildquellenverzeichnis

Didaktisches Glossar

Lernbausteine/Lernmodule zur Umsetzung eines handlungs- und kompetenzorientierten Lernens gibt es viele. Sie sind getragen von diesen didaktischen Prinzipien:

- Methodische **Vielfalt**
- Methodische **Inter-dependenz**
- Methodische **Kompetenzen**

Sie sind so zu setzen, dass sie kompatibel sind:

... kompatibel mit den Vorerfahrungen der Studierenden bzgl. eines eigenständig gestalteten Lernprozesses: Im Lernfeld 1 [abgekürzt LF 1] muss deshalb die Führung innerhalb eines SOL-Prozesses noch enger sein als in einem LF 5 oder LF 6.

Das gilt auch für die Art der Kompetenzmessung im *Lerntagebuch*: Im LF 1 erfahren die Studierenden beispielsweise den Umgang mit einer stark strukturierten Taxonomie (Ankreuzen im Kompetenzraster lässt wenig Spielraum, führt aber Fachbegriffe ein); im LF 2 erweitern sie die Begrifflichkeiten (Kompetenzdiagnose gibt hintergründige Informationen); während die Studierenden im LF 5 eine Kompetenzmessung anwenden, die eine solche völlig offen lässt. D. h., im LF 5 bleibt die Anwendung dem Studierenden selbst überlassen, da auf Kenntnisse und Erfahrungen aus vorangegangenen Lernfeldern vertraut werden darf. Das LF 6 lässt dann ein Optimum an Selbstorientierung zu: Die/der Studierende wählt jenes Verfahren zur Kompetenzbemessung, welches ihr/ihm individuell am besten zusagte.

... kompatibel mit dem zu erarbeitenden Lerninhalt:

Nicht jeder Lerngegenstand, nicht jedes Thema eignet sich für eine Lerntheke, ein Lernatelier, ein Planspiel, ein Expertenforum o. Ä.: Es gibt in einem Lernfeld evtl. wesentliche Fachbegrifflichkeiten, die es zu sichern gilt, wie in LF 4. Dann bietet sich ein von *Experten* gestaltetes *Glossar* an. Oder es besteht die Möglichkeit, in einem Lernfeld erarbeitete Inhalte sofort praxisnah umzusetzen wie in LF 5 in Präsentationen. Oder es ist eine Fülle von Inhalten zu erarbeiten, die nur in arbeitsteiligen Methoden möglich ist (z. B. in LF 2/Pädagogische Handlungskonzepte), dann bietet sich eine *Tisch-Tafel-Präsentation* im Sinne von *Experte sein* oder *offener Lernwerkstatt* an.

... kompatibel mit anderen Lernbausteinen, d. h., sie sind kombinierbar. So können z. B. *Lernsituationen* mit dem *Lernen an Stationen* (vgl. LF 1) erarbeitet werden.

... kompatibel mit dem Vorwissen der Studierenden:

Entsprechend einer heterogenen Schülerschaft ist ein breit gefächertes Lernarrangement wichtig, um eine Binnendifferenzierung innerhalb der Lerngruppe zu ermöglichen: Jede/r Studierende wählt den Lernbaustein, welcher der individuellen Kompetenzerweiterung (z. B. persönliches Ziel: Fachkompetenz zum Thema stärken), momentanen Lernsituation (z. B. Befindlichkeiten), der allgemeinen Lernsituation (z. B. Nachmittagsunterricht), dem Interesse, den beruflichen/persönlichen Vorerfahrungen (vgl. Quereinsteiger/-innen in PiA), dem Vertiefungsgebiet, dem Arbeitsfeld im Praktikum dienlich ist.

... kompatibel mit den gewählten „Vertiefungsgebieten“ (bayern-spezifisch):

Den Studierenden sollte innerhalb der Lernbausteine immer die Wahl von Aufgaben innerhalb eines Arbeitsfelds entsprechend des Entwicklungsalters im gewählten „Vertiefungsgebiet“ angeboten werden (z. B. Lernsituationen wie in LF 5 zu unterschiedlichen Arbeitsfeldern des Erziehers).

... kompatibel mit den an der Schule üblichen Zeitstrukturen:

Nicht jede Schule arbeitet ausschließlich lernfeldbezogen, d. h., es gibt fächerorientierten Unterricht.
Eine zeitliche Grundorganisation sollte dann möglichst auf geblockte Unterrichtseinheiten abstellen; schon bei 90-minütigen Unterrichtseinheiten lassen sich Freiarbeitszeiten gut realisieren Auch Zeitfenster für die häusliche Eigenarbeit sind einzuplanen (PiA).

... kompatibel mit den an der Schule verfügbaren Räumen und Materialien:

Nicht jede Schule kann sofort und vollständig die wünschenswerten Rahmenbedingungen für *Lernlandschaften* zur Verfügung stellen. Aber schon mit wenigen materiellen Mitteln und einem klaren Bewusstsein einer offen gestalteten Lernumgebung kann einiges bewirkt werden:
Es können einfache Regale als Raumteiler wirken und einem Klassenzimmer eine lernförderliche Struktur geben. Dort sollte jeder Studierende Platz finden für ein *eigenes Ablagefach*, um zeitnah an begonnen Arbeiten fortzufahren. Mit Magnettafeln, magnetischen Wandfarben, einfachen Leisten o. a. entstehen unproblematisch sprechende Wände und Metaplan-Wände. Materialtische/-schränke ermöglichen den Studierenden innerhalb der Lernräume unkomplizierten Zugang zu verschiedenen Arbeitsmitteln wie verschiedene Plakate, Marker, Buntstifte.
Unterschiedlich gestaltete Sitzgruppen- oder Tischarrangements erleichtern die Umsetzung von Aufgaben: Es sollte immer die räumliche Möglichkeit zur Einzel- sowie Gruppenarbeit, immer ein ruhegeschützter Raum gegeben sein. Aufgabenbezogene Türschilder machen Arbeitsgruppen und deren Raumwahl in der Schule transparent.
Eine *variable Sitzordnung* ist allerdings ein Muss: Z. B. ermöglicht die „Winkel-Sitzordnung“ nach Klippert eine unkomplizierte Anpassung von Sitzordnung an Kooperationsformen.

UND alle Lernbausteine brauchen eine methodisch gelungene Darbietung, d. h.:

- **Regularien** des jeweiligen Lernverfahrens müssen eingeführt und klar vereinbart werden.
- Die Einhaltung dieser wird im/nach dem Lernprozess bewusst **reflektiert**.
- **Rahmenbedingungen** sind geklärt, bevor eine inhaltliche Arbeit startet.
- **Freie Wahl** von Lernthema, Lerngruppe, Lernort sowie Dauer sind grundlegend.
- Jede Freiarbeitszeit sollte bewusst **ritualisiert** beginnen und enden, z. B. mit einem Blitzlicht („heute möchte ich“) oder einer Reflexionsrunde (z. B. Aufstellen am Kompetenzquadrat und begründen „heute habe ich meine Kompetenz erweitert, weil“)

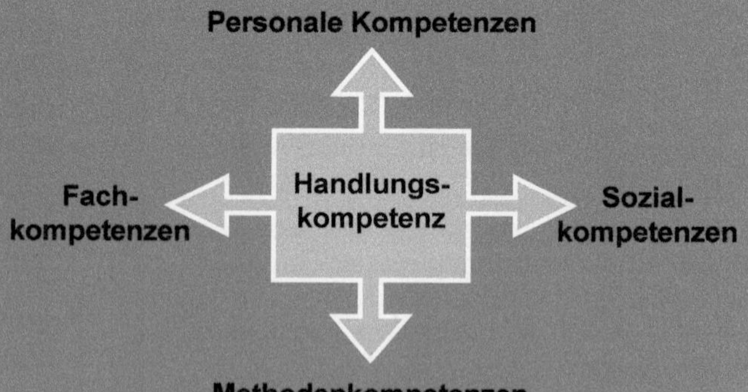

Die nachstehenden Seiten des Glossars zu didaktischen Modellen folgen der Einteilung:

FB	Was?	Warum?	Wie?
=	=	=	=
Fachbegriff	Didaktisch erklären	Didaktische Ziele formulieren	Unterrichtsbezogene didaktische Hinweise geben

Lernlandschaften

FB

Was?

Lernlandschaften sind nach Siebert (2010, S. 63) Folgendes:

Eine Lernlandschaft enthält aus seiner Sicht:

- Unterschiedliche Lernräume für Einzelarbeit, Kleingruppenarbeit, Lernberatung, Entspannung u.a.
- Eine anregende, variable Ausstattung wie bewegliche Tische, Poster, Bilder, Landkarten, verschiedene Medien, Metaplanwände
- Lehrkräfte als Lernberater
- Möglichkeiten für körperliche Übungen, Konzentration, Meditation
- Leittexte, E-Learning-Programme und Literatur zum selbst organisierten Lernen

Warum?

Damit zielen Lernlandschaften nicht ab auf ein Speichern von übergroßem, im Zeitpunkt des Lernens nicht verarbeitbarem Wissen, sondern vielmehr auf die Fähigkeit der Studierenden, sich selbst Informationen zu beschaffen und damit fachlich adäquat zu arbeiten. Das Lernen selbst, die vielseitigen Erfahrungen im Lernprozess also, werden als wesentlicher bewertet als das Ergebnis des Lernens in Form von abfragbarem Wissen: So „ist die Ausbildung als produktiver Interaktionsprozess zu gestalten, der wichtige Grundlagen zur Entwicklung beruflicher Kompetenzen legt" (Rahmenlehrplan FS SP [kurz RLP] 2020, S. 6).
Dieser Lernprozess zielt deshalb nicht nur ab auf einseitigen Erwerb von Fachwissen (ergebnisorientiert), sondern ermöglicht bewusst soziales Lernen, welches ein Voneinander- und Miteinanderlernen anregt (prozessorientiert): Kommunikative und kooperative Prozesse sind tragend.

Auch persönliche Lernprozesse werden fokussiert, d. h., Kompetenzen zur Entwicklung der Persönlichkeit sind bedeutsam. Dafür werden individualisierende Lernangebote gemacht, sodass individuelle Ressourcen genutzt und ebenso individuelle Defizite ausgeglichen werden können. Subjektiven Lernzugängen wird Rechnung getragen, wenn ein Lerninhalt auf vielfältige Weise zugänglich wird. **Nicht jeder muss zum gleichen Zeitpunkt alles gleich gut können können!**

Wie?

Lernlandschaften sind Teil einer neuen Lernkultur, welche den Studierenden ein aktives Lernen ermöglicht, zum Probieren anregt, Fehler als nützliche Erfahrungen schätzt, den Studierenden zutraut, eigene sinnvolle Wege zur Lösung von Problemen zu finden … also Räume, in denen Lernende angstfrei und lernstilgerecht in Schlüsselsituationen Fehler machen dürfen. Die Gestaltung von Lernräumen bedeutet Wertschätzung der Studierenden! Dazu gehört die nicht wirklich neue Sicht, dass Schule Lebensraum ist, der Rückzugs- und Kommunikationsecken braucht – auch außerhalb des Unterrichts und auch bei jungen Erwachsenen.

Unter dem Gesichtspunkt der Entwicklungsorientierung rückt der Lehrplan „Persönlichkeitsentwicklung als Orientierungsprinzip der Ausbildung (...), die personalen Bildungsprozesse der Studierenden im Kontext ihrer beruflichen Sozialisation in den Mittelpunkt der Didaktik" (RLP S. 11). „Die Fachschule ist als ein Lebens- und Erfahrungsraum zu gestalten, der die Persönlichkeitsentwicklung fördert und Lehr-/Lernprozesse arrangiert, in denen sich der ganze Mensch mit seinen Motivationen und Emotionen und seinen biografischen Prägungen einbringen und weiterentwickeln kann" (ebd.). Deshalb folgert der Rahmenlehrplan als unterstützendes Unterrichtsprinzip für den Lernprozess: „Forschendes Lernen und erwachsenengerechte Lehr-/Lernformen" (S. 13).

Raumgestaltung: Im Sinne einer derart ausgerichteten Lernkultur bedient sich Lernen in Lernlandschaften einer aufgeschlossenen interaktiven Raum- und Materialgestaltung, die bewusst Impulse setzt für ein offenes, aktives und prozessorientiertes Lernen: Raumgestaltung und Lernmaterialien schaffen von sich aus Lernanreize. Die Studierenden wählen selbsttätig, wo sie arbeiten im Rahmen von Vereinbarungen. Die Räume sind durch wandelbare Möbel so gestaltet, dass die Raumordnung flexibel ist, d. h., mit wenigen Aktionen können Sitzordnung oder Raumteilverfahren soziale Strukturen unterstützen. Es sollte immer sowohl die Möglichkeit zu ungestörter Einzelarbeit wie auch zu kooperativen Sozialformen geben. Schon allein die entsprechenden Vereinbarungen einzuhalten, schafft bei den Studierenden ein erweitertes Wahrnehmungsverhalten und zugleich Regelbezug. Helle, ansprechende und funktionsgerechte Räume sorgen für stressfreies Lernen. Außerdem wird so der Lernort von den Studierenden bewusst gewählt, organisiert und gestaltet. An der Stelle sei hingewiesen auf die bei Klippert beschriebene „Winkel-Sitzordnung" als gute Minimallösung zu einer wandelbaren Raumordnung.

Zeitliche Gestaltung: Die Unterrichtszeit wird ebenfalls offener gehalten, je nach Vereinbarkeit im gesamten Schulorganismus zumindest aber in vereinbarten Zeitfenstern. Die Studierenden bestimmen für sich, wie lange sie an einem Lernarrangement arbeiten – sie teilen sich ihre Zeit selbst ein. Dazu benötigen sie zu Beginn des Lernfelds Angaben zu den zeitlichen Rahmenbedingungen und/oder zu grundsätzlichen zeitlichen Abläufen, z. B. wann findet Unterricht für die ganze Klasse statt, wann sind Freiarbeitzeiten. Ein ritualisiertes Zeitmanagement ist empfehlenswert: *Lernfelderöffnung*, *Lernfeldabschluss* als zeitliche Grenzen des gesamten Lernfelds, aber auch ein gemeinsamer Unterrichtsbeginn im Plenum eventuell mit einem konzentrativen oder meditativen Charakter sind sinnvoll. Ein reflektierender Abschluss kann dem Unterricht eine subjektive Ergebnisorientierung geben: Ich habe heute gelernt..., mir war wichtig..., gut gelungen ist mir...

Materialien: Die verfügbaren Lernmaterialien werden den Studierenden in ästhetisch ansprechender Form angeboten, um den Aufforderungscharakter zu sichern. Interessant und abwechslungsreich gestaltete *Lerntheken*, ein in farbigen Boxen präsentiertes *Lernatelier*, Fachbeiträge in sorgfältig strukturierten Mappen erleichtern den Überblick über und die Arbeit mit dem Material. Sie motivieren zu eigenverantwortlicher Arbeit und geben Lernimpulse. Ein übersichtlicher Handapparat sollte die grundlegende Fachliteratur mit aktuellen Fachbüchern zum Lernfeld kombinieren und immer an gleicher Stelle zur Verfügung stehen. Eine derart gestaltete Materialpräsentation steigert einen wertschätzenden Umgang mit diesen und verdeutlicht den Anspruch einer korrekten Rückgabe am Ende der Lerneinheit. Auch die kooperativen Absprachen zur Nutzung von Materialien gehören zur einständigen Lernorganisation, ebenso wie die Arbeit mit digitalen Medien.

Schulbuch/Lehrwerk: Die Autonomisierung des Lernenden in einer multimedialen Lernumgebung verändert nicht nur die Rolle der Lehrkräfte, sondern auch des Lehrwerks: Das heißt unter Umständen, neben dem regulären Schulbuch können Fachbeiträge evtl. digital abgerufen werden ebenso wie lehrkrafteigene Grundlagenpapiere zum Unterricht, weiterführende Literatur oder spezielle Materialien zum Vertiefungsgebiet oder Wahlpflichtbereich.

„Multimediale Inhalte und deren Nutzung in der Lehre erweitern den Erfahrungshorizont, bereichern die Ausbildung, verbessern das Lernen und führen zur Vermittlung von Medienkompetenz", so Dr. Manfred Overmann von der Pädagogischen Hochschule Ludwigsburg. Er beschreibt den Computer als „ein leistungsfähiges und flexibles Medium, das die klassischen Lehrmittel ergänzt und neue Wege bietet, mit dem Lernstoff umzugehen".

Unterrichtsmethoden: Die Form von veränderter Lernkultur zeichnet sich aber nicht nur in den äußeren Rahmenbedingungen, sondern vor allem in den Methoden des Unterrichtens ab. Sie bilden den didaktischen Rahmen für einen handlungs- und kompetenzorientierten Unterricht: „Erst mit seiner Anwendung geht das Wissen in Können über" (Berkefeld 2010, S. 2). In selbst organisierten Lernsituationen entwickeln sich Flexibilität, kreatives Problemlösen, Handlungsfähigkeit, Verantwortungsbewusstsein, selbstständiges Organisieren und Handeln – also Handlungskompetenzen. Holger Küls (2010, S. 115) definiert diese als „Bereitschaft und Fähigkeit des Einzelnen, sich in beruflichen Situationen sachgerecht durchdacht sowie individuell und sozialverantwortlich zu verhalten. Handlungskompetenz entfaltet sich in den Dimensionen **Fachkompetenz, Personal- und Sozialkompetenz** (KMK 2007)". Dabei ist der **Methodenkompetenz** als Teil der Fachkompetenz im Rahmen der Erzieherausbildung als Lernen auf der Metaebene eine besondere Aufmerksamkeit zu schenken.

Lernfeldarbeit

FB

Was?

Lernfelder entwickeln sich aus der systematischen Identifikation wesentlicher Handlungsfelder des Berufs der Erzieherin: Sie geben Aufschluss darüber, was in der Ausbildung in den entsprechenden Lernfeldern erarbeitet werden soll und strukturieren den Unterricht.

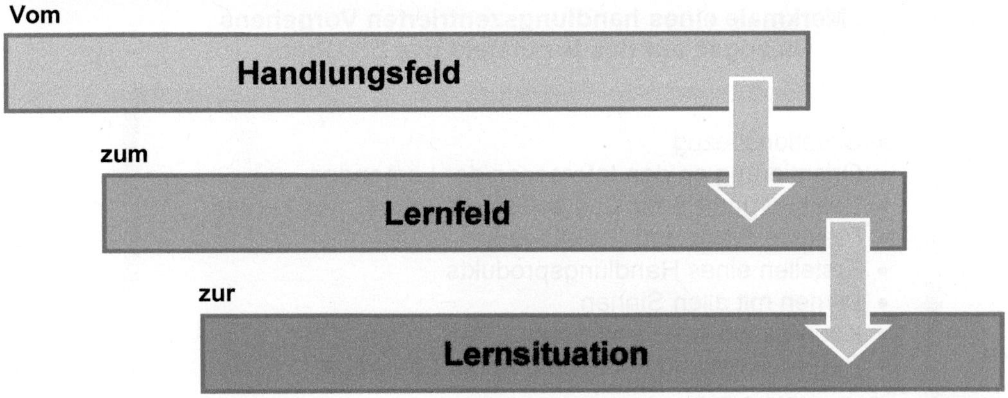

„Handlungsfelder bezeichnen die den Beruf kennzeichnenden Aufgabenkomplexe, die durch die Mehrdimensionalität von Bildungs-, Erziehungs- und Betreuungsprozessen im Berufsalltag gekennzeichnet sind. Lernfelder sind didaktisch begründete, schulisch aufbereitete Handlungsfelder. Sie fassen komplexe Aufgabenstellungen zusammen, deren unterrichtliche Bearbeitung in handlungsorientierten Lernsituationen erfolgt." (Länderübergreifender Erzieher-LP S. 9)

Warum?

Den *Lernfeldern* zugeordnet werden „Zielformulierungen als berufliche Handlungskompetenzen", diesen dann die Lerninhalte. Die Differenzierung nach Zielen und Kompetenzen erfolgt in den *Lernsituationen*.

Das berufliche Handlungsfeld von Erzieherinnen ist weitläufig. Sie stehen in einem vielseitigen Handlungszusammenhang:

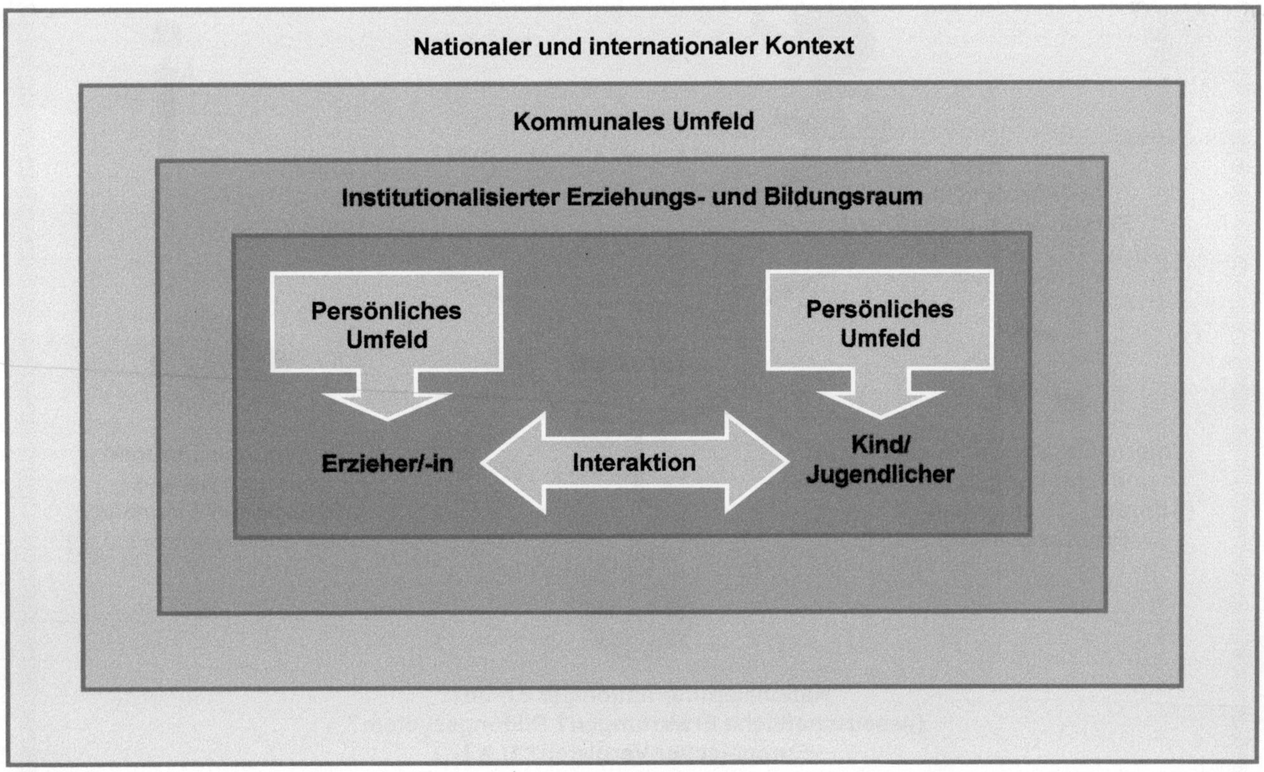

(In Anlehnung an Beer u. a. 2003, S. 46)

Handlungszentrierter Unterricht

Diese breite Veranlagung im Handlungsfeld macht ein vielseitiges Lernen durch Handeln im handlungszentrierten Unterricht notwendig:

Darunter versteht Berkefeld (2010, S. 3) ein „Lehr-Lern-Arrangement, in dem der Lehrer den äußeren organisatorischen Rahmen (Lernumgebung) herstellt und mit den Lernenden eine Vereinbarung über ein zu erarbeitendes Handlungsprodukt als Ziel" des Unterrichts trifft.

Merkmale eines handlungszentrierten Vorgehens bezogen auf das Berufsfeld des Erziehers

- Situationsbezug
- Orientierung an den Interessen der Lernenden
- Selbst organisiertes und selbstverantwortliches Lernen
- Praxisrelevanz und Praxisbezug
- Erstellen eines Handlungsprodukts
- Lernen mit allen Sinnen
- Kooperation in Lerngruppen
- Berücksichtigung unterschiedlicher Lernwege

(Gudjons 2008, S. 76 ff.)

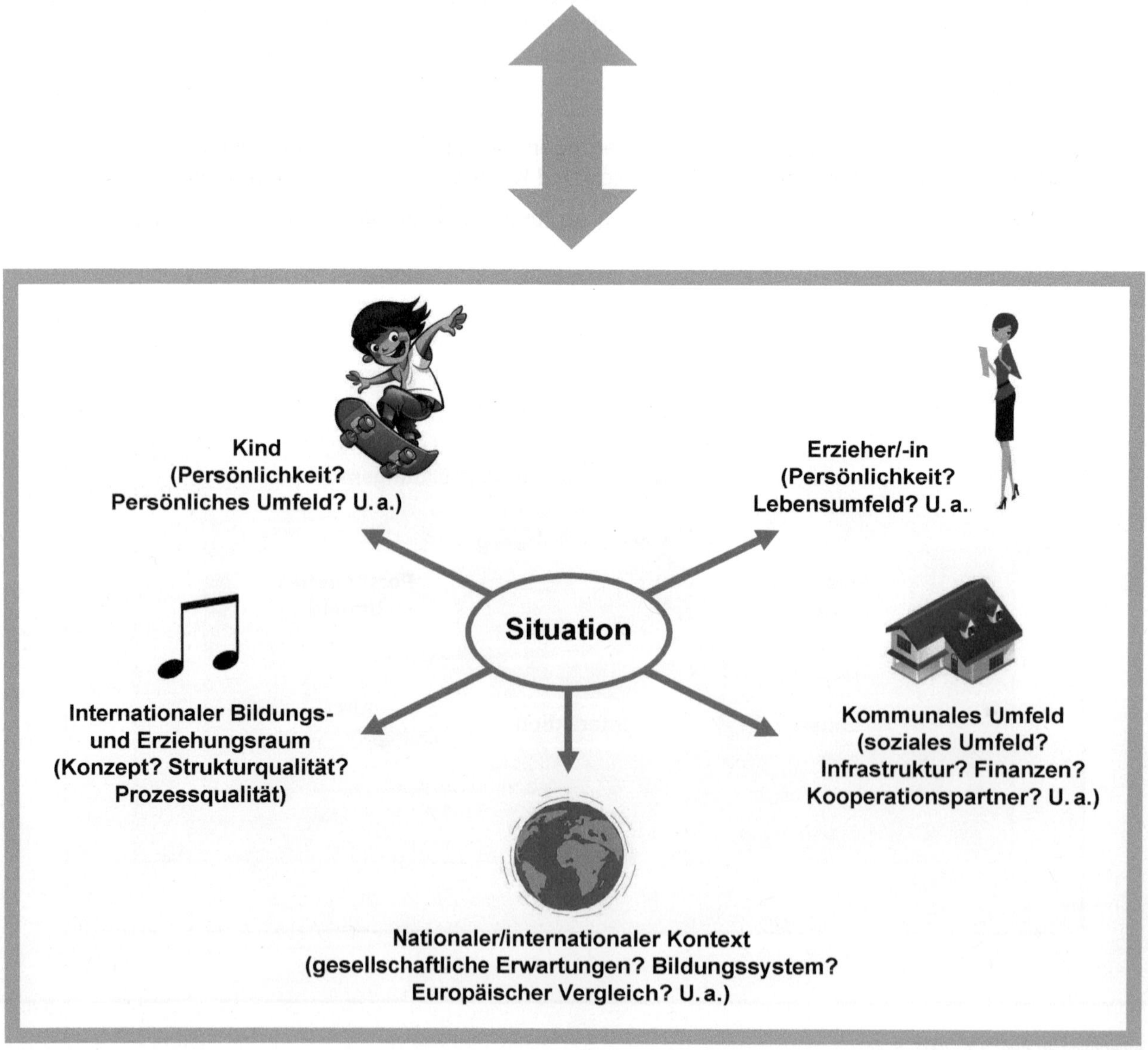

Lernfelderöffnung

Jedes Lernfeld beginnt mit einer **Lernfelderöffnung**, d. h., fächerübergreifend wird zum Thema des Lernfelds hingeführt. Dafür können unterschiedliche Fachperspektiven und ebenso unterschiedliche Lernarrangements genutzt werden (vgl. LF 2/Experte sein: Institutionsbesuch; LF 3/Expertenrunde zur Wahrnehmung usw.). Ziel ist es, den Studierenden einen ersten Einblick, einen Impuls bei gleichzeitiger Motivation für das Thema des Lernfelds zu ermöglichen.

Lernsituation

Sinnvollerweise steht am Ende der Lernfelderöffnung eine konkrete **Rahmensituation**, welche fächerübergreifend alle Fachperspektiven vernetzt. Deshalb wird sie komplexere Zusammenhänge aufgreifen, die dann den einzelnen Fachkollegen erlauben, aus dieser Rahmensituation **Lernsituationen** zu entwickeln, die den zu vermittelnden Fachinhalten zuträglich sind. So differenziert sich die Rahmensituation unter den unterschiedlichen Fachperspektiven aus, ohne den Gesamtzusammenhang zu verlieren (vgl. LF 1 oder LF 5).

Lernfeldabschluss

Mit dem **Lernfeldabschluss** wird das Lernfeld beendet. Dieser Abschluss hat wieder einen fächerübergreifenden Duktus: Es kann eine Art Zusammenfassung von Lerninhalten, eine Zusammenschau verschiedener Perspektiven erfolgen oder eine Differenzierung eines zentralen Aspekts zum Thema des Lernfelds, es kann auch einer Fragestellung nachgegangen werden, die die Studierenden beschäftigt. Die unterrichtlichen Methoden können dabei künstlerische Ausdrucksformen einnehmen (im LF 1 zum Bild des Erziehers) oder Präsentationsformen wie im LF 2 eine *Tisch-Tafel-Präsentation** zu den Handlungskonzepten, *Plan-, Rollen-* oder *Simulationsspiele* wie im LF 3 oder eine schriftliche Form wie das Erstellen eines *Glossars* im LF 4.

Struktur

Die Umsetzung eines handlungs- und kompetenzorientierten Unterrichtens erfolgt über eine wiederkehrende Strukturierung:

Planungsphase

- Die Studierenden verschaffen sich einen Überblick über die Aufgaben.
- Gemeinsam legen Studierende und Lehrkraft klare und überprüfbare Ziele der unterrichtlichen Arbeit fest.
- Es wird ein Zeitplan vereinbart.
- Räume und Material werden gesichtet, geordert, verteilt.

Arbeitsphase

- Die Studierenden binden sich aktiv, selbst bestimmt, in freier Wahl (Inhalt, Raum, Ort, Kooperationspartner) in den Arbeitsprozess ein.
- In Einzelarbeit, Zweiergruppe oder im Team werden die Aufgaben bearbeitet.
- Der Arbeitsprozess wird neben der inhaltlichen Aufgabenstellung bewusst gestaltet.
- Der Arbeitsverlauf wird von den Studierenden eigenständig strukturiert: Teilergebnisse austauschen, Wechsel von Lernort, Medien u. a.
- Die Lehrkraft ist Lernbegleiter und berät einzelne Studierende/Gruppen.
- Aufgabenverteilungen, Rollen, Verantwortlichkeiten u. a. wechseln flexibel nach Bedarf.

Präsentationsphase

- Die einzelnen Arbeitsergebnisse werden im Plenum präsentiert,
- z. B. in Form eines Vortrags, eines Rollenspiels, einer medialen Darbietung oder als Dokumentation im Portfolio.
- Die Ergebnisse vernetzen sich zu einem Ganzen, z. B. durch Moderationen.

Reflexionsphase

- Mittels Feedback, Blitzlicht, Fragebögen erfolgt eine Auswertung.
- Ziele des Arbeitsauftrags werden reflektiert.
- Das Lerntagebuch ermöglicht den Studierenden, ihren eigenen Lernzuwachs in den verschiedenen Kompetenzbereichen zu erforschen und zu dokumentieren.
- Neben dem Handlungsziel (Produkt) wird vor allem auch der Arbeitsprozess reflektiert.
- Die Reflexionsphase leitet den nächsten Lernprozess ein (vgl. Regelkreis selbst organisierten Lernens).

* *kursiv: im Lehrerhandbuch Band 1/2 enthalten*

Lernsituation

Lernsituationen

In den Lernsituationen werden die Inhalte des Lernfelds greifbar: In realistischen, praxisnahen, situativen Sinnzusammenhängen aus dem beruflichen Kontext sind diese geeignet, um erworbene Kenntnisse und Fähigkeiten fachbezogen anzuwenden.
„In der kompetenzorientierten Ausbildung wie auch später in der Berufspraxis müssen einzelne Handlungssituationen immer wieder erfasst, analysiert, das pädagogische Handeln geplant und praktisch bewältigt, reflektiert sowie evaluiert werden, um Kompetenz und Expertise weiterzuentwickeln." (LP S. 8)
„Durch Lernsituationen werden Lernfelder in der didaktischen Planung der Ausbildung für die Unterrichtsarbeit erschlossen. Lernsituationen stellen die in Lernfeldern beschriebenen beruflichen Aufgaben in den situativen Kontext der Berufsarbeit von Erziehern in Arbeitsfeldern der Kinder- und Jugendhilfe. Für den Unterricht werden sie in komplexen Lehr-/Lernarrangements und Unterrichtseinheiten didaktisch gestaltet." (LP S. 10)
Dabei soll zunächst im Lernfeld mit einer komplexen Handlungssituation gearbeitet werden, die fächerübergreifend Inhalte des Lernfelds ergreift. Diese Handlungs- oder *Rahmensituation* wird von den einzelnen Fachbereichen in einer oder mehreren *Lernsituationen* ausdifferenziert, um fachbezogene Kompetenzen sowie Lerninhalte zur Bearbeitung zu ermöglichen.

Ziel der Lernfeldorientierung ist laut Rahmenlehrplan FS SP (S. 9.):
- „den Erwerb von Kompetenzen in berufsbezogenen und berufsübergreifenden Zusammenhängen zu fördern,
- den Entwicklungsprozess zu einer reflektierenden Haltung als Erzieherin/Erzieher zu begleiten,
- den handlungsorientierten Unterricht sowie die Verzahnung von Theorie und Praxis zu unterstützen und
- die verantwortliche Gestaltung von pädagogischen Prozessen zu ermöglichen."

Operationalisiert könnten das sein:

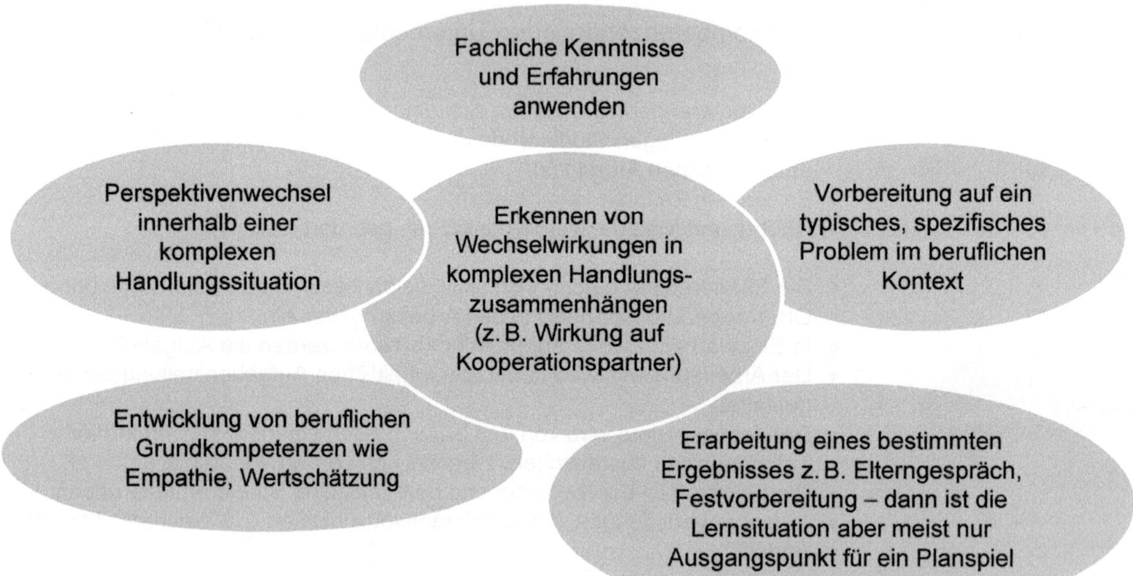

Im Lehrplan wird als Merkmal handlungsorientierten Unterrichts u. a. **Ganzheitlichkeit** benannt: „Lernen in vollständigen Handlungsvollzügen (Analyse, Planung, Ausführung und Bewertung); enger Theorie-Praxis-Bezug; fächerübergreifende Auseinandersetzung mit dem Lerngegenstand" (S. 9). Unter anderem gibt der Lehrplan als **Unterrichtsprinzip** vor: „Der Erwerb beruflicher Handlungskompetenz erfordert einen handlungsorientierten Unterricht, der Lernen in vollständigen Handlungsvollzügen (Lernsituationen) ermöglicht. Kooperatives Lernen im Team, zunehmende Steuerung des Lernprozesses durch die Studierenden und selbstreferenzielles Lernen sind dabei wichtige Elemente." (S. 13)

Weiter gibt der Rahmenlehrplan FS SP (2020) gezielte didaktische Anweisungen zur **Ausgestaltung komplexer Lehr-/Lernarrangements**:

- „Lernsituationen beziehen sich exemplarisch auf berufliche Handlungsaufgaben, die in Lernfeldern zentrales Thema sind. In der didaktischen Planung muss analysiert werden, in welcher Weise mit welchen Schwerpunkten berufliche Handlungskompetenz durch die Unterrichtseinheit entwickelt werden kann.
- Lernsituationen stellen Fachinhalte und Fachtheorien in einen Anwendungszusammenhang von Fallsituationen und/oder konkreten beruflichen Handlungssituationen. Dabei kann die Fall- bzw. Handlungssituation einerseits als Illustration wissenschaftlicher Aussagen genommen werden, zum anderen Ausgangspunkt sein, um wissenschaftliche Aussagen in einem forschenden Lernen zu entdecken. Auch fachsystematisch orientierte Lernsituationen sind denkbar, wenn sie zum Erwerb der beruflichen Kernkompetenzen wie Beobachtungs- und Analysefähigkeit, Fähigkeit der pädagogischen Beziehungsgestaltung, Fähigkeit zur Planung, Durchführung und Evaluation pädagogischer Prozesse beitragen.
- Lernsituationen sollen den Erwerb transferfähigen Wissens fördern, welches das fachliche Handeln auch in anderen Arbeitsfeldern der Kinder- und Jugendhilfe ermöglicht. Der Zugewinn an Kenntnissen, Fertigkeiten und professioneller Haltung soll zu einem kontinuierlichen Aufbau beruflicher Handlungskompetenz beitragen. Aus diesem Blickwinkel ist es auch erforderlich, Übungsphasen in den Unterricht zu integrieren und für eine enge Vernetzung von praktischer Ausbildung und berufsbezogenem Unterricht zu sorgen.
- Lernende werden in Lernsituationen als aktiv Mitgestaltende ihres individuellen Lernprozesses gesehen. Von daher soll die berufliche Problemstellung der Lernsituation subjektiv bedeutsam für die Studierenden sein und Identifikationsmöglichkeiten eröffnen. Sie werden – je nach Ausbildungsstand – in den Planungsprozess einbezogen und sollen zunehmend selbstständig ihren eigenen Lernprozess steuern." (LP S. 10)

Die Arbeit mit Rahmensituation und entsprechenden Lernsituationen ermöglicht einerseits eine Vernetzung von Fachperspektiven sowie andererseits eine Differenzierung selbiger (vgl. auch Lernfeld/Lernfelderöffnung).

Verschiedene Arbeitsfelder
Um die Nähe zur beruflichen Praxis zu optimieren und eine qualifizierte Breitbandausbildung zu generieren, sollen sowohl bei der jeweiligen Rahmensituation wie auch den Lernsituationen entsprechend der Breitbandausbildung möglichst verschiedene Arbeitsfelder von Erziehern berücksichtigt werden. Dabei ist die Abstimmung mit den Lerninhalten der jeweiligen Lernfelder sinnvoll (z. B. passt das Thema Bindung gut in eine vorschulische Lernsituation in LF 2).
So lässt sich auch eine Binnendifferenzierung nach Vertiefungsfächern oder Zielgruppen erreichen, wenn die Lernsituationen Bezüge dazu haben. Dann können die Studierenden entsprechende Situationen zu verschiedenen Arbeitsfeldern auswählen. Bei diesem Vorgehen kann die Vielfalt eines Handlungszusammenhangs verdeutlicht werden (vgl. LF 5/verschiedene Formen der Elternkooperation in diversen Lernsituationen), wenn die Ergebnisse im Plenum präsentiert werden.
Das kann in der praxisintegrierten Ausbildung besonders gut gelingen, wenn die Lernsituationen einen Bezug zu den aktuellen Arbeitsfeldern haben, in denen die Studierenden tätig sind. Sie können dann in unterrichtlichem Austausch praxisnah zu Lösungen beitragen, ihre Erfahrungen einbringen und damit auch die Mitstudierenden bereichern, die in diesem Arbeitsfeld noch keine Erfahrungen sammeln konnten.

Didaktischer Jahresplan

FB

Was?

Der didaktische Jahresplan bildet das Kernstück der didaktischen Planung. Es werden neben fachlichen Kompetenzen auch die Selbst- und Sozialkompetenz bewusst und systematisch geplant, angelegt bzw. gefördert. Dazu werden die einzelnen Lernsituationsbeschreibungen/Lernarrangements auf das Wesentliche zusammengefasst und je Lernfeld in eine sinnvolle Reihenfolge gebracht. Damit spiegelt der didaktische Jahresplan den inneren Zusammenhang der Lernsituationen wider. Die Planung der Zeitrichtwerte und die Berücksichtigung weiterer wesentlicher Parameter fließen in den didaktischen Jahresplan mit ein.

(Staatsinstitut für Schulqualität und Bildungsforschung, München, Seite 13)

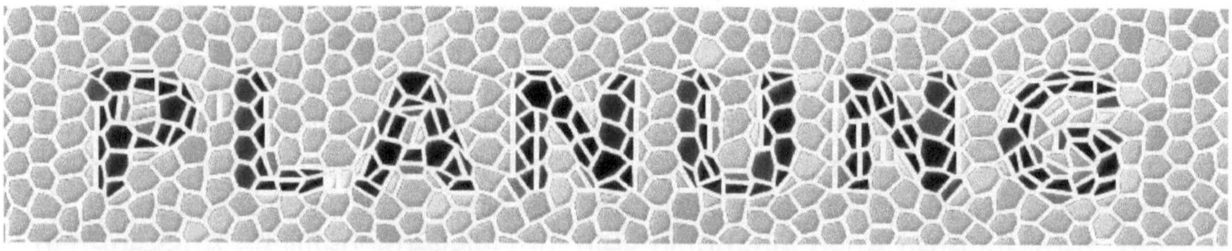

Damit ist er neben der Lernsituationsbeschreibung und der Organisationsstruktur ein zentrales Planungsinstrument eines dynamischen Planungsprozesses – der didaktischen Jahresplanung:

- Die Lernsituationsbeschreibung berücksichtigt die Phasen der vollständigen Handlung (Orientieren, Informieren, Planen, Durchführen, Bewerten, Reflektieren).
- Der didaktische Jahresplan ist das „neue" Planungsinstrument, welches dem kompetenzorientierten Unterricht entspricht. Er verbindet angestrebte Kompetenzen, Lernfeld/Lernsituation und Lernarrangements.
- Organisationsstruktur und Zeitschiene legen die Rahmenbedingungen zum geregelten Ablauf des Lernfeldunterrichts fest.

Warum?

Der didaktische Plan

- bildet Kompetenzen auf der Seite der Studierenden ab;
- vermeidet ungeplante Wiederholungen in verschiedenen Lernsituationen;
- verkürzt notwendige Absprachen und erleichtert so die zielbezogene Unterrichtsorganisation;
- schafft Transparenz bei allen an der Bildung Beteiligten;
- sorgt für Verbindlichkeit in der Unterrichtsdurchführung und Unterrichtsvertretung;
- stellt aufeinander aufbauende Lernfelder und -situationen dar;
- bindet allgemeinbildende Fächer aktiv mit ein.

(in Anlehnung an Staatsinstitut für Schulqualität und Bildungsforschung, München, Seite 14)

Wie?

Die Methoden des Unterrichtenden, die beim Studierenden Kompetenzen veranlagen oder fördern, sind nur dann in den didaktischen Jahresplan aufzunehmen, wenn sie neu eingeführt und eingeübt oder im Rahmen des Spiralcurriculums wieder aufgegriffen und intensiviert werden. Die gemeinsame Festlegung einer Methode im Rahmen des didaktischen Jahresplans stellt eine notwendige Konkretisierung dar. Sie schränkt den pädagogischen Freiraum der einzelnen Lehrkraft jedoch nicht ein.

Zu beachten ist, dass bei jeder Lernsituation die Methodenwahl der Lehrkraft in engem Zusammenhang mit dem Kompetenzzuwachs der Studierenden steht (vgl. LF 5/*Didaktischer Jahresplan*). Die Auflistung der Sozialform erleichtert die Vorbereitungsarbeit der Lehrkraft sowie Absprachen mit Kollegen und ermöglicht den Studierenden Abwechslung im Unterrichtsalltag.

(in Anlehnung an Staatsinstitut für Schulqualität und Bildungsforschung, München, Seite 14)

Advance Organizer
(Lernlandkarte)

FB

Was?

Advance Organizer (engl. etwa: vorangestellte Ordnung) geben wie eine „Landkarte“ schon zu Beginn eines Lernfelds einen thematischen Überblick. Bilder veranschaulichen mögliche Themen, Begriffe verdeutlichen zu bearbeitende Inhalte. Dabei sind Themenbereiche feststehend sowie mit den Studierenden vereinbar. Sie knüpfen an den Lerninhalten des Lehrplans, am Vorwissen und an den Vorerfahrungen der Studierenden ebenso an, wie an ihren fachbezogenen Interessen.

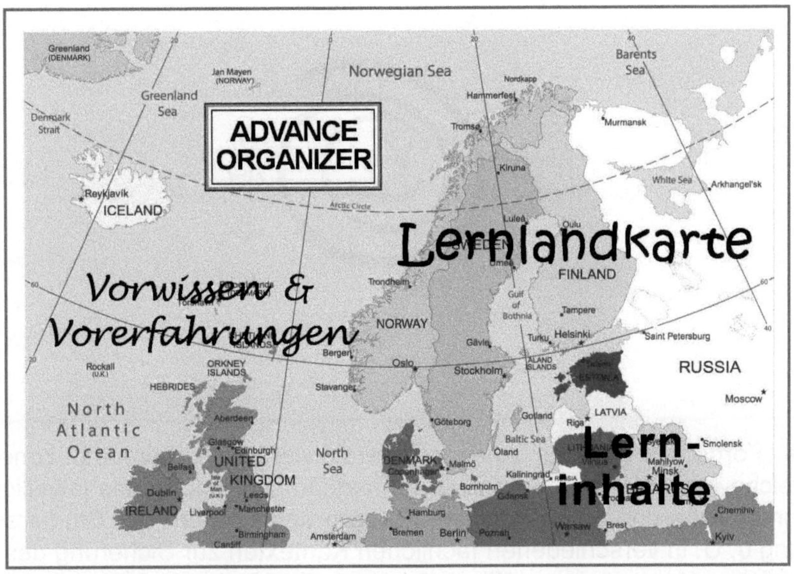

Warum?

Durch die visuelle Darstellung werden schon Schwerpunkte des Themas sichtbar (vgl. auch Advance Organizer von LF 4), Zusammenhänge deutlich (vgl. LF 1) und Prozesse erkennbar.
Advance Organizer dienen der Orientierung und helfen immer wieder, Zusammenhänge zu greifen und Lerninhalte zuzuordnen.
Sie sind Basis für das Zeitmanagement der Studierenden, für mögliche Kooperationen und Kooperationspartner, räumliche Organisation – also für ein selbstständiges Arbeiten im Rahmen des Lernfelds.

Wie?

Eine ansprechende Bebilderung ist dabei nicht nur einprägsam, sondern dient auch der Motivation hin zum lebendigen Arbeitsprozess der Studierenden.
Der Advance Organizer bleibt während der gesamten Arbeit im Lernfeld bedeutsam und wird für die Studierenden möglichst gut sichtbar (z. B. als großes **Plakat** an der Klassenwand) präsentiert. Hilfreich ist es, ihn **zu Beginn des Unterrichts** oder einer neuen Lernaufgabe wieder heranzuziehen, um aktuelle thematische Bezüge zum gesamten Lernfeld herzustellen und diese in den Gesamtkontext der Fachinhalte einzuordnen.

Lernspirale

Eine Lernspirale bezeichnet nach Heinz Klippert „ein mehrstufiges Verfahren zur Klärung eines bestimmten Fachinhalts" (2012, S. 309). Er definiert verschiedene Arbeitsphasen wie Inputphase, Nachhilfephase, Konstruktionsphase bis hin zur Transferphase. Dabei arbeiten die Studierenden möglichst nach dem EVA-Prinzip (eigenverantwortliches Arbeiten), welches die Lehrkraft durch Methodenvielfalt unterstützt.

Lernspiralen sind als „Förderinstrumente" eines schüleraktivierenden, kompetenzorientierten Lehren und Lernens zu sehen, welche eine intensive Erschließung und Durchdringung des jeweiligen Lernstoffs anstreben. Sie sichern ein intensives und kleinschrittiges Fordern und Fördern der Studierenden und nützen die bewusste Wiederholung u. U. in verschiedenen fachlichen Kontexten zur Sicherung des Lernergebnisses vor allem im Bereich fachlicher Kompetenzen. Klippert betont die Nachhaltigkeit der Arbeit mit Lernspiralen, wenn er von „eindringlichem Lernen" spricht.
Mittels SOL-Methoden und kooperativer Lernwege wie „Think-Pair-Share" oder „*Placemats*" (vgl. LF 3/Planspiel) ist von einer vielfältigen Methoden-, Kommunikations- und Kooperationsschulung auszugehen.

Wiederholung als Lernprinzip
Voraussetzung für ein „eindringliches Lernen" ist eine klare Strukturierung des Unterrichtsverlaufs: Die Phasen des Lernens werden in methodisch-didaktischen Formen angeboten, die Wiederholung als Lernprinzip bewusst einsetzen.
Dabei sollen *Mikro-Lernspiralen* innerhalb einer didaktischen Einheit z. B. bei der Erarbeitung einer Handlungssituation (vgl. LF 2/*Bearbeiten von beruflichen Handlungssituationen* 2 und 3) in verschiedenen Arbeitsschritten ebenso angeboten werden wie *Makro-Lernspiralen*, z. B. im Umgang mit den „Querschnittsaufgaben":
Querschnittsaufgaben werden im LF 1 eingeführt und erscheinen in jedem Lernfeld in unterschiedlichem fachlichen Kontext. Während sie in der „Inputphase" (LF 1) beispielsweise in kooperativer Lernform grundsätzlich fachbegrifflich zu definieren sind (z. B. durch Recherche wie Lesen, Nachschlagen, Exzerpieren), wird deren Bedeutung in den folgenden Lernfeldern wiederkehrend unterschiedlich konstruiert. Im Verlauf der folgenden Lernfelder können die Querschnittsaufgaben dann kommuniziert, präsentiert oder reflektiert werden.

- Beispielsweise wird die Querschnittsaufgabe „Partizipation" (LP S. 4) im LF 1 definiert,
- im LF 2 in Bezug gesetzt zu verschiedenen Handlungskonzepten,
- in LF 3 reflektiert im Zusammenhang mit partizipierender Beobachtung bzw. Partizipation durch Bildungsdokumentation,
- im LF 4 im methodisch-didaktischen Glossar als methodische Grundbegrifflichkeit erarbeitet und
- im LF 5 auf Elternkooperation bezogen sowie
- im LF 6 als Voraussetzung gelingender Teamarbeit differenziert betrachtet.

SOL – Selbst organisierte Lernformen im Lernbüro

Selbst organisierte Lernformen (kurz SOL) wie *Lerntheke/Lernpfad*, *Stationenarbeit/Lerninseln* oder *Lernatelier* bieten den Studierenden fachbezogene Arbeitsaufträge an. Diese werden in unterschiedlichen Modi, d. h. unterschiedlich klein- oder größerteilig, zur Verfügung gestellt. Die entstehenden Arbeitsgruppen werden auch unter dem Begriff „Lernbüro“ zusammengefasst.

Die Lerntheke zeigt übersichtlich verschiedene Lernangebote zur Kenntnisnahme (z. B. ausgelegt oder aufgehängt im Klassenraum). Sie ist mehr oder weniger linear aufgebaut (z. B. thematisch aufbauend) und bietet entsprechende Arbeitsblätter an (z. B. in einer Lernbox).

Beim Lernen an Stationen wird ein Themenbereich in unterschiedliche Teilbereiche portioniert und auf Stationen verteilt, die dann von den Lernenden durchlaufen werden. An den entsprechenden Stationen arbeiten verschiedene Studierende selbstständig mit vorbereiteten Materialien.

Im Lernatelier wird in verschiedenen Atelierbereichen (evtl. Räumen) zu verschiedenen Aspekten eines weitreichenden Fachthemas gearbeitet. Die Arbeitsaufträge finden sich z. B. in einer Atelierkartei.
Deutlich werden soll, dass es in diesen 3 methodischen Vorgehensweisen eine Steigerung im Umfang zu bearbeitender Fachinhalte und der dazugehörigen Aufgaben gibt.

SOL sollen Spaß machen

SELBSTGESTEUERT

Lernende haben die Möglichkeit, Wissen und Lernwege selbst zu bestimmen.
Lernende überprüfen ihre Lernergebnisse selbst.
Lernende gestalten Ziele, Prozesse und Lernbedingungen mit.
Lernende werden darin unterstützt, die Verantwortung für ihr Lernen selbst zu übernehmen.
Die/Der Lehrende ist prozessverantwortlich: Sie/Er schafft die Bedingungen für das gelingende Selbstlernen des Lernenden.

PRODUKTIV

Vorerfahrung und Vorwissen der Lernenden werden eingebunden.
Lernenden wird Raum geboten für Neugier und Entdeckung(-sarbeit).
Lernende nehmen unterschiedliche Perspektiven ein.
Lernende erhalten die Möglichkeit, eigene Sichtweisen zu hinterfragen.

AKTIVIEREND

Lernende bearbeiten konkrete Arbeitsaufträge.
Lernenden wird ermöglicht, Lösungswege selbst zu planen, durchzuführen und zu überprüfen.
Lernende entwickeln selbst Initiativen.
Lernenden wird ermöglicht, praxis- und erlebensorientiert zu arbeiten.

SITUATIV

Lernende nützen und reflektieren die Hier-und-Jetzt-Situation.
Die Methode nimmt Bezug auf die Situation der Lerngruppe.
Sie ist auf die Situation der Lernenden und der Lerngruppe abgestimmt.
Lernende erarbeiten Lösungen anhand von Praxisbeispielen.
Lernende übertragen Musterlösungen in die eigene Praxis.
Lernenden werden Empfehlungen für Praxistransfers geboten.

SOZIAL

Lernende erleben Wertschätzung.
Lernende erhalten Zeit und Raum für ihre Fragen und Feedback.
Lernende nehmen Emotionen wahr.
Lernende üben konstruktive Formen der Kommunikation.
Lernende werden bei der kooperativen Erarbeitung von Lösungen gefördert.

(Arnold 2013)

Die Lerntheke bedarf einer motivationalen Darbietung: Das Lernangebot erfolgt über sichtbar gemachte Arbeitsaufträge (20–25), die den Studierenden übersichtlich präsentiert werden und relativ unkompliziert einen Überblick erlauben. Die Studierenden wählen dann ein Lernangebot nach dem anderen aus, d. h., sie nehmen den Arbeitsauftrag zu sich und wählen entsprechend der Angabenzeile die vorgesehene Sozialform, den Lernort sowie angegebene Arbeitsmittel. Ist die Aufgabe gelöst, wird eine weitere ausgesucht. (vgl. LF 2/*Lerntheke Kommunikation*). Die Ergebnisse der Lernthekenarbeit werden in einem speziellen Register innerhalb des Portfolios dokumentiert oder im Plenum präsentiert bzw. an der Metaplan-Wand ausgestellt.

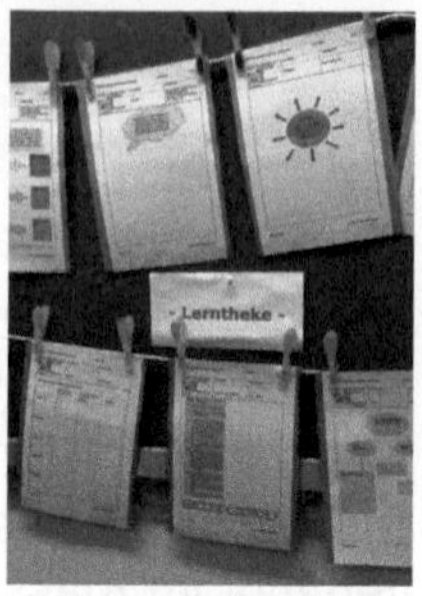

Die Arbeit an Lernstationen stellt die Aufgaben zum Thema in untergeordneten thematischen Zusammenhängen z. B. in Lernboxen mit Hängevorrichtung oder in Arbeitsablagen bereit. Eine Beschriftung nach untergeordneten Themenbereichen ermöglicht den Studierenden die sinnvolle Auswahl (vgl. LF 3/*Stationenarbeit* an 4 Stationen zu Wahrnehmen, Beobachten, Dokumentieren, Inklusion fördern). Für ein vorab bestimmtes Zeitfenster (z. B. 90 Minuten) arbeiten sie dann an der Lernstation und wählen innerhalb dieser Aufgabenstellungen Lerngruppe und Arbeitsmittel. Auch die Arbeitsergebnisse der Stationenarbeit werden im Portfolio dokumentiert und dort von der Lehrkraft gesichtet oder innerhalb der Lerngruppe reflektiert.

Lerninseln stellen Aufgaben, die besonders geeignet sind, Handlungskompetenz durch Fachkompetenz zu stärken. Sie zielen ab auf eine Vernetzung von Fachinhalten mit der Praxis: „Inselarbeit" kann z. B. in ein Praktikum integriert werden (vgl. LF 4/*Lerninseln zum Thema Spiel*).

Die Arbeit im Lernatelier (vgl. LF 4/*Lernatelier Bildungsarbeit*) erlaubt noch eine Steigerung nach Inhalten und Umfang: In Karteikästen werden die Lernaufträge zu verschiedenen inhaltlichen Zusammenhängen angeboten. Innerhalb dieser wählen die Studierenden die Arbeitsaufträge nach Inhalten aus. Sie finden sich an verschiedenen Lernorten zusammen und arbeiten über den gesamten Zeitraum der freien Arbeit in einer selbst bestimmten Lerngruppe. Die zur Erarbeitung notwendigen Arbeitsmittel sowie die Arbeitsergebnisse verbleiben im Lernatelier. Die Arbeitsphasen erstrecken sich über mehrere Arbeitseinheiten.
Die Studierenden dürfen sich Experten (z. B. Fachlehrkräfte, Mitstudierende) ins Atelier einladen, um sich Unterstützung für ihre Arbeit oder für die Präsentation und anschließende Reflexion zu holen. Die Arbeitsergebnisse werden innerhalb der Lerngruppe im Atelier gezeigt und reflektiert, ggf. unter Einbeziehung kollegialer Beratung, und/oder im Atelierbuch dokumentiert und somit auch der Lehrkraft verfügbar. Ein besonderes Highlight sind spezielle „Ateliertage": Dann werden die Ateliers auch für die Schulgemeinschaft und das Lehrerkollegium geöffnet und somit ein klassenübergreifender Austausch ermöglicht, wenn Lernende aus der Erstausbildung oder aus Parallelklassen an der Arbeit partizipieren.
In jeder dieser Lernformen sollen die Arbeitsaufträge verschiedene Sinneskanäle bedienen und so unterschiedlichen Lernzugängen Rechnung tragen. Die bewusste Vernetzung von Lerninhalten aus verschiedenen fächerspezifischen Perspektiven ist ebenso bedeutsam wie Arbeitsaufträge, die in die Praxis reichen und den Transfer von „Wissen" ins „Können" anstreben.
Eine bedachte, **schrittweise Einführung** ist wichtig und kann von konkreten Arbeitsplänen zu einzelnen Lernfeldern und Wochenstunden in den Zielsetzungen wie der Arbeitsorganisation übersichtlich gemacht werden. Auch bezogen auf die freie Auswahl der Arbeitsaufträge sowie deren fachlicher Kontrolle bedarf es der Lernbegleitung. Studierenden fehlt u. U. die Freiheit der freien Wahl: Es besteht die Sorge, nicht alle Arbeitsaufträge „erledigt" zu haben, die „falschen" ausgewählt oder eine „falsche Lösung" zu haben. Hier braucht es eine intensive Lehrerbegleitung, die gegründet ist auf gegenseitigem Ver- bzw. Zutrauen („Sie wissen schon, was Sie für Ihren Lernprozess brauchen"), die ermutigt („schauen Sie sich die Arbeitsaufträge in Ruhe an und überlegen Sie sich, was Sie schon gut können, was Sie noch lernen möchten, mit wem Sie arbeiten möchten"), die aber auch systematisch und fachlich adäquat begleitet: Die Lehrkraft als Lernbegleiter braucht ständig Zugriff auf ihr Fachwissen, um die unterschiedlichen Lernprozesse fachkompetent zu begleiten; sie braucht das Vertrauen in die Studierenden, dass sie ihren Lernprozess gut gestalten; sie weiß um den Stand der Kompetenzentwicklung der einzelnen Studierenden durch die Arbeit mit dem *Lerntagebuch* sowie dem *Portfolio* und kann entsprechend notwendige Lernprozesse bzgl. Fach-, Sozial-, Personalkompetenzen anregen und gegebenenfalls einfordern.
Regelmäßige Präsentationen bzw. Ergebniskontrollen geben den Studierenden zunehmend Sicherheit, auch im Umgang mit Aufgabenstellungen, die nicht richtig oder falsch, sondern besser oder schlechter zu lösen sind. Entsprechende **Reflexionsgespräche** schaffen wiederum eine intensive Basis für den aktiven Lernprozess zwischen Studierenden und Lehrkräften sowie die Reflexionskompetenz der Studierenden.

Experte sein

Experte sein

FB

Was?

Bei **Experteninterviews, Expertenrunden, Expertengesprächen, Tisch-Tafel-Präsentationen** machen sich Studierende durch die Befragung eines Experten oder eine anderweitig fachliche Vorbereitung (z. B. Studium von Fachliteratur, Vorbereitung einer interaktiven Präsentation) selbst zum Experten für einen speziellen Fachzusammenhang und geben dieses Expertenwissen an andere Studierende und Lehrkräfte weiter.

In der praxisorientierten Ausbildung:
Tatsächlich können Studierende besonders gut für jeweils andere Studierende zum Experten/zur Expertin werden, weil sie differenzierte Einblicke in ein Arbeitsfeld haben und ihr Wissen bzw. ihre Erfahrungen teilen können. Auch Expertenbefragungen eignen sich innerhalb der PiA, wenn Studierende Praxisausbilder/-innen interviewen und die Ergebnisse im Unterricht einbringen dürfen.

Warum?

Die Studierenden wenden sich einem differenzierten Sachverhalt intensiv zu, erschließen sich detaillierte Informationen möglichst aus erster Hand (von Fachleuten), über Print- und andere Medien und geben dieses spezialisierte Wissen als „Experten“ an Kollegen der Klassen-, Lehrer- oder/und Schulgemeinschaft weiter. Dabei arbeiten sie handlungsorientiert, indem sie sich einerseits spezifisches Fachwissen aus unterschiedlichen Quellen aneignen und es andererseits dann an Dritte weitergeben. In beiden Prozessen entwickeln sie soziale wie personale Kompetenzen. Besonders bedeutend ist die intensive Hingabe an einen sehr speziellen Sachverhalt (z. B. eine Biografie, in LF 2/*Pädagogische Handlungskonzepte*), welche angetan sein kann, die persönliche Entwicklung zu bereichern. Gleichzeitig erfährt der Lernende durch das Experte-Sein (auch gegenüber Lehrkräften) hinsichtlich Selbstwertgefühl einen deutlichen Zugewinn.

Wie?

Bei Experteninterview oder Expertenbefragung verschafft sich der Studierende tatsächlich Expertenwissen aus erster Hand: Ein Experte wird zu einem spezifischen Thema oder Arbeitsbereich befragt. Wichtig ist, dass eine genaue Vorbereitung dieses Gesprächs erfolgt; dazu gehören Überlegungen bzgl. Auswahl des Experten, äußere Rahmenbedingungen wie Treffpunkt, Zeitpunkt und Dauer, Inhalte und Ablauf des Gesprächs. Diese Vorbereitungen sind in enger Zusammenarbeit mit dem Lernbegleiter, also der Lehrkraft zu treffen. Dabei gibt es allgemeine Informationen, die an alle Studierenden gegeben werden, sowie Vorbereitungen, welche das einzelne Experteninterview betreffen, z. B. Auswahl des Experten oder genaues Expertenthema.
Auch brauchen die Studierenden bereits Grundkenntnisse bzgl. Gesprächsführung (Fragearten, Fragestellung), bevor sie in ein solches Gespräch eintreten.
Das Besondere an derartigen Expertenbefragungen ist die lebendige Interaktion zwischen Frager und Befragtem, die Subjektivität in der Sache durch eine bestimmte Perspektive, die Intensität des Erlebten durch den engagierten Austausch seitens der Studierenden wie der Experten. Ein Experteninterview kann auch schriftlich mittels Fragebogen durchgeführt werden.
Immer sind die Ergebnisse zu dokumentieren, z. B. in einem Protokoll oder einer digitalen Aufzeichnung. Eine Expertenbefragung zu einem speziellen Thema kann auch durch die ganze Klasse stattfinden.

Bei der Expertenrunde bereiten Arbeitsgruppen einen Teilaspekt eines Themas möglichst interaktiv für Dritte, z. B. die Klassen- oder Schulgemeinschaft, Praxisausbilder vor. Diese Expertenteams präsentieren in unterschiedlichen Räumen, auf unterschiedlichen Tischen unter Verwendung geeigneter Medien das Thema. Mindestens 2 Teilnehmer der Expertengruppe sind präsent, während die anderen Teilnehmer sich die Arbeitsergebnisse der anderen Experten zuführen. Hierfür eignen sich Themen, die nicht in ihrer Gänze als Grundlagenwissen für den Erzieherberuf gelten, z. B. Wahrnehmungstäuschungen (LF 3/*Inhalte der Stationenarbeit Wahrnehmung*). Vielmehr geht es um eine Erfahrung, die prägend ist für den Umgang mit einem fachlichen Thema (z. B für das spätere LF 5/Beobachtung).

Ähnliches gilt für die Tisch-Tafel-Präsentation, mit dem Unterschied, dass einzelne Studierende sich einem spezifischen Thema widmen und dieses auf einem Tisch und einer Tafel inhaltlich und möglichst interaktiv für die Besucher präsentieren. Da können Fachinhalte via Plakaten, Bildern, Dias, PowerPoint dargeboten werden. Eine lebendige Teilhabe der Besucher ist wünschenswert, z. B. die Erprobung eines Materials, kleinere Zuordnungs- oder Quizspiele, Befragungen, Darstellung von Zitaten; engagierte Studierende zeigen sich hier besonders kreativ und einfallsreich. Geeignet sind wieder Inhalte, die nicht in der Gänze als Grundlagenwissen anzusehen sind und gleichzeitig eine im Unterricht kaum darstellbare Fülle zeigen (vgl. LF 2/*Pädagogische Handlungskonzepte*).
Solche Präsentationen brauchen vor allem ein gutes Zeitmanagement und einen ausreichenden zeitlichen Vorlauf. Sie können wieder einem größeren Besucherkreis angeboten werden, z. B. der Schulgemeinschaft oder beim Tag der offenen Tür.
Dazu gehört eine **individuelle fachliche Begleitung**: Jeder Studierende sollte eingeladen sein, während der Vorbereitungszeit in einen belebenden fachlichen Austausch mit der Lehrkraft oder geeigneten Fachkollegen zu treten. Eine fächerübergreifende Arbeit sowie Praxisbezüge sind nicht nur erwünscht, sondern notwendig. Die Kollegen geben weiterführende Anregungen zu den Inhalten (z. B. über gezielte Literaturangaben), aber auch zu Fragen einer ansprechenden Präsentation. Dabei gilt: Fragen ist erwünscht, Kooperation notwendig, Fehler dürfen sein!

Bei der Präsentation besucht die begleitende Lehrkraft (oder mehrere) jeden Studierenden an seinem Tisch, lässt sich die Inhalte erläutern, fragt nach, geht in das fachliche Gespräch. Notizen helfen, später die Darbietungen zu reflektieren bzw. zu bewerten.
Wichtig ist, solche Präsentationen nach innen wie außen zu reflektieren, zu evaluieren (vgl. LF 2/*Handlungskonzepte, Tisch-Tafel-Präsentation*): Die Studierenden, welche präsentieren, erhalten bereits im Vorfeld der Präsentation einen **Reflexionsbogen**, der die Beurteilungskriterien offenlegt. Nach der Präsentation füllt jeder Studierende sowie die begleitende Lehrkraft diesen Bogen aus. In einem individuellen Beurteilungsgespräch sind eben diese verschriftlichten Aspekte Grundlage eines konstruktiven Austauschs, an dessen Ende u. U. eine Note stehen kann, welche als Ersatz für einen schriftlichen Leistungsnachweis gelten mag.
Aber auch die Besucher sollten zur Reflexion angehalten werden: Es ist weniger hilfreich, eine Bewertung im Sinne „was war gut, was schlecht“ anzuregen. Deshalb ist es günstiger, sie in einen thematischen Zusammenhang zur Präsentation zu bringen und dann eine Reflexion für den eigenen Zugewinn durch die Präsentation anzuregen (vgl. LF 2/*Handlungskonzepte/Tisch-Tafel-Präsentation*: Rückmeldung der Besucher durch *Postkarte*). Eine Verschriftlichung solcher Rückmeldungen ist sinnvoller und wird den Studierenden im Rahmen einer Evaluation verfügbar.
Die Kraft solcher Präsentationen liegt vor allem in manchmal sehr persönlichen Erfahrungen, z. B. mit der Biografie eines Pädagogen, der bislang unbekannt war. Hier liegen ungeahnte Möglichkeiten auch historischer Betrachtungen und moderner Erziehungsbegrifflichkeiten. Auch Arbeitsfeld-Analysen eignen sich hervorragend für eine Tisch-Tafel-Präsentation innerhalb einer praxisintegrierten Ausbildung. Das kann während/zum Ende der Ausbildung ein bereicherndes Angebot für fach- oder klassenübergreifende Veranstaltungen werden. Außerdem genießen die Studierenden die Wiedergabe ihres Expertenwissens an die Gäste, während diese erfahren, was in anderen Klassen gerade thematisiert wird. Jedenfalls setzen solche Präsentationen Impulse bei den Besuchern, sich für ein bestimmtes Thema zu interessieren und weiterführende Literatur kennenzulernen.
Auch die Präsentatoren wachsen: Sie wachsen an der Aufgabe in den selbstständigen Vorbereitungen, sie wachsen an den Gesprächen bei der Präsentation (Metaebene) und sie wachsen an den zumeist recht positiven Rückmeldungen über sich hinaus.

Lernwerkstatt

Offene Lernwerkstatt

FB

Was?

Das Klassenzimmer als Lernwerkstatt zu einem bestimmten Fachthema und unter fachlichen Aspekten: „Hier wird gearbeitet und zwar gleichzeitig an verschiedenen Aufträgen, zum Teil alleine, zum Teil in Gruppen und meistens ohne den Meister." (Reichen 1991, S. 61)

Eine Lernwerkstatt ist damit in der Regel ein speziell vorbereitetes und zusammengestelltes Angebot verschiedener Aufgaben mit unterschiedlichen Lernmaterialien, die von den Studierenden

- in freier Wahl des Lernortes innerhalb eines bestimmten Bereichs,
- in freier Bestimmung der Lerngruppe sowie
- in freier Wahl der Lernaufgabe selbsttätig bearbeitet werden.

Dabei gibt es deutliche Parallelen zu bedeutenden Pädagogen wie Freinet „Wir bereiten ein erziehliches Milieu, ein Arbeitsmaterial, entsprechende Arbeitstechniken und eine Organisation der gesamten Arbeit vor, die es den Kindern erlauben, sich so weit als möglich selbst zu verwirklichen, wenn der Lehrer ihnen dabei hilft oder sie wenigstens bei ihren tastenden Versuchen und ihrem Forschen nicht hindert" (1965, S. 101) sowie zu Maria Montessori: Die freie Wahl der Arbeit aus einem vorbereiteten Angebot ist das entscheidende Prinzip des Werkstattunterrichts oder der Forderung „Hilf mir, es selbst zu tun". Dies entspricht Reichens „Prinzip der minimalen Hilfe" (1991, S. 83).

Warum?

Ziele eines Werkstattunterrichts sind u. a.

- die freie Auswahl thematischer Zusammenhänge in Aufgabenstellungen, die dem Interesse des Lernenden entsprechen und so ein hohes Maß an Motivation schaffen,
- dem eigenen Lernrhythmus zu folgen und
- durch einen aktiven (handelnden) Umgang mit den Dingen zu lernen.

„Handlungsorientierung zielt auf eine konstruktive Lehr-/Lernprozessgestaltung, die auf die Interdependenz von Denken und Handeln aufbaut." (Rahmenlehrplan S. 9).

Wie?

Die Vorbereitung und Durchführung einer Lernwerkstatt erfordert zielgerichtete Aufmerksamkeit der Lehrkraft:

- Die Auswahl des Themas für eine Lernwerkstatt muss komplex sein im Sinne vielfältiger Perspektiven sowie didaktisch sinnvoll aufbereitet sein.
- Fächerverbindende Themen sind erwünscht und können dann in der Werkstattarbeit auch im Sinne von Team-Teaching begleitet werden.
- Die dargebotenen Materialien sollten in sich der Aufgabenstellung konkret abbilden oder mit einem klaren Arbeitsauftrag (z. B. mittels Arbeitskärtchen) präzisiert werden.
- Die angebotenen Materialien sollten sich nicht nur auf die theoretische Erarbeitung des Themas beziehen, sondern auch solche einbeziehen, die den handelnden Umgang mit dem Thema fördern, z. B. gestalterische Materialien oder Spiele.
- Raum und Material sollten ebenfalls eine Lernmotivation darstellen: Sinnvoll geordnet, ästhetisch, vollständige Materialien, gepflegt und aufgeräumt.
- Die Angebote sollten kompatibel sein mit dem zeitlichen Rahmen bzw. den räumlichen Möglichkeiten.

- Die Strukturen in den Aufgabenstellungen sind möglichst klar und vergleichbar (vgl. LF 2/*Pädagogische Handlungskonzepte*), sie können aber auch bewusst minimiert sein und Offenheit für eine Aufgabe zulassen: Leerangebot (vgl. LF 6/*Zukunftswerkstatt*)
- Der Schwierigkeitsgrad sollte Spielraum für die Studierenden eröffnen: Grundlegende Aufgabenstellungen, Anschlussaufgaben, zusätzliche Aufgaben u. a., so können die Studierenden ihre individuellen Möglichkeiten auf- und ausbauen.
- Die Sozialformen können unterschiedlich sein, auch wo notwendig vorgegeben. Abweichungen bedürfen einer Absprache mit dem Lernbegleiter.
- Eine Übersicht über Themen und Aufgaben innerhalb der Lernwerkstatt ist für die Studierenden ebenso wichtig wie für die Besucher der Lernwerkstatt bei der Präsentation (vgl. LF 2/*Zeitstrahl der Handlungskonzepte*).
- Wichtig ist Transparenz in der Organisation: Aufgabenstellung und -verteilung, Zeitfenster, Raumverteilung, Zugang zu Arbeitsmittel und -medien, Möglichkeiten der Hilfestellung und Kommunikation mit dem Lernbegleiter.
- In jeder Lernwerkstatt gibt es Regeln zum Ablauf, z. B. bezüglich Lautstärke, Wahl des Lernortes, Pflege/Organisation des Materials.
- Bedeutsam ist eine gut strukturierte und doch offene Raumgestaltung, z. B. für die Tisch-Tafel-Präsentation: Der Raum, die Tafeln und Tische erfahren eine räumliche Gliederung mittels der präsentierten Inhalte (vgl. LF 2/*Zeitstrahl der Handlungskonzepte*)
- **Selbst erwachsene Studierende verlangen oft nach inhaltlicher Kontrolle: Da eine Selbstkontrolle über das Material eher selten möglich sein wird, ist die Lernbegleitung zentral. D. h. so viel Rückmeldung wie nötig, so wenig wie möglich. Darin liegt auch die Herausforderung dieser offenen Lernmethode und der Bezug zum späteren beruflichen Handlungsfeld.**
- In der aufmerksamen Begleitung durch die Lehrkraft liegt auch ein Schlüssel für den Erfolg: Sie sollte eine Lehrerhaltung entwickeln, die gezeichnet ist von Schülerzentriertheit, d. h. möglichst viel Vertrauen aufbauen, Vorurteile abbauen und einen sozial-integrativen Führungsstil pflegen (also Toleranz, Offenheit, Flexibilität, Hilfsbereitschaft zeigen).
- Hilfreich sind speziell entwickelte **Beobachtungsbögen**. Hier können laufend Notizen zum Lernprozess des einzelnen Studierenden gemacht werden, die später auch bei der Beurteilung helfen.
- Besonders bei dieser offenen Arbeit ist das ritualisierte **Reflektieren** nach der Werkstatt für jeden Studierenden notwendig (vgl. *Lerntagebuch*) und kann später in eigene Reflexionsgespräche (vgl. LF 2) oder die regelmäßigen Entwicklungsgespräche (vgl. *Lerntagebuch*) einfließen.
- Der Lernbegleiter übt sich nach Möglichkeit in didaktischer Zurückhaltung und ermöglicht so einen selbst organisierten Lernprozess. Diese zeichnet sich aus durch eine aufmerksame Beobachtung der Lernschritte und gezielte Lernimpulse im richtigen Moment.
- Vorgaben im Verlauf des Lernprozesses sind eher kontraproduktiv, weil sie Fehler und Probleme eher verhindern als sie zuzulassen, um eine eigene Lernerfahrung zu ermöglichen.
- Jede Werkstattarbeit braucht am Ende einen Abschluss im Sinne einer Ergebniskontrolle, z. B. eine **Präsentation** (vgl. LF 2/*Pädagogische Handlungskonzepte*).
- Eine Ergebniskontrolle kann auch in einem Bewertungsgespräch einen Leistungsnachweis darstellen. Dann sind ein hohes Maß an Transparenz (Beurteilungsbögen liegen schon vor der Präsentation vor) sowie eine hohe Eigenbeteiligung an der Reflexion bedeutsam: Die Studierenden bewerten ihre Leistung nach denselben Kriterien wie der Lehrer, sie tauschen sich darüber aus und finden gemeinsam eine Note.
- Die Qualitätsstandards bei einer Bewertung orientieren sich an der Handlungskompetenz des Studierenden, d. h. Fach- inklusive Methodenkompetenz, Sozial- und Personalkompetenz (vgl. LF 2/Beurteilung zur *Tisch-Tafel-Präsentation*).
- Präsentationen am Ende einer Lernwerkstatt haben sehr positive Auswirkungen auf die Klassengemeinschaft (Wirgefühl), auf die Schulgemeinschaft (gegenseitige Wahrnehmung) und auf das Kollegium (Teamarbeit). Das gilt insbesondere innerhalb der praxisintegrierten Ausbildung: Die gegenseitige Wahrnehmung der Studierenden schafft Transparenz, Verständnis und Basis für Kooperationen.

Rollenspiel

Konstruktivistisches Planspiel, Rollenspiel

FB

Was?

Das „Rollenspiel ist eine komplexe Methode zur Aneignung einer beruflichen Wirklichkeit" (Meyer 1987, S. 385). Dabei geht es um die spielerische Übernahme der beruflichen Rolle als Erzieher/Erzieherin in einer vorgegebenen Situation, die dann trotz Rollenanweisung eigenverantwortlich ausgestaltet werden soll. Es werden also im Spiel berufliche Herausforderungen sowie deren Lösungsansätze simuliert.

Im Planspiel werden reale Situationen aus dem Handlungsfeld von Erziehern simuliert und Entscheidungsprozesse nachgeahmt. Dabei geht man lösungsorientiert vor, d. h., am Modell einer (vereinfachten) Situation werden Studierende in ihren Handlungsentscheidungen gefordert und es werden deren Auswirkungen geprüft. Interessengegensätze zwischen Personen und/oder Institutionen stehen dabei im Fokus. Komplexe Zusammenhänge und Prozesse werden vereinfacht, überschaubar und transparent gemacht. Dieser Prozess braucht die Interaktion und Kommunikation der teilnehmenden Personen, um Entscheidungen herbeizuführen. Dabei gehen auch Gruppen von Studierenden u. U. in die Rolle einer Handlungsperson, um diese innerhalb einer Kleingruppe möglichst sinnvoll zu definieren. Danach interagieren die Spielpartner untereinander, versuchen Standpunkte zu ermitteln, Konflikte auszuräumen, Kooperationen einzugehen, Bündnisse zu schließen, um so das Vorgehen zu klären oder um ein gegebenes Problem zu lösen.

Die Szenariotechnik fokussiert eine entscheidende Phase einer beruflichen Situation und gibt planmäßig Hilfestellung bei der Entscheidungsfindung. Sie ist deshalb geeignet zur Erarbeitung von Lernsituationen.

Warum?

Intention dieser Methoden ist nicht, Wissen abzufragen – dennoch ist Wissen notwendig, um den Herausforderungen des Spiels bestehen zu können.

Rollen-/Planspiele sind als Lernmethoden besonders effektiv, weil sie die **intrinsische Motivation** ansprechen. Die Studierenden gehen möglichst real in berufliche Rollen. Sie erleben verschiedene Perspektiven der beruflichen Situation, indem sie sich mit der Rolle identifizieren. Damit erweitern sie ihre Beobachtungs- und Wahrnehmungsfähigkeiten und erhöhen ihr Verständnis für die Haltung und Handlungen oder Handlungszwänge anderer beteiligter Personen. Damit stärken sie Grundqualifikationen beruflicher Haltung wie Empathiefähigkeit oder wertschätzenden Umgang. Sie üben sich in beruflicher Kommunikation und Interaktion während des Spielprozesses. Inhalts- und Beziehungsebene werden in ihrer Verquickung spürbar.
Soft skills wie Kreativität, Flexibilität, Selbstständigkeit, Teamfähigkeit werden als berufliche Basiskompetenzen handelnd geübt. Im Rahmenlehrplan (S. 9) wird als ein Merkmal handlungsorientierten Unterrichts u. a. kooperatives Lernen benannt: „Problemlösendes, relativ selbstständiges und entdeckendes Lernen in Gruppen".
Durch die mit Planspielen immer gekoppelte **Reflexion des Lernprozesses** werden die Erfahrungen verbunden mit einem fachtheoretischen Rückblick sowie der eigenständigen Bewertung von Sozial- und Personalkompetenz der Beteiligten. Damit greift übergeordnet die Stärkung der Reflexionskompetenz.
Über die Teilnahme von Ausbildern aus den Praxisstellen ist nicht nur eine fächerübergreifende Arbeit, sondern auch die Vernetzung mit der Praxis hervorragend: Ausbilder und Studierende ergänzen sich in ihrem Wissen, ihren Erfahrungen und kommunizieren ausnahmsweise im Bereich der Schule. Für die PiA ist das besonders wichtig: Die entstehende Transparenz im Austausch und die gegenseitige Wahrnehmung hilft, das Vertrauen zwischen Praxisort und Schule aufzubauen. Dabei begegnen sich auch Fachlehrkräfte in Form von Team-Teaching.

Ein Rollenspiel kann kleinere, klar umrissene berufliche Handlungssituationen aufgreifen und die Studierenden relativ schnell involvieren. Rollenspiele bereichern die unterrichtliche Didaktik vor allem durch ihre Lebendigkeit und Praxisnähe und stärken damit die Motivation der Studierenden. Schon eine ausgeklappte Schultafel kann einen „Spielraum" abgrenzen, um z. B. eine Gesprächssituation zwischen Erzieher und Eltern nachzustellen.
Dabei können die Rollen mittels Gesprächskarten bewusst gelenkt werden, um damit eine fachliche Gegenüberstellung o. Ä. bei den Zuschauern zu provozieren und dann auszuwerten (vgl. LF 5/*Rollenspiel: Arten des Zuhörens*) oder aber die Ausgestaltung der Rollen obliegt den Studierenden selbst (vgl. LF 5/*Rollenspiel: Elterngespräch*). Eventuell macht es Sinn, Rollen mit Studierenden zu besetzen, bei denen aufgrund der Praxiserfahrungen (z. B. durch PiA) ein größeres fachliches Spektrum zu erwarten ist, oder gegenteilig: Rollen besetzen mit Studierenden, denen ein Perspektivenwechsel hilfreiche Erkenntnisse bringen könnte. Das ist im Einzelnen mit der didaktischen Intention abzugleichen.
Auch in schriftlicher Form können Studierende mit einer beruflichen Situation konfrontiert werden, wobei sie über die Identifikation mit einer Rolle zur Lösung des Problems animiert werden (beispielsweise im LF 1 bietet sich als Lernfelderöffnung ein Motivationsschreiben an).

Das Planspiel bedarf eines größeren Zeit- und Raumumfangs: Ein Vor- oder Nachmittag ist zeitliches Minimum, das Spielen in mehreren Räumen ist notwendig.
Dabei finden zentrale Spielphasen im Plenum und damit in einem größeren Raum statt. Hingegen besprechen sich die einzelnen Spielgruppen in getrennten Raumabschnitten oder kleineren Räumen. Dort finden sich vorbereitet die grundlegenden Arbeitsmaterialien wie Papier und Stifte, u. U. auch für jede Spielgruppe Informationspapiere wie Gesetzestexte, Zeitungsausschnitte, Briefe von einer Behörde – sie sichern die sachlich-inhaltliche Ebene des Planspiels durch nötige Hintergrundinformationen.
Außerdem bekommt jede Spielgruppe spezielle Rollenkarten, mit deren Hilfe die Rolle der Gruppe sowie das Anliegen, spezielle Zusatzinformationen, mögliche Aktivitäten genauer beschrieben oder angeregt werden.
Ein „Marktplatz" für den persönlichen oder schriftlichen Austausch („Briefkasten") zwischen den Spielgruppen ist wichtig, um die Kommunikation zu ermöglichen. Damit die gegenseitige Wahrnehmung auch während der Spielphasen erhalten bleibt, müssen die Räume mittels *Türschildern* die Spielgruppen ausweisen (liegen den Planspielen im E-Book bei). Auch ist es notwendig, dass die Spielteilnehmer alle mit kleinen *Namensschildern* (liegen als Vorlage bei) ihre Rolle erkennbar machen.
Der gesamte organisatorische Ablauf muss für alle Teilnehmer transparent sein und auch im Spielverlauf eingehalten werden. Die Einweisung in die Methode ist vor allem bei noch unerfahrenen Spielern notwendig, um über den geplanten Verlauf eine gewisse Sicherheit herzustellen.

Wenn das Planspiel beginnt, folgt es einem ausgewiesenen Ablauf:

- In einer **Anfangsphase** wird die Ausgangslage in irgendeiner Form dargestellt: Der Impuls kann ausgehen von einem Kurzreferat, einer digitalen Präsentation zum Thema (vgl. LF 3/*Planspiel Helen*), einer Fallstudie o. Ä.; die Aufgabe, das Problem wird benannt.
- Anschließend werden die Spielgruppen ausgemacht und die Rollen verteilt (gezogen), um sich anschließend erstmals in den Spielgruppen zu treffen und die Situation festzustellen, zu differenzieren, zu diskutieren. Diese kann dann dem Plenum kurz vorgestellt werden.
- Jetzt beginnt die eigentliche **Spielphase**, indem sich die Spielgruppen intern und extern (extern heißt mit anderen Spielgruppen) zur Aufgabe und dem Problem besprechen: Dafür kann schriftlich wie mündlich ein Austausch stattfinden, z. B. in Form von Briefen, Faxen, E-Mails, Besprechungen. Auch schon bei Spielanfang vereinbarte Entscheidungssitzungen sind möglich. Impulskarten seitens des Spielleiters können im Spiel neue Akzente setzen, um bestimmte Handlungen im Spiel zu verhindern oder einzuleiten.
- Schließlich kommt die **Auswertungs- oder Präsentationsphase** im Plenum, d. h., die erarbeiteten Ergebnisse werden zusammengetragen – aus der Sicht der einzelnen Spielgruppen. Dabei ist es zweckmäßig, die Ergebnisse auf speziellen Ergebniskarten schon in den Gruppen zu notieren und jetzt an einer Pinnwand zu dokumentieren. Diese kann auch schon vom Spielleiter vorstrukturiert sein, z. B. nach Bildungsbereichen (vgl. LF 4/Vorlage *Schritte methodischen Vorgehens*). So sind die Ergebnisse leichter thematisch zu ordnen, zu überprüfen, zu diskutieren und dann auch per Foto im Portfolio festzuhalten. Die Überprüfung der Ergebnisse im Hinblick auf Praxistauglichkeit ist dabei Teil der Auswertung und gelingt insbesondere mithilfe von mitspielenden Ausbilderinnen gut (falls machbar).
- Abgeschlossen wird das Planspiel mit einer **Reflexionsphase**: Die Spieler sind jetzt nicht mehr in ihrer Rolle, sondern blicken mithilfe eines Reflexionsverfahrens (z. B. der Reflexionsspinne, vgl. *Lerntagebuch*) auf den Spielprozess. Der Wert des Planspiels im Hinblick auf die Entwicklung von Kompetenzen wird nun festgestellt. Das gelingt gut, wenn diese in operationalisierter Weise angeboten werden. Konstruktive Verbesserungsmöglichkeiten interessieren vor allem die Spielleiter.

Projektarbeit

Projekt

FB

Was?

„Projektarbeit ist das selbstständige Bearbeiten einer Aufgabe oder eines Problems durch eine Gruppe von der Planung über die Durchführung bis zur Präsentation des Ergebnisses. Projektarbeit ist eine Methode handlungsorientierten Lernens, bei der sich Lernende zur Bearbeitung einer Aufgabe oder eines Problems zusammenfinden, um in größtmöglicher Eigenverantwortung immer auch handelnd lernend tätig zu sein. (…) Dieser Form des Lernens liegt ein neues, demokratisches Verständnis von Unterricht und den Rollen von Lernern (Studierenden) und Lernberatern (Lehrkräften) zugrunde, welches im Zusammenhang mit einer grundsätzlich mitbestimmenden, partizipativen Handlungs- und Interessorientierung zugleich der Forderung nach ganzheitlichen Lernerfahrung Rechnung trägt.“ (Reich, in: *http://methodenpool.uni-koeln.de*).

Der Lehrplan fordert im Zusammenhang mit Handlungsorientierung u. a. kooperatives Lernen, d. h. problemlösendes, relativ selbstständiges und entdeckendes Lernen in Gruppen, Ganzheitlichkeit, d. h. Lernen in vollständigen Handlungsvollzügen (Analyse, Planung, Ausführung und Bewertung); engen Theorie-Praxis-Bezug; fächerübergreifende Auseinandersetzung mit dem Lerngegenstand sowie Orientierung an den Lernenden, also eine zunehmende Steuerung des Lernprozesses durch die Lernenden, Beteiligung an der Planung und Gestaltung des Unterrichts, Selbststeuerung und Zurücknahme der Fremdsteuerung (RLP S. 9).

Warum?

Ziele von Projektarbeit können je nach Standpunkt und Zusammenhang sein:

- Vernetzung von Theorie und Praxis
  - Theoretische und praktische Arbeitsschritte werden sinnvoll verbunden.
- Integration von Lern- und Reflexionsort
  - Lernen und Reflektieren bilden ein gemeinsames Ganzes.
- Arbeit an komplexen Aufgaben
  - Bearbeitung einer umfassenden Thematik, aus der sich viele Aufgaben ergeben, für die jeweils sinnvolle, realisierbare Lösungen mit verschiedenen Methoden gefunden werden sollen.
- Selbstständige Bearbeitung durch Lernende
  - Idealerweise gehen die Projektidee, die Zielsetzungen und die Entwicklung des Projektergebnisses von den Beteiligten, d. h. von den Lernenden selbst aus.

(in Anlehnung an Dewey, in: *http://methodenpool.uni-koeln.de*)

Wie?

„VEPRAPA“ kann ein einprägsames Kürzel sein, welches die **Phasen eines Projektablaufs** darstellt (es gibt im Übrigen zahlreiche andere Phasenmodelle, die sich lediglich in der Aufteilung der Arbeitsschritte auf die Phasen sowie in der Schwerpunktsetzung unterscheiden):

Vorbereitung

Einstieg

Planung

Realisation

Auswertung

Präsentation

Abschluss

Die von John Dewey entworfene Stufung ist in der konstruktivistischen Didaktik stärker auf die konstruktive Handlung im Lehren und Lernen bezogen (vgl. *http://methodenpool.uni-koeln.de*).

1. **Information** über die Projektidee/die Aufgabenstellung oder eigenständige Formulierung der Aufgabenstellung, wobei emotionale Reaktionen günstig, aber auch kognitive Einsichten möglich sind und in einer Problemstellung oder in Hypothesenbildungen zusammengefasst werden.
2. **Planung** der einzelnen Arbeitsschritte, wobei Hypothesen und mögliche Ressourcen und Lösungsvarianten erfasst werden.
3. **Entscheidung** über den Lösungsweg, wobei theoretische und/oder praktische Überprüfungen relevant sein können, aber grundsätzlich eine Handlungsorientierung angestrebt werden sollte.
4. **Durchführung** (gemeinsam oder arbeitsteilig) und Vorbereitung der Präsentation, was eine erste Stufe der Anwendung ist.
5. **Kontrolle** bzw. Prüfung, Bewertung, Reflexion des Arbeitsergebnisses, wobei hier nochmals die erste Reaktion, die Problemstellung und die erarbeiteten Lösungsansätze reflektiert werden sollten.
6. **Auswertung** des Ergebnisses und des Prozesses gemeinsam mit dem Lernberater, wobei die kurzfristige Lösung der Aufgabe und eine längerfristige Wirkung der erarbeiteten Lösung zu unterscheiden sind.

Vertiefungsgebiete: Im Kontext der Erzieherausbildung wurde die Projektmethode insbesondere zur Umsetzung der sogenannten Vertiefungsgebiete (aus dem Lehrplan Bayern, d. h. Kinder von 0–6 J. bzw. von 6–18 J.) eingesetzt. Dabei konnte den Interessen und Vorstellungen der Studierenden in besonderer Weise entsprochen werden: Die Themen der Projektarbeit standen zur Wahl.

Die Durchführung des Projekts wird bewusst als Möglichkeit zur Erfahrung auf der Metaebene gesehen, d. h. in regelmäßigen Gesprächen mit der Lehrkraft als Lernbegleiter reflektiert (Definition, Merkmale, Phasen eines Projekts u. a.). In der Sprache des Lehrplans (S. 9), „Metakommunikation und -kognition, also lernen, das eigene Handeln zu thematisieren, kognitiv nachzuvollziehen und das Lernen in Gruppen zum Gegenstand der Reflexion und Beurteilung im Team zu machen“, ist Merkmal eines handlungsorientierten Vorgehens.
Das Projekt eignet sich besonders für eine fächerübergreifende, jahresübergreifende Arbeit: Damit werden selbst bestimmte Lernvorgänge nach Zeit und Inhalt möglich.

Vorarbeit und Rahmen: Ein besonderer Schwerpunkt liegt in einer präzisen, auch umfassenden Vorbereitung der Projektarbeit. Sie gibt den Rahmen der Projektarbeit vor, indem beispielsweise inhaltliche Vorgaben (Mindmap) und konkrete Vereinbarungen zum Ablauf getroffen werden, deren verbindliche Einhaltung auch immer wieder zu reflektieren sind, die auch das Ende/Präsentation des Projekts festlegen (vgl. *Projektarbeit Märchen; Gewaltprävention:* Checklisten zur Verwirklichung der Projektarbeit).
Diese Strukturen können z. B. in Form einer „Projektmappe“ der Projektgruppe vermittelt werden: Die Vorgehensweise, wesentliche Fixpunkte werden dort festgehalten und können von der Gruppe immer wieder in Betracht gezogen werden.
Die Studierenden brauchen auch fachliche Anhaltspunkte, d. h. die Lehrkraft stellt die grundlegenden Informationsquellen (Literaturliste, Fachbeiträge, Vermittlung von Experten u. a.) zum Thema zur Verfügung; dies ist auch eine Frage von Zeitmanagement bei der Umsetzung des Projekts.

Lehrkraft als Lernbegleiter: Während die Vorbereitung, auch die Einführung des Projekts gekennzeichnet sind von einem aktiven Tätigsein der Lehrkraft, wandelt sich ihre Rolle zum Lernbegleiter nach der Devise „Hilfe zur Selbsthilfe“: Beobachten, begleiten, analysieren, bewerten entsprechend des Entwicklungsstands der Projektgruppe. Sie motiviert, gibt Denkanstöße, moderiert. Sie greift möglichst wenig aktiv in den Verlauf ein, gestattet Fehler, ohne bewusst einen Irrweg zuzulassen.
Regelmäßige Arbeitssitzungen unter Beteiligung des Lernbegleiters ermöglichen, einen aktuellen Informationsstand zu erhalten, zu erfahren, was in den anderen Projektgruppen läuft. Der Lernberater kann auf eventuell bestehende Gruppenprobleme eingehen und erhält einen Überblick über die Arbeiten. Es sollte bereits vor der Durchführung mindestens eine Arbeitssitzung fest eingeplant werden, um unnötige Fehler und Probleme zu vermeiden. Anzahl und Zeitpunkt der Sitzungen hängen vom Prozess ab und sollten je nach Bedarf eingesetzt werden. Sie werden in Arbeitsprotokollen (z. B. Projektmappe) dokumentiert.

Selbstständigkeit: Die Studierenden arbeiten weitgehend selbst organisiert und selbstständig im Rahmen der äußeren wie inhaltlichen Gegebenheiten. Jeder Studierende soll an der Projektarbeit partizipieren. Eine regelmäßige Reflexion des Verlaufs macht die große Bedeutung der **Prozessorientiertheit** bei dieser Methode deutlich, auch wenn am Ende ein Produkt im Sinne einer Präsentation steht, z. B. die Durchführung eines Elternabends.

Lernort-
kooperation

Lernortkooperation

FB

Was?

Außerschulische Lernorte sind verschiedene sozialpädagogische Einrichtungen, die mit unterschiedlichen Handlungskonzepten arbeiten und im Rahmen der Ausbildung besucht werden bzw. deren Mitarbeiter ihre Erfahrungen in den Unterricht einbringen. Außerdem sind die Praxisstellen ständige Kooperationspartner der Fachschule/Fachakademie in der Ausbildung der Erzieher. Dies geschieht innerhalb der Ausbildung im Bereich Sozialpädagogische Praxis, muss aber auch die Didaktik des Unterrichts in allen Fächern/Lernfeldern erreichen. Dies gilt in besonderem Maße für die praxisintegrierte Ausbildung. Im „Rahmenplan für die praktische Ausbildung von Erziehern an der Fachschule für Sozialpädagogik (praxisintegriert)“ (PiA Ba-Wü, 2012, S. 7) ist die Förderung der „instrumentellen Kompetenzen“ wie folgt zugewiesen: „Es ist die Aufgabe beider Lernorte Fachschule und Praxis, diesen Kompetenzzuwachs zu initiieren oder zu unterstützen. Die Schüler/-innen der FS SP (praxisintegriert) lernen und konstruieren ihre subjektiven Kompetenzen dahingehend, dass sie vom Erleben und Erfahren über das Erkennen und Verstehen hin zu einer eigenständigen und fachlichen Planungs-, Reflexions- und Gestaltungsfähigkeit gelangen. Im Hinblick auf ihr Verständnis für das zukünftige Arbeitsfeld erwerben sie zunächst ein Orientierungswissen, sie erkennen übergeordnete Arbeits- und Zielzusammenhänge. Sie reflektieren die Auswirkungen ihres Handelns auf nachfolgende Prozesse, ordnen diese ein und richten ihr Handeln darauf aus. Hinzu kommen nach und nach arbeitsplatzspezifische Kompetenzen sowie fachtheoretische Spezialkenntnisse.“
Damit ist ein fachlicher Austausch der beiden Lernorte impliziert.

Warum?

Zielsetzungen im Bezug zu außerschulischen Lernorten sind so vielfältig wie die Lernorte selbst:
Da werden spezielle Lernorte angebahnt (vgl. LF 2/Exkursionen Arbeitsfelder), pädagogische Handlungskonzepte vermittelt, Leitbilder studiert und diskutiert, Vernetzungen erlebt – diese beziehen sich im Wesentlichen wieder auf die unterschiedlichen Kompetenzbereiche der Handlungskompetenz des Erziehers:

- Fachkompetenz: Fachwissen wird mit den praktischen Erfahrungen vernetzt, situationsgerecht eingesetzt, reflektiert, erweitert, Faktenwissen verifiziert/falsifiziert.
- Methodenkompetenz: Welche Möglichkeiten der Informationsgewinnung stehen offen und wie können solche genutzt werden?
- Sozialkompetenz: Welche Einstellungen, Gedanken, sozialen Prozesse erlebe ich an mir, an anderen? Wie sehe ich meine Rolle?
- Personale Kompetenz: Wo sehe ich meine Stärken und Schwächen? Welche persönlichen Erfahrungen stellen sich ein? Welche psychische Belastung kann ich aushalten?

Praxiseinrichtungen
Eine besondere Bedeutung kommt sicher den sozialpädagogischen Praxiseinrichtungen zu: Jaszus/Küls (2023, S. 425 f.) unterscheiden pädagogische Zielsetzungen wie Entwicklung umfassender beruflicher Handlungskompetenz der Schülerinnen und Schüler, institutionelle Zielsetzungen wie Qualitätsentwicklung, Öffentlichkeitsarbeit, Nutzung personeller Ressourcen sowie berufspolitische Zielsetzungen, hier „Gestaltung der Ausbildung als gemeinsame Aufgabe, Professionalisierung durch engere Verzahnung von Theorie und Praxis“.

Austausch und Perspektivenwechsel
„Auf der didaktischen Handlungsebene geht es um die Konstruktion von Wissen im Austausch mit anderen vor dem Hintergrund eines klaren Praxisbezugs der Themen und Inhalte. Dabei wird deutlich, welchen Sinn der Lerngegenstand für das individuelle pädagogische Handeln der Lernenden hat und welche Einstellungen und Haltungen damit verbunden sind. Die Erfahrungen aller Beteiligten sind der Ausgangspunkt des sozialpädagogischen Unterrichts, Neugier und Wertschätzung, Konzepte der Partizipation, der Kommunikation und des Feedbacks sind hierfür unerlässlich. Der Wechsel zwischen unterschiedlichen Perspektiven ist sowohl Gegenstand als auch Methode von Unterricht." (Rahmenlehrplan 2020, S. 12)
„Der Unterricht stellt eine enge Theorie-Praxis-Verknüpfung sicher. Strukturierte Lernprozesse am Lernort Praxis werden mit dem Unterricht am Lernort Schule didaktisch verknüpft." (ebd. S. 13)

Geleitete Exkursionen
Das kann z. B. geschehen mittels Lernarrangements wie geleiteten Exkursionen (vgl. LF 2/*Pädagogische Handlungskonzepte*): Dabei ist es wichtig, dass die Studierenden schon in der Vorbereitung der Exkursion partizipieren, z. B. indem sie Wünsche äußern, welche Einrichtungen besucht werden und soweit möglich, den Besuch auch mitorganisieren. Die fachliche Vorbereitung gibt Impulse für die Auseinandersetzung mit den zu besuchenden Einrichtungen, z. B. über die gezielte Einsichtnahme der Webseite, eine genauere Betrachtung des Leitbildes. Auch sollten die Studierenden rechtzeitig informiert werden über die organisatorischen Gegebenheiten und Rahmenbedingungen wie Zeitfenster, Pausen, Fahrtkosten, Anreise, am besten mittels eines Informationsblatts. Die Exkursion selbst ist geführt im Sinne bestimmter Aufgabenstellungen wie Beobachtung räumlicher Umgebung, zeitlicher Organisation, Materialien, besondere Aufgabenschwerpunkte der Einrichtung, z. B. Inklusion von Kindern mit Behinderung. Vorbereitete Fragestellungen sind hilfreich, insbesondere dann, wenn komplexe Konzepte ein spontanes Nachfragen nicht erwarten lassen.
Eine exklusive Nachbereitung und Auswertung der Exkursion rundet das Bild von der Einrichtung ab, gibt Gelegenheit für Verständnisfragen, Kritik und Änderungswünsche. Diese Phase schafft Verarbeitung und Vertiefung gewonnener Erkenntnisse.
Der Rahmenlehrplan FS SP 2020 fokussiert die Vernetzung der Lernorte Schule und Praxis unter Punkt 1.5 explizit und bezieht sich dort u. a. auf „die Vernetzung von Unterrichtsinhalten in den Lernfeldern mit der sozialpädagogischen Praxis". Lernsituationen können gemachte Erfahrungen an unterschiedlichen Lernorten einbinden und zum konstruktiven Vorgehen beitragen bzw. unterschiedliche Lösungszugänge thematisieren. In der Auswahl der *Rahmensituationen* zu den unterschiedlichen Lernfeldern sollen diese möglichst verschiedene berufliche Arbeitsfelder integrieren, um eine der Breitbandausbildung angemessene Handlungsorientierung zu gewährleisten. Unter dem Aspekt der Entwicklungsorientierung steht im Lehrplan: „Bildung im Medium des Berufs erfordert eine enge **Theorie-Praxis-Verknüpfung** des Lernens. Der Situationsbezug des Lernens wird durch die didaktische Konstruktion beruflicher Problemstellungen, in denen sich die Studierenden mit realen beruflichen Aufgabensituationen auseinandersetzen, unterstützt." (S. 11) Das trifft in besonderem Maße auf die praxisintegrierte Ausbildungsform zu: Dort nämlich liegt es der Organisation der Ausbildung zugrunde, theoretisch erworbene Lerninhalte mit der Praxis zu verknüpfen: wahrnehmende Beobachtung, eigene Erfahrungen im Umgang mit Themen, Dokumentation, Reflexion.
Expertengespräche (vgl. *Experte sein*) im Rahmen des Unterrichts oder an Praxisorten sind ebenfalls eine konstruktive Möglichkeit, die Lernorte zu verknüpfen. Gerade in der PiA sind die Fachkenntnisse und Praxiserfahrungen vielfältig. Das schafft Expertenvielfalt. Eine sehr komfortable Situation, die im Unterricht unbedingt zielführend zu nützen ist: Es können selbst organisierte Unterrichtseinheiten der Praxis zugewandte Methoden bieten wie Hospitationen (vgl. LF 4/*Lernatelier*), praxisnahe Arbeitsaufträge, angelehnt an die Bildungspläne (vgl. LF 4/*Lernatelier*) oder Aufgabenstellungen, welche bewusst in die Praxis reichen (vgl. LF 3/*Stationenarbeit*, hier: Praxisaufgaben) und mittels Portfolio die Vernetzung dokumentieren.

Methodische Aufbereitung und Lehrerhaltung
Wie in jeder pädagogischen Situation sollte auch für den **Unterricht** gelten, dass die Lehr-/ Lernarrangement methodisch so aufbereitet sind, dass sie vorbildhaft fungieren im Hinblick auf die spätere oder gegenwärtige Berufspraxis der Studierenden:

- Dazu gehören ein sinnvoller didaktischer Aufbau auf der Basis soliden Fachwissens ebenso wie
- die konstruktivistische Grundhaltung der Lehrkraft im Sinne einer ko-konstruktiven Lernbegleitung der Studierenden.

Eine gute Vorbereitung bedarf einer umfassenden Bereitstellung einer motivierenden Lernumgebung. Den Studierenden ist vertrauensvoll und mit Zutrauen zu begegnen. Das erfordert zunächst unter Umständen eine herausfordernde Umstellung für die Rolle der Lehrkraft, die eine hohe Präsenz bezüglich Beobachtung und Wahrnehmung der Studierenden, eine große Bewusstheit hinsichtlich des eigenen Wirkens („didaktische Zurückhaltung") und einen flexiblen Zugang zur eigenen Fachkompetenz fordert – aber letztlich auch zu einer mittelfristigen Entlastung der Lehrkraft während des Unterrichts beitragen kann.

Lerntagebuch

FB

Was?

Das Lerntagebuch ist eine tragende Säule der handlungs- und kompetenzorientierten Unterrichtsgestaltung: Es dokumentiert in persönlicher Niederschrift den individuellen Lernweg jedes Studierenden und reflektiert unter Mitwirkung des Lernbegleiters den Lernprozess: Lernumgebung, Lernbedürfnisse, Lernergebnisse u. a.

Je nach Zielgruppe (Alter, Entwicklungsstand, Leistungsvermögen, sprachlichem Ausdruck) und Lerngegenstand sowie entsprechend der Zielsetzungen eines Lernprozesses kann sich das Lerntagebuch in recht verschiedenen Formen ausgestalten:

- Es kann in sehr freier Weise gestaltet werden ähnlich einem persönlichen Tagebuch. Der Lehrende kann dieses freie Vorgehen strukturieren und standardisieren mittels sogenannter „prompts“ (Eingabeaufforderungen). Damit sind vorgegebene Aspekte zu bearbeiten; die individuelle Reflexion erfährt eine Einschränkung zugunsten einer gezielten Fokussierung und Vergleichbarkeit.
- Das Lerntagebuch kann auch mittels vorgegebener „Tagebucheinlagen“ (Arbeitsblätter, Lernblätter) und mit standardisierten Symbolen u. Ä. gestaltet werden.
- Die strukturierteste Form des Lerntagebuchs ist ein striktes Raster jener Kompetenzen, die angestrebt werden sollen.

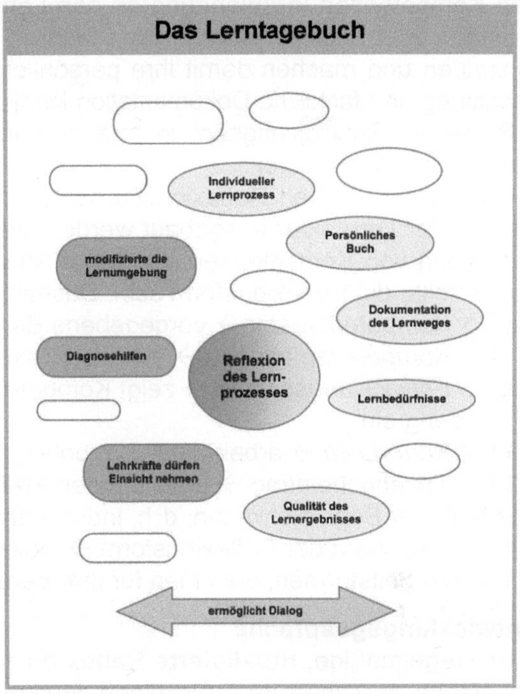

(nach: Müller 2007)

Warum?

„Das Lerntagebuch hilft dabei, dass sich die Lernenden über die Lernziele, Lernwege, Lernfortschritte, Lernergebnisse klar werden, dass sie also über ihr eigenes Lernen nachdenken und ihre Lernerfolge einschätzen lernen. So unterstützt das Lerntagebuch das Lernen, das nach der neuen Lehr-/Lern-Forschung und der neurobiologischen Forschung als aktiver Aneignungsprozess abläuft, in dem jeder Akteur anders lernt. Wenn es stimmt, dass die eigenen Gedanken über Lernen und Leistung dieses Lernen mehr steuern als die Fremdbeurteilung, gewinnt das Lehrerurteil erst größeren Einfluss, wenn die Schüler es sich zu eigen machen. (...) Die Selbstbeurteilung ist gewissermaßen das Nadelöhr, durch welches das Lehrerurteil hindurch muss, wenn es Auswirkungen auf den Lernprozess haben will.“ (Weidner 2004)

In der Erzieherausbildung zielt das Lerntagebuch ganz besonders auf die Selbstreflexion vor allem der **sozialen und personalen Kompetenzen** im Sinne einer guten Vorbildfunktion im erzieherischen Handeln nach dem Motto „Tue nichts, was es nicht wert ist, nachgeahmt zu werden“.

Eine **Bewusstheit über den eigenen Lernprozess** innerhalb der Ausbildung ist dazu eine fundamentale Erfahrung auf der Metaebene und Basis für den Transfer in die Arbeitsfelder des Erziehers: „Metakommunikation und -kognition: lernen, das eigene Handeln zu thematisieren, kognitiv nachzuvollziehen und das Lernen in Gruppen zum Gegenstand der Reflexion und Beurteilung im Team zu machen.“ (LP S. 9)

Dabei schafft es gerade in einer praxisintegrierten Ausbildung ein tragfähiges Fundament für eine individualisierte Begleitung der Studierenden während ihrer Ausbildung durch Schule und Praxisort:

- Planung und Organisation der praktischen Ausbildung
- Anleitung im Handlungsfeld 'Sozialpäd. Handeln' in Praxisfeldern unter Beachtung des Grundlagenwissens und des Ausbildungsstandes
- fachliche und persönliche Beratung,
  vgl. auch Entwicklungsgespräche (PiA Ba-Wü, 2012, S. 4).

Reflexionsformen
Das Lerntagebuch kann verschiedene Reflexionsformen aufzeigen (vgl. LF 1–5 im *Lerntagebuch* in Band 1). Dabei erfahren die Studierenden einerseits mögliche anzustrebende Kompetenzbereiche und die zugehörigen Kompetenzen in Anlehnung an den Lehrplan (besonders LF 1/Kompetenzraster im *Lerntagebuch*). Sie erlangen aber auch Wissen um eine fachlich fundierte Taxonomie zur Einschätzung dieser Kompetenzen im Einzelnen und machen damit ihre persönlichen Erfahrungen. Dies ist grundlegend für die kompetente Einschätzung und fachliche Dokumentation kindlicher Entwicklung in den zukünftigen Arbeitsfeldern des Erziehers, z. B. bei der Entwicklungsdokumentation mittels vorgegebener Beobachtungsbögen oder bei Verbalisierungen in Elterngesprächen.
Die unterschiedlichen Reflexionsformen bauen auf den Erfahrungen der Studierenden auf und können im Verlauf der Lernfelder ausgebaut werden: Je unerfahrener und ungeübter die Studierenden sind in der Einschätzung von Kompetenzen sowie der Anwendung von taxonomischen Begrifflichkeiten, umso vorstrukturierter sollte die Reflexionsform sein. Deshalb strukturiert sich im Band 1 das *Lerntagebuch* spiralförmig:

- LF 1 *Kompetenzraster* → vorgegebene Begriffe werden vermittelt und nur angekreuzt
- LF 2 *Kompetenzdiagnose* → erweitert Taxonomie-Begriffe
- LF 3 *Entwicklungsspinne* → zeigt Kompetenzen lernfeldzentriert auf, leitet eine reduzierte Form der Anwendung ein
- LF 4 *Kann-Liste* → arbeitet mit Symbolen, reduzierter in der Form der Anwendung
- LF 5 *Tagebucheintrag* → erweitert den Freiraum hin zur individuellen Verbalisierung unter Anwendung erfahrener Begrifflichkeiten, d. h. individuelle Freiheit in der Anwendung, mit Rahmenstrukturen
- LF 6 freie Wahl der Reflexionsform → weist den Weg in die Eigenverantwortung: „Nutzen Sie bewusst die Mittel/Arbeitsformen, die Ihnen für Ihre berufliche Entwicklung hilfreich sind."

Entwicklungsgespräche
Diese regelmäßige, **ritualisierte Reflexion nach jeder Lerneinheit** ist Basis für regelmäßige Entwicklungsgespräche zwischen dem einzelnen Studierenden und dem Lernbegleiter: Der Studierende fasst die Erkenntnisse aus diesen schriftlich zusammen (vgl. *Entwicklungsgespräch*, Vorlagen Band 1) und bereitet damit das Entwicklungsgespräch vor. Bei diesem werden die einzelnen Bereiche seiner Reflexion besprochen und der Studierende beurteilt die eigene Reflexionsleistung (nicht das Lernergebnis!). Der Lernbegleiter versucht, seine Beobachtungen mit dem Studierenden aus der Freiarbeitszeit einzubringen und geäußerte Einschätzungen zu spiegeln, zu moderieren, zusammenzufassen, einer Bewertung zuzuführen.
Diese Entwicklungsgespräche werden innerhalb der freien Arbeitszeiten und zirka einmal im Halbjahr durchgeführt. Das erste Entwicklungsgespräch ist in der Regel das Aufwändigste; im Verlauf der Ausbildung können auch Entwicklungsgespräche im Team sinnvoll sein.
Es sind vor allem die Entwicklungsgespräche, die auf der Beziehungsebene hoch wirksam sind und den Lehrer zum Lernbegleiter machen können: „**Lernen in Beziehungen** ist ko-konstruktives Lernen, indem die Studierenden mit den Lehrkräften in einen Austausch über ihre eigenen Konstruktionen von Wirklichkeit kommen. In der Auseinandersetzung mit den differierenden Wirklichkeitskonstruktionen der Mitlernenden, der Lehrenden, der Fachwissenschaft und der sozialpädagogischen Praxis erfolgt die Weiterentwicklung beruflicher Handlungskompetenz" (LP S. 12).

Referenzen
Die Lehrkraft fasst in einer sogenannten Referenz das Ergebnis des Entwicklungsgesprächs zusammen, d. h., sie verbindet eine Leistung mit einem Referenzwert und hält diese in einer schriftlichen Referenz fest (vgl. *Referenz zum Entwicklungsgespräch*, Vorlagen Band 1).
„Referenzieren verbindet die Wertschätzung auf der Beziehungsebene mit der Auseinandersetzung auf der Sachebene. Dieser Prozess stärkt die Selbstreflexionsfähigkeit der Studierenden als Basis selbst organisierten Lernens. Referenzieren öffnet den Blick über Fachgebiete hinaus und lässt Zusammenhänge und Vernetzungen erkennbar werden. Lernende erfahren Selbstwirksamkeit und können den Glauben an ihre eigenen Fähigkeiten (self efficacy belief) entwickeln" (Müller 2007).
Die Referenzen sind auch geeignete Grundlage eines Leistungsnachweises. Alle schriftlichen Dokumentationen zum Entwicklungsgespräch finden sich im *Lerntagebuch* wieder, sodass auf die Erfahrungen zurückgegriffen und der Entwicklungsprozess vorangetrieben werden kann.
„Damit wird auf zentrale personale Entwicklungsaufgaben aufmerksam gemacht, mit denen sich die Studierenden im Laufe ihrer Ausbildung konstruktiv auseinandersetzen müssen, um sozialpädagogische Handlungskompetenz zu erwerben. Der Aufbau vollzieht sich in einem fachlichen und persönlichen Lern- und Entwicklungsprozess, in dessen Verlauf aus Studierenden der Fachschule für Sozialpädagogik Erzieherinnen und Erzieher werden" (LP S. 11).

kursiv: enthalten in Band 1

Unterrichtsevaluation

FB

Was?

„Evaluation meint:
1. das ✓ **methodische Erfassen** und
2. das begründete ✓ **Bewerten von Prozessen** und Ergebnissen zum
3. besseren ✓ **Verstehen** und ✓ **Gestalten** einer Maßnahme im Bildungsbereich durch Wirkungskontrolle, Steuerung und Reflexion."

(Reischmann 2006)

Warum?

Die Definition von Evaluation legt die Ziele bereits nahe: „Evaluation zielt [...] auf eine Verbesserung der pädagogischen Interaktion und wurde deshalb zum integralen Bestandteil des erwachsenenpädagogischen Handelns."

(Hartz/Meisel 2004)

Der Sinn und Zweck von Evaluation:

✓ Die Überprüfung, ob Bildungsmaßnahmen den **gewünschten Erfolg** haben.

✓ Evaluation soll eine Entscheidungshilfe sein und zu einer **Optimierung** führen.

✓ Evaluation richtet den Blick auf die **Ergebnisse** von Bildungsarbeit.

✓ Evaluation macht nur Sinn, wenn aus den Bewertungsergebnissen praktische Konsequenzen folgen (nie Selbstzweck!).

✓ Evaluation ist nur dann sinnvoll, wenn der zu erwartende Nutzen größer ist als der Aufwand.

✓ Evaluation ist dann sinnvoll, wenn sie ihr eigenes Vorgehen ständig reflektiert.
(*https://wiki.bildungsserver.de*)

Wie?

Die Evaluation des Unterrichts richtet sich weitgehend aus an den Kompetenzbereichen, welche im Lehrplan für die einzelnen Lernfelder festgehalten sind bzw. im PiA Ba-Wü (2012, S. 6) unter „Kompetenzdimensionen" differenziert werden. Dementsprechend sind die zu evaluierenden Kompetenzen diesen flexibel anzupassen.

- Für die Evaluation von **Fachkompetenzen** sind vor allem schriftliche Leistungsnachweise geeignet (vgl. LF 4/*Leistungsnachweise Schulaufgabe bzw. Kurzarbeit*), aber auch Präsentationen und/oder Moderationen (vgl. LF 2 oder LF 5).
- Auch **Methodenkompetenzen** lassen sich innerhalb geeigneter Präsentationsverfahren evaluieren (vgl. LF 2/*Feedback der Besucher zur Präsentation* von Handlungskonzepten/*Bewertungsbögen* und -gespräche zur Präsentation).
- Der Zuwachs an **Sozial- und Personalkompetenzen** hingegen entzieht sich der primären Evaluation durch die Lehrkraft, vielmehr unterliegt dessen Bewertung dem/r Studierenden. Das geschieht vor allem durch die Dokumentationen im *Lerntagebuch*. Dort kann jede/r Studierende ihren/seinen individuellen Lernprozess erfassen und bewerten. In der Lernprozessbegleitung durch die Lehrkraft entsteht dann – bestenfalls gemeinsam – ein Verstehen und Planen zukünftiger Lernwege im Referenzgespräch: Das Ziel, das Bewusstsein der Studierenden für die Lernprozesse zu fördern, lässt sich erreichen, indem Inhalte (inkl. Ziel), Strukturen und Lernprozesse thematisiert werden. Es entsteht ein metakognitiver Prozess, der seinerseits die lernmethodischen Kompetenzen stärkt.

Schließlich ist eine Evaluation des Unterrichts durch spezifische Evaluationsverfahren z. B. zum Abschluss einer Unterrichtsepoche möglich. Diese können methodisch strukturiert im Plenum der Klasse zu einem konstruktiven Evaluationsgespräch führen oder auch im Rahmen einer Befragung (z. B. über einen Fragebogen) eine individuelle Einschätzung jedes/r Studierenden einholen (vgl. *Evalution des Unterrichts* in Band 1). Erst die Kombination verschiedener Verfahren erlaubt der Lehrkraft eine komplexe Evaluation ihres Unterrichts, die ihrerseits geeignet ist, das weitere didaktische Verfahren zu lenken.

Portfolio

Das Portfolio leitet sich von dem Lateinischen „folium“ (Blatt) und „portare“ (tragen) ab: Portfolios sind Mappen, in denen Arbeitsergebnisse, Dokumente, Visualisierungen und alle Arten von Präsentationen bis hin zu audiovisuellen Dokumentationen oder Kunstwerken eigenständig von Studierenden gesammelt und gesondert reflektiert werden.

Das Portfolio dokumentiert also den Lernprozess und kann über diese Auseinandersetzung mit den prozessualen Abläufen, Lernwegen und Kooperationen die Selbstbildungsprozesse der Studierenden stärken: „Die Kompetenzorientierung der Ausbildung an Fachschulen folgt einer gedanklichen Linie von Grundlegung, Erweiterung, Vertiefung und Profilbildung im Hinblick auf die Entwicklung von Wissen, Fertigkeiten, Sozialkompetenzen und Selbstständigkeit“ (LP S. 8), die sich im Portfolio abbilden und wozu das Portfolio seinen Beitrag leisten kann. Im Gespräch mit der Lehrkraft als Lernbegleiter, den Mitstudierenden, den außerschulischen Kooperationspartnern soll die Entwicklung dialogisch bzw. aus verschiedenen Perspektiven betrachtet und ein **individueller Lernweg** gestaltet werden:
„Das Portfolio soll während der Ausbildungs- oder Lernphase dazu anhalten, wichtige Inhalte, Methoden und Ergebnisse (pieces of evidence) gezielt zu beobachten und schriftlich oder in anderer Form dokumentiert festzuhalten. Gleichzeitig soll dieser Vorgang gezielt reflektiert werden, um vor schematischen Übernahmen zu schützen und eigenständige Urteile zu fördern. Portfolios sind in der Regel dabei immer **sowohl produkt- als auch prozessorientiert**. Es werden Produkte und Prozesse dokumentiert und reflektiert, die Bemühungen, Ergebnisse und möglichst Fortschritte von Lernern darstellen helfen. So kann eine Analyse des Lernprozesses einsetzen, die das Lernen selbst zum Gegenstand einer Reflexion nimmt, um eine methodische Lernkompetenz auszubilden und kontinuierlich zu verbessern.“ (*http://methodenpool.uni-koeln.de*)

Wesentliche Ziele der Portfolio-Arbeit sind hierbei:

- Eine Dokumentation individualisierter Lernprozess sowie erbrachter Leistungen, um den Sinn von Lernproduktionen durch Präsentation zu veranschaulichen und zu sichern.
- Die Ermöglichung der Auswahl eigener Lernresultate und deren systematische Reflexion, um die Lern- und Methodenkompetenz zu erhöhen.
- Eine Veränderung der Leistungsbeurteilung, um die Gültigkeit der Bewertung zu verobjektivieren, indem der Lerner aktiv in die Auswahl und Interpretation seiner Lernfortschritte eingreifen und diese dokumentieren kann.
- Eine Verbesserung des Unterrichts, indem nicht nur sporadisch und gezielt für Klassenarbeiten gelernt wird, sondern kontinuierlich Lernfortschritte ausgewiesen und reflektiert werden.
- Eine Verbesserung der Möglichkeiten, Bewertungen auch beim Einsatz von handlungsorientierten Methoden sinnvoll vornehmen zu können.
- Eine Erhöhung der Chancen, Bewertungen auf besondere Formen individueller oder kollektiver Leistungsbeurteilung abstimmen zu können, diese mit Ziel- und Fördergesprächen zu verbinden und dabei insgesamt eine gute Feedbackkultur zu entfalten. (http://methodenpool.uni-koeln.de)

Wie?

Voraussetzungen
Portfolios brauchen einen klaren Rahmen: Ziele, Verbindlichkeit, Umfang und Erwartungen, Bewertungen und ihre Konsequenzen. Außerdem sollten die Studierenden eine gute Einführung in die Portfolio-Arbeit erhalten, vor allem dann, wenn sie noch unerfahren sind in dieser Arbeitsstruktur. Ferner braucht der Umgang mit dem Portfolio eine regelmäßige Begleitung durch die Lehrkraft, wenigstens aber eine vereinbarte Erreichbarkeit bei Rückfragen, z. B. im Rahmen von allgemeinen Sprechzeiten.
Das Portfolio wird für die Studierenden zugänglich aufbewahrt, z. B. in einem Regal im Klassenzimmer.
Die Mappe hat ein Inhaltsverzeichnis und eine innere Ordnung, welche die Inhalte strukturiert und übersichtlich macht. Es soll eine chronologische Einordnung erfolgen, die die Prozessorientiertheit verdeutlicht – eine Zeitleiste ist hierbei hilfreich.
Portfolio-Arbeit verbindet dabei nicht nur fachspezifische Perspektiven und Ausbildungsphasen, sondern vor allem auch Theorie und Praxis: Theoretische Kenntnisse werden in der Praxis angewendet und verifiziert/falsifiziert. Die praktischen Erfahrungen können entsprechend der erfahrenen Fachinhalte und innerhalb des momentanen Ausbildungsniveaus reflektiert werden. Deshalb macht es Sinn, über den gesamten Ausbildungszeitraum ein Portfolio zu führen, um so den Ausbildungsprozess abzubilden. Das gilt für die praxisorientierte Ausbildung im besonderen Maße: Es erleichtert das Anknüpfen an erfahrene Lernprozesse für Studierende, Praxisbegleitung und Fachlehrkräfte auch über größere zeitliche Distanzen. Eine Vernetzung mit der Praxis wird fokussiert, wenn die Portfolio-Arbeit ein sogenanntes **Praxistagebuch** integriert: Im Rahmen des Portfolio ermöglicht ein solches Tagebuch persönliche Erkenntnisse geschützt, d. h. ohne Zugriff Dritter. Es kann eine sehr tragfähige Grundlage für Praxisgespräche sowohl im schulischen Kontext wie auch mit den Ausbildern darstellen.

Aktive Beteiligung
Der RLP 2020 (S. 9) benennt als Merkmale handlungsorientierten Unterrichts die **Orientierung an den Lernenden**: „Zunehmende Steuerung des Lernprozesses durch die Lernenden, Beteiligung an der Planung und Gestaltung des Unterrichts, Selbststeuerung und Zurücknahme der Fremdsteuerung“ sowie **Metakommunikation und -kognition:** „Lernen, das eigene Handeln zu thematisieren, kognitiv nachzuvollziehen und das Lernen in Gruppen zum Gegenstand der Reflexion und Beurteilung im Team zu machen“.
Im Methodenpool der Universität Köln heißt es dazu: „Dies kann nur hinreichend gelingen, wenn die Lernenden an der Auswahl der Inhalte und der Art der Darstellungsmöglichkeiten, der Festlegung der Beurteilungskriterien und dem Beurteilungsprozess aktiv beteiligt werden. Eine aktive Beteiligung setzt immer voraus, dass eingehende Gespräche von Lernenden und Lehrenden über das Portfolio in kooperativer Form geführt werden. Dabei müssen Lehrende insbesondere auch auf eine angemessene Beziehungsseite ihrer Kommunikation achten.“

Literatur

Arnold, Rolf: WIFI Lernmodell LENA. 2013 URL: *www.wifi.at/lernmodell* (Abruf 10.06.2014)
Bayerisches Staatsministerium für Unterricht und Kultus, Lehrplan für die Fachakademie für Sozialpädagogik, Erzieherausbildung. München 2013/2017
Beer, Peter u. a.: Lernfeldorientierung in der Erzieherausbildung. München 2003
Berkefeld, Thorsten u. a.: Lehrerhandbuch Altenpflege. Hamburg 2010
Bovet, G.; Huwendiek, V. (Hrsg.): Leitfaden für Schulpraxis. Berlin 2000, S. 80
Bundesministerium für Unterricht, Kunst und Kultur (Österreich): Broschüre Bildungsstandards, Wien 2011
Gudjons, Herbert: Pädagogisches Grundwissen. Heilbrunn 2008, S. 76 ff.
Haffelder, Günter: Lernen optimieren – Lernstörungen verhindern, in: co'med 10/1998
Herold, Cindy; Herold, Martin: Selbstorganisiertes Lernen in Schule und Beruf. Weinheim, 2011
Jaszus, Rainer; Küls, Holger: Didaktik der Sozialpädagogik. 3. Aufl., Hamburg 2023, S. 421 ff.
Klippert, Heinz: Unterrichtsvorbereitung leicht gemacht. Weinheim 2012, S. 309
KMK: Sekretariat der Kultusministerkonferenz: Rahmenlehrplan für die Fachschule für Sozialpädagogik. Bonn/Berlin 2020
Meyer, Hilbert: Unterrichtsmethoden II. Stuttgart 1987, S. 385
Müller, A.: Erfolg – Was sonst? Institut Beatenberg, 2007
Pätzold, Günter: Lernfelder und Lernortkooperation in der beruflichen Bildung, Band 30. Dortmund 2003
Reichen, Jürgen: Sachunterricht und Sachbegegnung. Grundlagen zur Lehrmittelreihe MENSCH UND UMWELT. Zürich 1991, S. 61, 83
Siebert, Horst: Methoden für die Bildungsarbeit, Leitfaden für aktivierendes Lernen. Bielefeld 2010, S. 63
Staatsinstitut für Frühpädagogik: Schlüssel Projektarbeit. München, 2012
Staatsinstitut für Schulqualität und Bildungsforschung: Handreichung für Seminarveranstaltungen im Berufspraktikum der Fachakademie für Sozialpädagogik. München 2006
Universität Köln/Reich, K. (Hrsg.): Methodenpool. Unterrichtsmethoden im konstruktiven und systemischen Methodenpool. URL: *http://methodenpool.uni-koeln.de*
Weidner, Margit: Sozialziele-Katalog, Ein Lehrgang zur Steigerung von Sozialkompetenz. Selbstverlag 2004

LERNTAGEBUCH

Name: ____

Das Lerntagebuch
Grundlage individuellen Lernens

Vorwort

Mit der kontinuierlichen Nutzung eines Lerntagebuchs können entscheidende Entwicklungsschritte beim Lernenden erreicht werden. Die Selbstreflexionskompetenz und damit verbunden die Selbsteinschätzung von erbrachter Leistung und eigenem Verhalten verbessern sich.
Zudem kann ein Lerntagebuch wertvolle Informationen für Lernentwicklungs-/Referenzgespräche liefern, die die Basis für die Entwicklung individueller Förder- und Fordermaßnahmen sind. Die Erarbeitung eines Lerntagebuchs nützt auch dem Lernbegleiter, sie führt zu einer größeren Transparenz des Lernprozesses.

Das Lerntagebuch hilft dabei, dass sich die Lernenden über die Lernziele, Lernwege, Lernfortschritte, Lernergebnisse klar werden, dass sie also **über ihr eigenes Lernen nachdenken** und ihre Lernerfolge einschätzen lernen. So unterstützt das Lerntagebuch das Lernen, das nach der neuen Lehr-Lern-Forschung und der neurobiologischen Forschung als ein aktiver Aneignungsprozess abläuft, in dem jeder Akteur anders lernt.
Wenn es stimmt, dass die *eigenen Gedanken über Lernen und Leistung* dieses Lernen mehr steuern als die Fremdbeurteilung, gewinnt das Lehrerurteil „erst größeren Einfluss, wenn die Schüler es sich zu eigen machen. (...) Die **Selbstbeurteilung** ist gewissermaßen das Nadelöhr, durch welches das Lehrerurteil hindurch muss, wenn es Auswirkungen auf den Lernprozess haben will." (Weidner 2004)

Das Führen eines Lerntagebuchs kann eine sehr komplexe und anspruchsvolle Angelegenheit sein: Lernende müssen also in der Lage sein, zu erkennen,

- was sie gelernt haben und was nicht,
- wo ihre Stärken und Schwächen sind,
- wie sie gelernt haben.

Sie müssen sich selbst beurteilen können und konkrete Vorhaben bzw. Ziele formulieren. Diese sehr anspruchsvolle Ebene ist das Produkt von kontinuierlicher Arbeit an der **Selbstreflexion**.
Verschiedene Beispiele aus dem Alltag zeigen jedoch, dass man bei der Einführung und dem Einsatz unbegrenzte Variationsmöglichkeiten hat.
So kann sich schon die äußere Form stark unterscheiden, z. B. als einfaches Heft, Ordner, Buch, formlose Eintragungen, vorstrukturierte Formulare, dialogische Arbeitshefte.
Genauso unterschiedlich kann die Nutzung sein. Das Lerntagebuch kann Geheimnis des Studierenden bleiben, als Kommunikationsmittel zwischen Studierenden und Lehrern dienen oder sogar Grundlage für die Bewertung oder Teil des Zeugnisses sein.

- Gemeinsam mit den Lernenden werden zu den verschiedenen Kompetenzbereichen auf der Grundlage des Erwartungshorizonts (Lehner u. a. 2005) der Lehrkraft Verhaltensindikatoren entwickelt und vereinbart.
- Diese können bei jedem Lernenden unterschiedlich sein. Ihre „eigenen Ziele" dienen den Lernenden als Kriterien für ihre Selbstbeobachtung und Selbstbeurteilung.
- Für die Besinnung und den Eintrag ins Lerntagebuch gibt die Lehrkraft den Lernenden nach der zu beobachtenden Arbeitsphase (z. B. Freiarbeit, Gruppenarbeit, lehrerzentrierter Unterricht) einige Minuten Zeit. Jeder Lernende für sich allein überlegt, ob und wie er die vereinbarten Verhaltensindikatoren an sich wahrgenommen hat.
- Es ist jedoch auch möglich, dass Lernende sich austauschen über ihre Selbstbeobachtung und dann mithilfe der Einschätzung des Lernpartners zur Selbstbeurteilung kommen.
- Die Einsicht „Fehler als anfängliche Unvollkommenheiten gehören zum Lernen" (Sacher 2009, S. 231) muss Grundlage der Kommunikation sein.
- Am Ende des Lernfelds kommt zu den Selbstbeurteilungen an den einzelnen Unterrichtstagen die Vorbereitung auf das **Entwicklungsgespräch** hinzu, welche dann zu einer **Lehrerreferenz** beiträgt.

Auch die Einbindung in den Unterrichtsalltag ist individuell und kann der Unterrichtsorganisation angepasst werden (vgl. PiA):

- Einige Lehrkräfte lassen nach jeder Stunde Eintragungen in die Lerntagebücher machen,
- andere am Ende jedes Schultags oder
- nach jedem Thema bzw. jeder Einheit
- bzw. nach den jeweiligen Praxisphasen bei der PiA.

Die organisatorischen und prinzipiellen Fragen sind also situationsangemessen und individuell zu regeln. Das Lerntagebuch kann von der Grundschule bis in die Erwachsenenbildung sinnvoll genutzt werden.
An der Fachschule bzw. Fachakademie in der Erzieherausbildung dient das Lerntagebuch der Selbstreflexion des eigenen Lernprozesses sowie auf der Metaebene dem späteren Transfer in die Bildungsarbeit mit Kindern.

Das Lerntagebuch

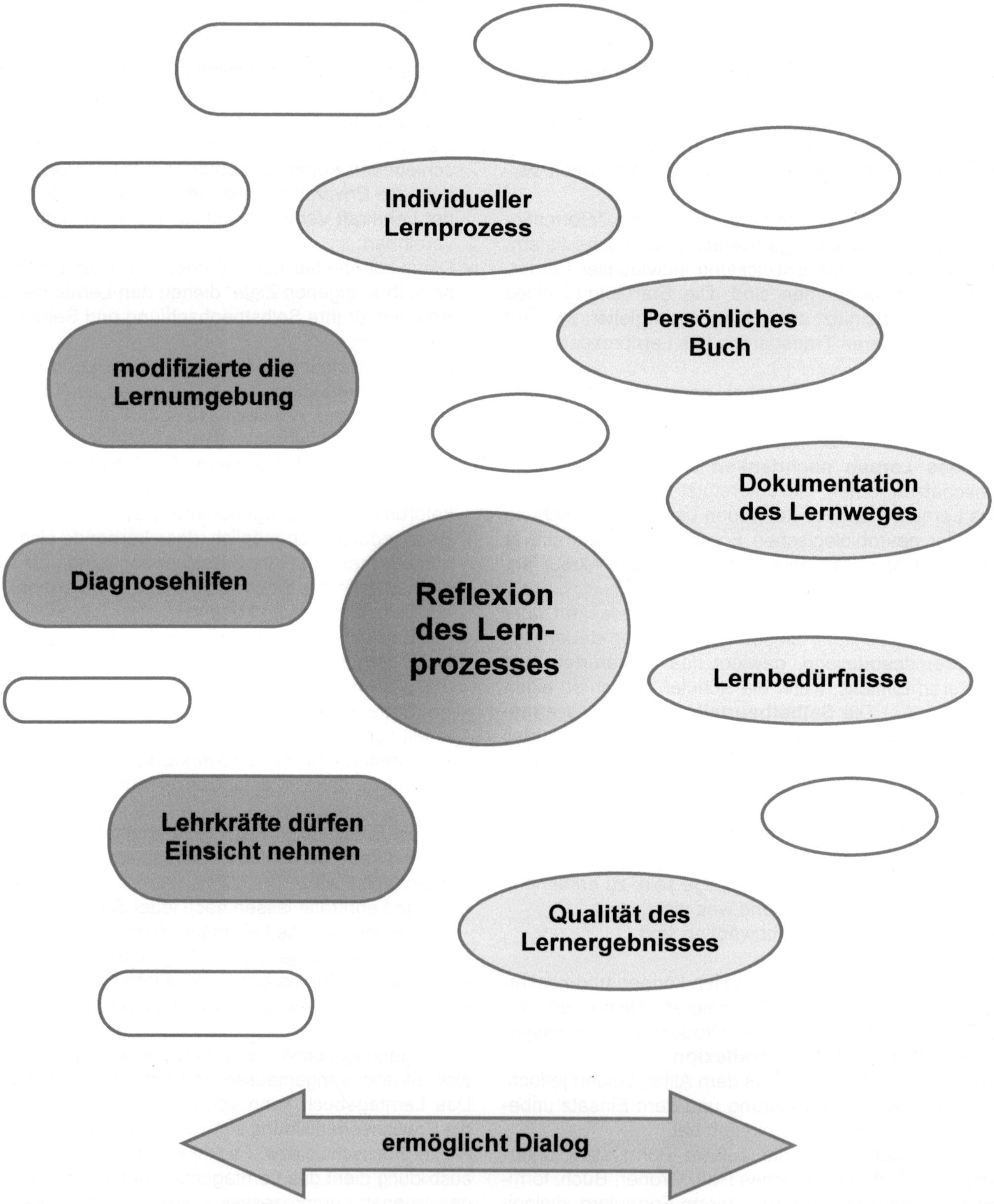

(vergl. Müller 2007)

Lernfeld 1 – KOMPETENZRASTER

Name: ______________________________

Kompetenzen	Wissen	Verstehen	Anwenden	Analysieren	Verbinden	Reflektieren	Kompetenz
FACHKOMPETENZEN – Wissen							
• Arbeitsfelder der Kinder- und Jugendhilfe wissen							
• Querschnittsaufgaben der sozialpädagogischen Arbeit und deren Bedeutung kennen							
• Anforderungen, Konzept, Querschnittsaufgaben, Organisation und Lernorte der Ausbildung kennen							
• Lern- und Arbeitstechniken, Möglichkeiten von Fort-/Weiterbildung wissen							
• Strategien von Selbstmanagement kennen							
•							
•							
FACHKOMPETENZEN – Fertigkeiten (auch methodische Kompetenzen)							
• Berufsmotivation und eigene Biografie analysieren							
• Erwartungen und Anforderungen an die pädagogische Arbeit von Erziehern kennen							
• Berufsrolle reflektieren							
• Sprache als Medium sozialpädagogischen Handelns erkennen							
• Verantwortung und Initiative für die eigene Ausbildung übernehmen							
• Lern- und Arbeitstechniken nutzen							
• Selbstmanagement entwickeln							
•							
•							

Kompetenzen	Wissen	Ver-stehen	An-wenden	Ana-lysieren	Ver-binden	Reflek-tieren	Kompe-tenz
SOZIALKOMPETENZEN							
• Vielfalt, Individualität und Verschiedenheit aller Menschen verstehen							
• Bild vom kompetenten Kind kennen							
• ressourcenorientierte Grundhaltung entwickeln							
• Verantwortung für die Leitung von pädagogischen Gruppen übernehmen							
•							
SELBSTKOMPETENZEN							
• reflektieren der eigenen Sozialisation							
• Vorbildfunktion entwickeln							
• Subjektivität von Wahrnehmungen reflektieren							
• kritische und reflektierende Haltung entwickeln							
• Überprüfung eigener Werte, Normen und Stereotype							
• Entwicklung einer beruflichen Zugehörigkeit							
• pädagogische Verantwortung entwickeln							
• Komplexität von beruflichem Handeln verstehen							
• berufstypische Anforderungen erfüllen							
• ausgeprägte Lernkompetenz entwickeln							
• Berufsrolle als Erzieher/Erzieherin weiterentwickeln							
•							

Arbeitsauftrag

Überprüfen Sie nach den einzelnen Unterrichtseinheiten die von Ihnen erreichten Kenntnisse und Fähigkeiten/Fertigkeiten anhand der vorgegebenen Taxonomie (Anlage). Versuchen Sie planend in Ihrer weiteren Arbeit gezielt einzelne Kompetenzen zu entwickeln bzw. weiterzuentwickeln. Leere Felder können Sie mit individuellen Zielsetzungen füllen. Am Ende des Lernfelds sollten Sie möglichst alle Kompetenzen mit Ihren spezifischen Zielsetzungen bedient haben. Bedenken Sie: Die Taxonomie, welche Sie hier auf der ‚Metaebene‘ anwenden, wird Ihnen auch im erzieherischen Alltag in Bezug auf die Edukanden hilfreich sein und z. B. in der Vorbereitung auf ein Elterngespräch nützen.

Die angegebenen Kompetenzen sind lehrplankonform (für Lernfeld 1 Berufliche Identität und professionelle Perspektiven entwickeln) bzw. können den unterschiedlichen Handlungs- und Lernfeldern einer praxisintegrierten Ausbildung angepasst werden.

Taxonomie der Lernziele

Qualifizierende Begriffe für Kompetenzinhalte in unterschiedlichen Stufen

Kognitive Ziele

Stufen: Wissen → Verstehen → Anwenden → Analyse → Synthese → Evaluation

Einteilung Deutscher Bildungsrat	Einteilung nach Bloom		
Reproduktion	**WISSEN**	Erlerntes in unveränderter Weise erkennen; Erlerntes in unveränderter Weise reproduzieren	erkennen, identifizieren, wiederherstellen, aufzählen, abrufen, reproduzieren, auflisten, wiederholen, darlegen
Reorganisation	**VERSTEHEN**	Erlerntes sinngemäß abbilden, eigene Worte verwenden	begründen, beschreiben, deuten, einordnen, erklären, erläutern, interpretieren, ordnen, präzisieren, schildern, übersetzen, übertragen, umschreiben, unterscheiden, verdeutlichen, vergleichen, wiedergeben
Transfer	**ANWENDUNG**	Erlernte Strukturen in ähnlichen Situationen anwenden	abschätzen, anknüpfen, anwenden, aufstellen, ausführen, begründen, berechnen, bestimmen, beweisen, durchführen, einordnen, erstellen, entwickeln, interpretieren, formulieren, lösen, modifizieren, quantifizieren, realisieren, übersetzen, unterscheiden, umschreiben, verdeutlichen
	ANALYSE	Sachverhalt mit eigenen Kriterien systematisch untersuchen	ableiten, analysieren, auflösen, beschreiben, darlegen, einkreisen, bestimmen, erkennen, gegenüberstellen, gliedern, identifizieren, isolieren, klassifizieren, nachweisen, untersuchen, vergleichen, zerlegen, zuordnen
Problemlösung/ Beurteilung	**SYNTHESE**	Aus erlernten Strukturen etwas Neuartiges entwickeln	abfassen, aufbauen, aufstellen, ausarbeiten, definieren, entwerfen, entwickeln, erläutern, gestalten, kombinieren, konstruieren, lösen, optimieren, organisieren, planen, verfassen, zusammenstellen
	BEWERTUNG	Einen Sachverhalt anhand eigener Kriterien systematisch bewerten	äußern, auswählen, auswerten, beurteilen, bewerten, differenzieren, entscheiden, folgern, gewichten, messen, prüfen, qualifizieren, urteilen, vereinfachen, vergleichen, vertreten, werten, widerlegen

(nach: Benjamin Bloom, Taxonomie von Lernzielen im kognitiven Bereich. 1976)

Daneben hat Bloom die affektive und psychomotorische Taxonomie entworfen. Auch in diesen Lernbereichen werden aufeinanderfolgende Stufen benannt. Während es dabei im psychomotorischen Bereich um das Lernen von Bewegungsabläufen geht, steht im affektiven Bereich der Umgang mit inneren Antrieben und Gefühlen in Bezug zu moralischen Normen der Gesellschaft im Vordergrund.

Affektive Ziele

Stufen: Aufmerksam werden, Beachten→ Reagieren→ Werten→ Strukturierter Aufbau eines Wertesystems→ Erfüllt sein durch einen Wert oder eine Wertstruktur

Psychomotorische Ziele

Stufen: Imitation→ Manipulation (i.S.v. Handhabung)→ Präzision→ Handlungsgliederung→ Naturalisierung (entwickelt sich selbstverständlich aus den Dingen heraus)

Erstes Entwicklungsgespräch zum LERNTAGEBUCH anhand des KOMPETENZRASTERS

Name: ____________________ am: __________

LF 1 Berufliche Identität und professionelle Perspektiven entwickeln	
Dokumentation des Lernweges: Kompetenzraster (Regelmäßigkeit, Vielfalt, Engagement und Sorgfalt, Eigenständigkeit, eigene Ideen, Problembewältigung, Transparenz, Kooperation und Austausch mit anderen Studierenden/Lehrkraft)	
Zielorientierte Rückschau (sachliche Richtigkeit der Informationen, Vielfalt, fachliche Schwerpunkte, Einschätzung des eigenen Lernprozesses, Fachbegrifflichkeit, Kausalität und Nachvollziehbarkeit, Übersicht)	
Eigenständige Erkenntnisse und Einsichten (sachliche und individuelle Begründetheit, objektive Wahrnehmungen, Vielfalt der Erkenntnisse, Erkennen von Lernbedürfnissen, Sicherheit in den Verbalisierungen)	
Einschätzung eigener Lernprozesse und Lernerfolge (bezogen auf Kompetenzbereiche: fachliche, soziale, personale, methodische; unter dem Aspekt individueller Entwicklung)	
Verbesserungsmöglichkeiten (Ideen, neue Strukturen, individuelle Möglichkeiten, Hilfsangebote erkennen und praktikabel nutzen wollen, Kooperationen/Vernetzungen erkennen und annehmen)	
Kommunikativer Umgang (Offenheit, Freude an der Kommunikation über eigene Lernerfolge, engagierter Austausch, Klarheit im Ausdruck, Anwendung von Fachbegrifflichkeiten)	

Abschließende Bewertung	Note

Für die Bewertung:

______________ ______________________________

Datum *Unterschrift*

Referenz* zum ersten Entwicklungsgespräch

* *Referenzieren im Gespräch mit der Lehrkraft heißt: Eine Leistung mit einem Referenzwert in Beziehung bringen. Referenzieren verbindet die Wertschätzung auf der Beziehungsebene mit der Auseinandersetzung auf der Sachebene. Dieser Prozess stärkt die Selbstreflexionsfähigkeit der Studierenden als Basis selbst organisierten Lernens. Referenzieren öffnet den Blick über Fachgebiete hinaus und lässt Zusammenhänge und Vernetzungen erkennbar werden. Lernende erfahren Selbstwirksamkeit und können den Glauben an ihre eigenen Fähigkeiten (self efficacy belief) entwickeln (Müller 2007).*

LF 1 Berufliche Identität und professionelle Perspektiven entwickeln	
Dokumentation des Lernweges: Kompetenzraster	
Zielorientierte Rückschau	
Eigenständige Erkenntnisse und Einsichten	
Einschätzung eigener Lernprozesse und Lernerfolge	
Verbesserungs-möglichkeiten	
Kommunikativer Umgang	

Referenzwert	

Datum __________ *Unterschrift* __________

Lernfeld 2 – KOMPETENZDIAGNOSE
Soziale und personale Kompetenzen

Name: ____________________

Messen Sie anhand der Deskriptoren Wiedergeben – Verstehen – Anwenden – Analysieren in der inhaltlichen Arbeit mit dem Lernfeld 2 „Pädagogische Beziehungen/Gruppen" Ihre sozialen und personalen Kompetenzen. Die Beschreibungen zu den einzelnen Deskriptoren (Can-do-Statements) finden Sie auf dem Plakat für das Klassenzimmer (s. Anlage Taxonomie-Plakat). Die **INHALTSDIMENSION** mit den unterschiedlichen Kompetenzfeldern findet sich in der zweiten Anlage.

Arbeitsauftrag
Versuchen Sie nach jeder Stunden- oder Praxiseinheit die Kompetenzdiagnose für sich vorzunehmen, möglichst mit kurzen, konkreten Angaben (Beispielen) zu den einzelnen Can-do-Statements. Tragen Sie sie in folgende Tabelle ein. Falls Sie am Ende des Lernfelds 2 ein Entwicklungsgespräch führen, helfen sie Ihnen, Ihre Einschätzungen zu begründen.

INHALTSDIMENSION	HANDLUNGSDIMENSION			
Soziale Kompetenzen	**Wiedergeben**	**Verstehen**	**Anwenden**	**Analysieren**
Kompetenzfeld „Soziale Verantwortung" (Respekt und Akzeptanz – Einfühlungsvermögen – Hilfsbereitschaft – Vertraulichkeit – gesellschaftliche Mitgestaltung) • *sozial verantwortlich agieren, was sich in Respekt, Authentizität und Verantwortungsbewusstsein zeigt*				
Kompetenzfeld „Kommunikation" (Gesprächsführung – Gesprächsleitung – Kommunikationsebenen und nonverbale Kommunikation – schriftliche und medienunterstützte Kommunikation) • *über ein breites Spektrum an adäquaten Kommunikationsformen (verbal, nonverbal, schriftlich) verfügen*				
Kompetenzfeld „Kooperation" (Ressourcenorientierung – Rollenverständnis – Konsensorientierung – Ergebnisorientierung) • *sich kooperativ, verantwortlich und ergebnisorientiert einbringen* • *die eigene Leistung und die Leistung anderer Personen überprüfen und entwickeln*				
Kompetenzfeld „Konflikte" (Standpunktklärung – Konfliktsteuerung – Lösungsorientierung) • *mit Konflikten lösungsorientiert, selbstkontrolliert umgehen*				

Plakat: INHALTSDIMENSION
Soziale und personale Kompetenzen

Soziale Verantwortung

Das Kompetenzfeld bezieht sich auf den wertschätzenden Umgang mit anderen Menschen und deren Meinungen, Einstellungen und Werthaltungen. Einfühlungsvermögen und Reflexionsbereitschaft, Hilfsbereitschaft und Vertraulichkeit sind weitere wesentliche Haltungen in der gesellschaftlichen Mitgestaltung.

Respekt und Akzeptanz
- Ich kann mich im Umgang mit anderen Menschen wertschätzend und achtsam verhalten.
- Ich kann andere Menschen und ihre Einstellungen und Verhaltensweisen unabhängig von meiner eigenen Meinung respektieren.
- Ich kann mein eigenes Verhalten in Bezug auf die spezifischen Bedürfnisse anderer Personen reflektieren.

Einfühlungsvermögen
- Ich kann auf die Bedürfnisse anderer adäquat reagieren.

Vertraulichkeit
- Ich kann mit den mir anvertrauten Informationen angemessen umgehen.

Hilfsbereitschaft
- Ich kann erkennen, wenn andere Menschen Unterstützung brauchen und ihnen Hilfestellung gewähren.

Gesellschaftliche Mitgestaltung
- Ich kann Möglichkeiten beschreiben, wie ich gesellschaftliche Lebensbereiche mitgestalten kann.
- Ich kann mich an der Gestaltung gesellschaftlicher Lebensbereiche beteiligen.

Kommunikation

Das Kompetenzfeld bezieht sich auf personen- und situationsadäquates Gesprächsverhalten, zielgerichtete Gesprächsleitung sowie auf das Kommunizieren über verschiedene Medien und auf unterschiedlichen Ebenen.

Gesprächsführung
- Ich kann mich klar und deutlich ausdrücken.
- Ich kann mein Kommunikationsverhalten auf meinen Kommunikationspartner abstimmen.
- Ich kann auf Kommunikationsprobleme mit entsprechenden Strategien reagieren.

Gesprächsleitung
- Ich kann ein Gespräch strukturiert vorbereiten.
- Ich kann ein Gespräch moderieren.

Kommunikationsebenen und nonverbale Kommunikation
- Ich kann beschreiben, was ein Kommunikationsinhalt auf der Beziehungs- oder Sachebene aussagt.
- Ich kann mein nonverbales Verhalten adäquat einsetzen.
- Ich kann auf der Sachebene und auf der Beziehungsebene angemessen kommunizieren.
- Ich kann das nonverbale Verhalten meiner Kommunikationspartner reflektieren.

Schriftliche und medienunterstützte Kommunikation
- Ich kann Kommunikationsmedien zielorientiert und adressatengerecht auswählen.
- Ich kann in schriftlichen Mitteilungen meinen Kommunikationsstil adressatengerecht gestalten.
- Ich kann mein Kommunikationsverhalten auf unterschiedliche Kommunikationsmedien abstimmen.

Kooperation

Das Kompetenzfeld bezieht sich auf adäquate Ressourcenorientierung, Verständnis der eigenen Rolle und der Rollen in Gruppen sowie konsens- und ergebnisorientierte Gestaltung von Arbeitsprozessen.

Ressourcenorientierung
- Ich kann in der Zusammenarbeit meine eigenen Ressourcen und Kompetenzen einbringen.
- Ich kann andere unterstützen, ihre Ressourcen und Kompetenzen zu erweitern.
- Ich kann meine Ressourcen und Kompetenzen in der Zusammenarbeit mit anderen weiterentwickeln.

Rollenverständnis
- Ich kann die Aufgaben und Funktionen in einer Gruppe erklären.
- Ich kann Aufgaben und Verantwortungsbereiche entsprechend meiner Rolle übernehmen.
- Ich kann Gruppenprozesse reflektieren.

Konsensorientierung
- Ich kann Strategien anwenden, um einen Konsens zu entwickeln.
- Ich kann die durch einen Konsens entwickelten Vereinbarungen einhalten.

Ergebnisorientierung
- Ich kann mit anderen präzise und realistische Arbeitsziele festlegen.
- Ich kann mein Verhalten im Arbeitsprozess mit anderen auf das gemeinsame Ziel abstimmen.
- Ich kann in unvorhergesehenen Situationen in Abstimmung mit anderen ergebnisorientiert handeln.
- Ich kann die Ergebniserreichung und die Qualität der Zusammenarbeit in meiner Gruppe evaluieren.

Konflikte

Das Kompetenzfeld bezieht sich auf das klare und konstruktive Einbringen des eigenen Standpunkts, wertschätzendes Feedback sowie lösungsorientiertes Verhalten in Konfliktsituationen.

Standpunktklärung
- Ich kann meinen eigenen Standpunkt klar darlegen.
- Ich kann die Standpunkte anderer respektieren.
- Ich kann konstruktives Feedback geben.
- Ich kann Feedback annehmen.

Konfliktsteuerung
- Ich kann Anzeichen eines entstehenden Konflikts erkennen.
- Ich kann mit Befindlichkeiten in der Gruppe umgehen.
- Ich kann Schritte zur Deeskalation setzen.
- Ich kann das Konfliktverhalten aller beteiligten Personen reflektieren.

Lösungsorientierung
- Ich kann die Ursachen, Auslöser und Inhalte von Konflikten beschreiben.
- Ich kann mich konstruktiv mit den eigenen und fremden Interessen und Bedürfnissen auseinandersetzen.
- Ich kann gemeinsam mit den Konfliktpartnern eine Lösung entwickeln.

Führung

Das Kompetenzfeld bezieht sich auf die Bereitschaft zur Übernahme von Verantwortung, das Treffen von Entscheidungen, Zielorientierung sowie den Einsatz motivationsförderlicher Maßnahmen.

Verantwortungsübernahme und -weitergabe
- Ich kann Führungsaufgaben in einem klar strukturierten Bereich übernehmen.
- Ich kann Führungsaufgaben in einem Bereich mit nicht vorhersehbaren Anforderungen übernehmen.
- Ich kann in nicht vorhersehbaren Situationen die nötigen Strategien finden/wählen, um Führungsaufgaben wahrzunehmen.

Entscheidungsfindung
- Ich kann Entscheidungen auf Basis der dafür notwendigen Informationen treffen.
- Ich kann überprüfen, ob meine Entscheidungen entsprechend umgesetzt werden.

Motivierungsvermögen
- Ich kann Möglichkeiten zur Förderung der Motivation erläutern.
- Ich kann motivationsfördernde Maßnahmen setzen.

Zielorientierung
- Ich kann Ziele an alle Mitarbeiter/-innen klar vermitteln.
- Ich kann richtungsweisend auf die Zielerreichung der Mitarbeiter/-innen einwirken.
- Ich kann den Prozess der Zielerreichung evaluieren.

Situationsgerechtes Auftreten

Das Kompetenzfeld bezieht sich auf die situationsadäquate Wahrnehmung der eigenen Rolle im Hinblick auf verschiedene Anforderungen und Erwartungen.

Äußeres Erscheinungsbild und Umgangsformen
- Ich kann mein äußeres Erscheinungsbild auf den jeweiligen gesellschaftlichen und kulturellen Kontext abstimmen.
- Ich kann situations- und personengerechte Umgangsformen an den Tag legen.
- Ich kann meine Umgangsformen reflektieren.

Rollensicherheit
- Ich kann mein Verhalten an meine jeweilige soziale Rolle anpassen.
- Ich kann mit neuen sozialen Rollen und Situationen offen und selbstbewusst umgehen.

PERSONALE ENTWICKLUNG

Das folgende Kompetenzfeld bezieht sich auf die Entwicklung individueller und persönlicher Fähigkeiten, die dem professionellen Handeln zugetragen werden und damit die Effizienz beruflichen Handelns wesentlich erhöhen können. Eine stabile Persönlichkeit ist hilfreich und in ihrem Modellverhalten vorbildhaft.

Selbstverantwortung

Das Kompetenzfeld bezieht sich auf die realistische Einschätzung und den zielgerichteten Einsatz der eigenen Ressourcen, das situationsadäquate Setzen von Eigeninitiative, die kritische Auseinandersetzung mit gesellschaftlichen Normen/Werten, das Abstimmen eigener Wünsche/Bedürfnisse an gesellschaftliche Regeln.

Selbstbewusstsein und Reflexion
- Ich kann entsprechend von Stärken/Ressourcen handeln.
- Ich kann meine eigene Position vertreten.
- Ich kann meine Einstellungen, Haltungen, Gefühle, Werte und Bedürfnisse reflektieren.

Selbstständigkeit und Eigeninitiative
- Ich kann Aufgaben/Arbeiten eigenständig erledigen.
- Ich kann die notwendigen Schritte zur Erreichung meiner Ziele setzen.

Normverständnis und Werteorientierung
- Ich kann in Übereinstimmung mit Normen und Regeln und den eigenen Werten handeln.

Selbstkontrolle
- Ich kann die Verantwortung für mein Handeln übernehmen.
- Ich kann regelkonformes Verhalten und meine eigenen Bedürfnisse aufeinander abstimmen.
- Ich kann mich mit meinem gesundheitsförderlichen und gesundheitsgefährdenden Verhalten auseinandersetzen.
- Ich kann meinen Umgang mit Medien reflektieren.

Entscheidungsbereitschaft
- Ich kann Entscheidungen verantwortungsvoll treffen.
- Ich kann meine Entscheidungen reflektieren.

Lern- und Arbeitsverhalten

Das Kompetenzfeld bezieht sich auf Haltungen wie Leistungsbereitschaft, Ausdauer, Sorgfalt, Zuverlässigkeit, die Offenheit gegenüber Neuem. Es beinhaltet auch die ergebnisorientierte Planung von Teilzielen und den situationsadäquaten Umgang mit komplexen Aufgaben.

Leistungsbereitschaft und Ausdauer
- Ich kann Leistungsbereitschaft und Durchhaltevermögen aufbringen, um Aufgaben ergebnisorientiert zu Ende zu bringen.
- Ich kann aus Leistung Zufriedenheit und Motivation für neue Aufgaben schöpfen.
- Ich kann für mich wirkungsvolle Stressbewältigungs-strategien anwenden.
- Ich kann mit Frust, Misserfolgen konstruktiv umgehen.

Sorgfalt und Zuverlässigkeit
- Ich kann Vereinbarungen einhalten.
- Ich kann Arbeiten sorgfältig und verlässlich erledigen.

Kreativität
- Ich kann meine Gestaltungsideen einbringen.
- Ich kann neue Sichtweisen und Ansätze entwickeln.

Planung und Steuerung von Arbeits- und Lernprozessen
- Ich kann wesentliche Arbeits- und Lernschritte erkennen.
- Ich kann eigene Arbeits- und Lernprozesse steuern.
- Ich kann meine Arbeitsprozesse und -ergebnisse evaluieren.
- Ich kann meine Leistungsfähigkeit einschätzen.

Transfer und vernetztes Denken
- Ich kann Zusammenhänge und Querverbindungen herstellen.
- Ich kann meine Kompetenzen bei neuen Aufgaben und Problemstellungen einsetzen.
- Ich kann verschiedene Gesichtspunkte komplexer Aufgaben und Problemstellungen abwägen.

Lebensgestaltung

Das Kompetenzfeld bezieht sich auf die Wahrnehmung von gesellschaftlichen, wirtschaftlichen und sozialen Veränderungen im unmittelbaren und erweiterten Lebensbereich sowie auf das adäquate Reagieren auf Veränderungen, Herausforderungen und Belastungen.

Lebenslanges Lernen
- Ich kann die Bedeutung von lebenslangem Lernen für meine persönliche und berufliche Entwicklung erklären.
- Ich kann Veränderungen als Teil von Entwicklung erklären.
- Ich kann geeignete Bildungsangebote auswählen.
- Ich kann meine Bildungsplanung reflektieren.

(in Anlehnung an: Broschüre Bildungsstandards, Bundesministerium für Unterricht, Kunst und Kultur, Wien 2011)

Plakat: TAXONOMIE (Deskriptoren = Can-do-Statements)

Wiedergeben

- relevantes Wissen aus dem Gedächtnis abrufen können
- Information wiedergeben können
- Bescheid wissen über soziale Rollen, Normen und Werte
- effektive und zielführende Verhaltensstrategien kennen

Verstehen

- die Bedeutung vorgegebener Informationen erkennen können inkl. mündlicher, schriftlicher und grafischer Inhalte
- in der Situation die zu erreichenden Ziele richtig einschätzen können
- eigene Ansprüche und Ansprüche der sozialen Umwelt richtig einschätzen können
- Perspektiven der anderen übernehmen können
- mit Informationen umgehen können
- vorhandenes Wissen in einen neuen Kontext bringen können
- Fakten interpretieren, vergleichen und kontrastieren können
- relevante Informationen ordnen und gruppieren/kategorisieren können
- Ursachen identifizieren können

Anwenden

- bekannte Prozeduren in einer vorgegebenen Situation anwenden und ausführen können
- verschiedene Verhaltensoptionen generieren können
- verschiedene Verhaltensmöglichkeiten gegeneinander abwägen und eine zielführende Lösung finden können
- mit Informationen umgehen können
- vorhandenes Wissen in einen neuen Kontext bringen können
- Fakten interpretieren, vergleichen und gegeneinander abwägen können
- relevante Informationen ordnen und gruppieren/kategorisieren können
- Kausalzusammenhänge identifizieren können
- Konsequenzen abschätzen und vorhersagen können
- Muster erkennen können
- Generalisierungen vornehmen können
- Wissen aus verschiedenen Bereichen integrieren können
- zielführendes Verhalten in der richtigen Ausführung zeigen können
- mit bekannten Informationen, Methoden, Konzepten und Ideen in unbekannten (neuen) Situationen umgehen können
- Probleme unter Anwendung von Skills und Wissen lösen können

Analysieren – Reflektieren – Evaluieren

- gegebene Information in ihre Einzelteile zerlegen und bestimmen können, wie diese Teile zueinander und zu einer übergeordneten Struktur oder Absicht in Beziehung stehen
- Urteile auf Basis von Kriterien und Standards fällen können
- Elemente zusammenfügen können, um ein kohärentes und funktionierendes Ganzes zu bilden
- bekannte Elemente zu einem neuen Muster oder einer neuen Struktur zusammenfügen können
- Konsequenzen des gezeigten Verhaltens erkennen können
- Ursachen für nicht zielführendes Verhalten erkennen können
- verschiedene Ideen und Möglichkeiten zur besseren Zielerreichung vergleichen und zwischen diesen unterscheiden können
- Nutzen und Konsequenzen verschiedener Ideen, Möglichkeiten und Verhaltensweisen einschätzen können
- Entscheidung aufgrund begründbarer Überlegungen treffen können
- Nutzen sozialer Hinweisreize prüfen und verifizieren können
- Subjektivität erkennen können
- aus Erfahrungen neue Optionen generieren können

(in Anlehnung an: Broschüre Bildungsstandards, Bundesministerium für Unterricht, Kunst und Kultur, Wien 2011)

Zweites Entwicklungsgespräch zum LERNTAGEBUCH anhand der KOMPETENZDIAGNOSE

Name: ______________________________ am: ______________

LF 2 Pädagogische Beziehungen gestalten und mit Gruppen pädagogisch arbeiten	
Dokumentation des Lernweges: Kompetenzdiagnose (Regelmäßigkeit, Vielfalt, Engagement und Sorgfalt, Eigenständigkeit, eigene Ideen, Problembewältigung, Transparenz, Kooperation und Austausch mit anderen Studierenden/Lehrkraft)	
Zielorientierte Rückschau (sachliche Richtigkeit der Informationen, Vielfalt, fachliche Schwerpunkte, Einschätzung des eigenen Lernprozesses, Fachbegrifflichkeit, Kausalität und Nachvollziehbarkeit, Übersicht)	
Eigenständige Erkenntnisse und Einsichten (sachliche und individuelle Begründetheit, objektive Wahrnehmungen, Vielfalt der Erkenntnisse, Erkennen von Lernbedürfnissen, Sicherheit in den Verbalisierungen)	
Einschätzung eigener Lernprozesse und Lernerfolge (bezogen auf Kompetenzbereiche: fachliche, soziale, personale, methodische; unter dem Aspekt individueller Entwicklung)	
Verbesserungsmöglichkeiten (Ideen, neue Strukturen, individuelle Möglichkeiten, Hilfsangebote erkennen und praktikabel nutzen wollen, Kooperationen/Vernetzungen erkennen und annehmen)	
Kommunikativer Umgang (Offenheit, Freude an der Kommunikation über eigene Lernerfolge, engagierter Austausch, Klarheit im Ausdruck, Anwendung von Fachbegrifflichkeiten)	

Abschließende Bewertung	Note

Für die Bewertung:

_______________ _____________________________

Datum *Unterschrift*

Referenz* zum zweiten Entwicklungsgespräch

* *Referenzieren im Gespräch mit der Lehrkraft heißt: Eine Leistung mit einem Referenzwert in Beziehung bringen. Referenzieren verbindet die Wertschätzung auf der Beziehungsebene mit der Auseinandersetzung auf der Sachebene. Dieser Prozess stärkt die Selbstreflexionsfähigkeit der Studierenden als Basis selbst organisierten Lernens. Referenzieren öffnet den Blick über Fachgebiete hinaus und lässt Zusammenhänge und Vernetzungen erkennbar werden. Lernende erfahren Selbstwirksamkeit und können den Glauben an ihre eigenen Fähigkeiten (self efficacy belief) entwickeln (Müller 2007).*

LF 2 Pädagogische Beziehungen gestalten und mit Gruppen pädagogisch arbeiten	
Dokumentation des Lernweges: Kompetenzdiagnose	
Zielorientierte Rückschau	
Eigenständige Erkenntnisse und Einsichten	
Einschätzung eigener Lernprozesse und Lernerfolge	
Verbesserungsmöglichkeiten	
Kommunikativer Umgang	

Referenzwert	

Datum ______________ *Unterschrift* ______________

Lernfeld 3 – ENTWICKLUNGSSPINNE

Lebenswelten und Diversität wahrnehmen, verstehen und Inklusion fördern

Name: ____________________

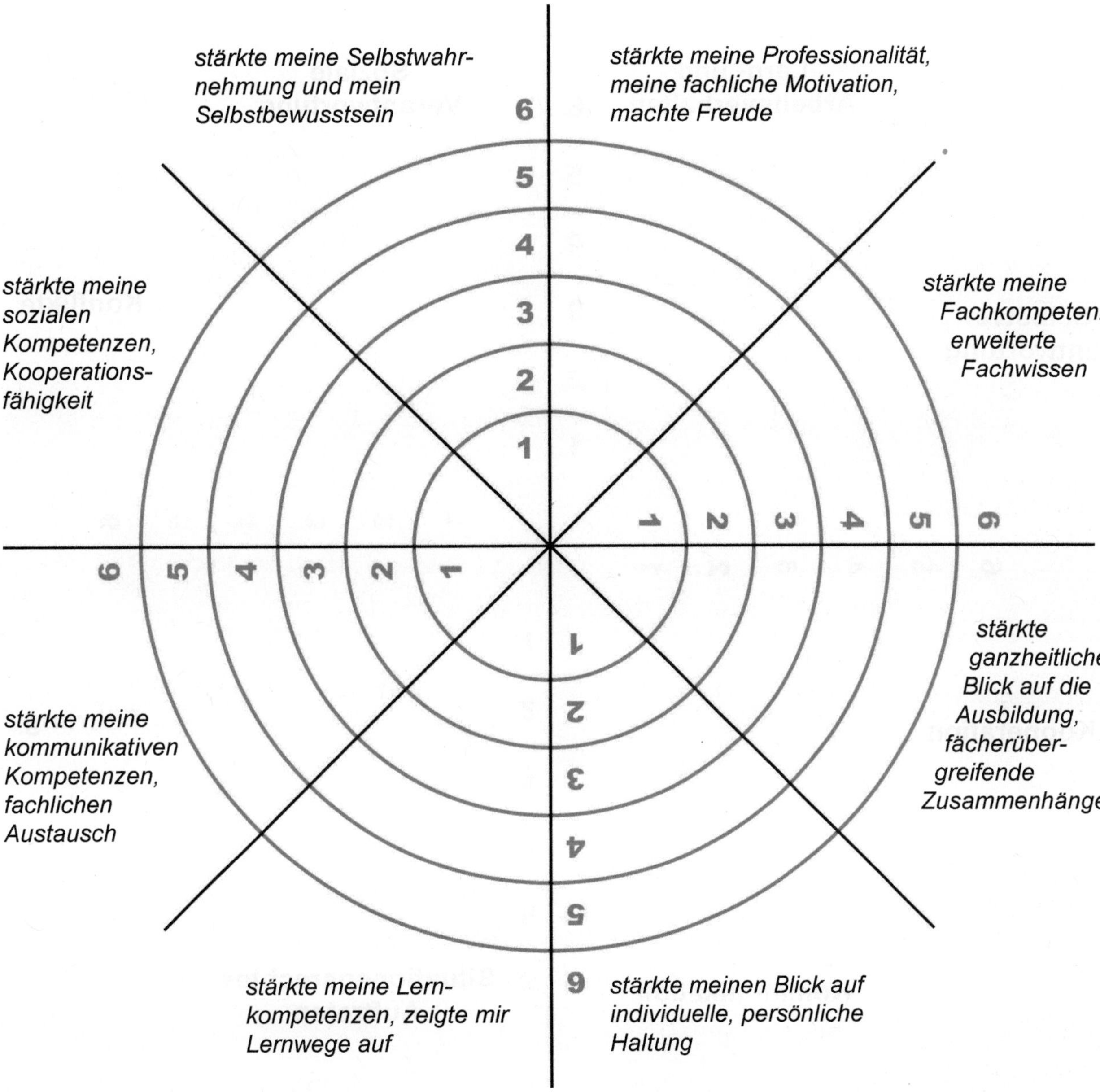

Zielformulierung

____

____

____

Ergebnis

____

Lernfeld 3 – ENTWICKLUNGSSPINNE

Lebenswelten und Diversität wahrnehmen, verstehen und Inklusion fördern

Name: ______________________________

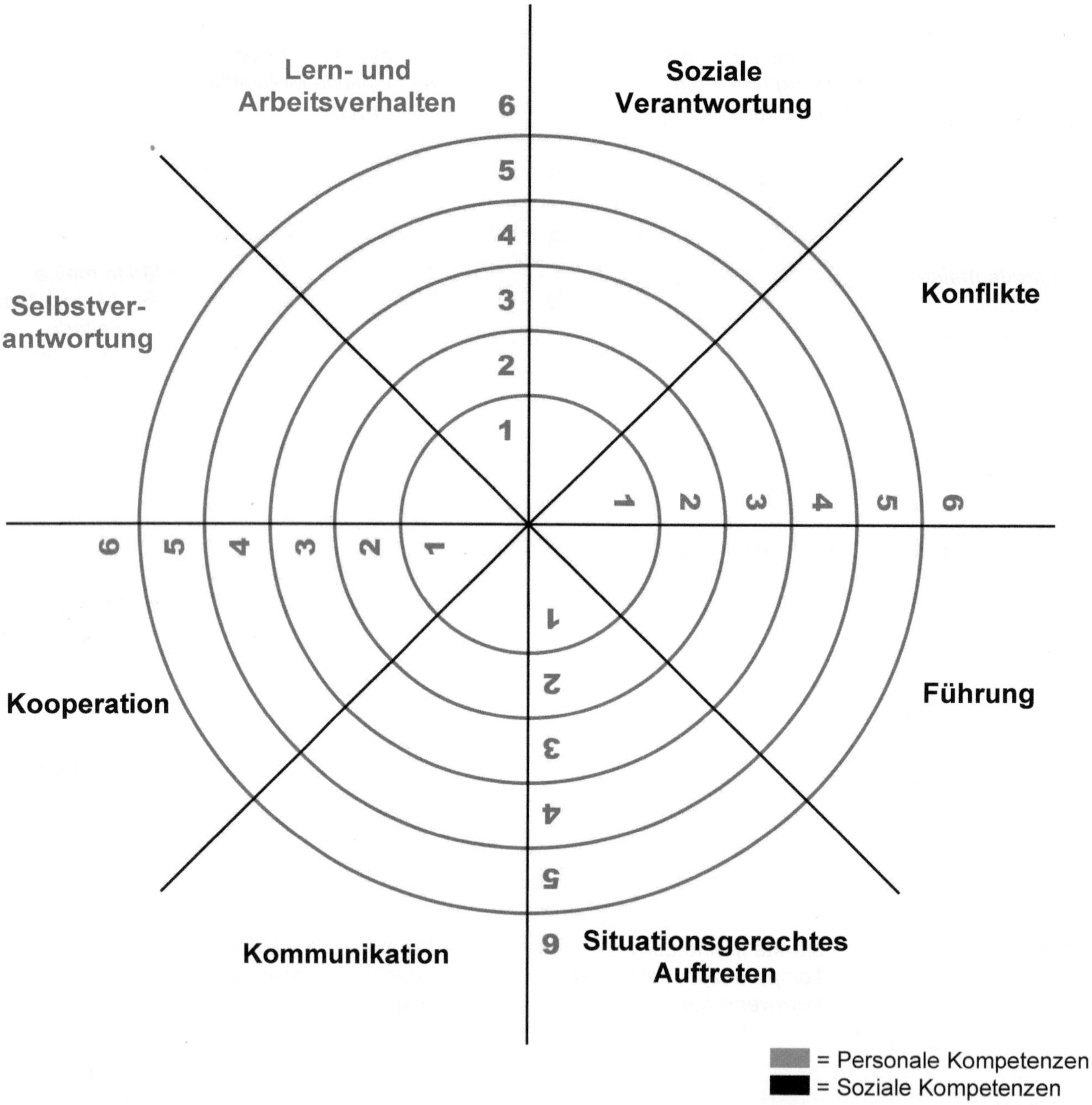

Zielformulierung

____

____

____

Ergebnis

____

Anlage: Soziale und personale Kompetenzen

Soziale Kompetenzen

- **Kompetenzfeld „Soziale Verantwortung"**
  (Respekt und Akzeptanz – Einfühlungsvermögen – Hilfsbereitschaft – Vertraulichkeit – gesellschaftliche Mitgestaltung)
  - Sozial verantwortlich agieren, was sich in Respekt, Authentizität und Verantwortungsbewusstsein zeigt
- **Kompetenzfeld „Kommunikation"**
  (Gesprächsführung – Gesprächsleitung – Kommunikationsebenen und nonverbale Kommunikation – schriftliche und medienunterstützte Kommunikation)
  - Über ein breites Spektrum an adäquaten Kommunikationsformen (verbal, nonverbal, schriftlich) verfügen
- **Kompetenzfeld „Kooperation"**
  (Ressourcenorientierung – Rollenverständnis – Konsensorientierung – Ergebnisorientierung)
  - Sich kooperativ, verantwortlich und ergebnisorientiert einbringen
  - Die eigene Leistung und die Leistung anderer Personen überprüfen und entwickeln
- **Kompetenzfeld „Konflikte"**
  (Standpunktklärung – Konfliktsteuerung – Lösungsorientierung)
  - Mit Konflikten lösungsorientiert und selbst kontrolliert umgehen
- **Kompetenzfeld „Führung"**
  (Verantwortungsübernahme und -weitergabe – Entscheidungsfindung – Motivierungsvermögen – Zielorientierung)
  - In der Führungskompetenz Einfühlungsvermögen, Zielorientiertheit und Motivierungsfähigkeit zeigen
  - Arbeits- und Lernkontexte leiten und beaufsichtigen, in denen auch nicht vorhersehbare Änderungen auftreten
- **Kompetenzfeld „Situationsgerechtes Auftreten"**
  (Äußeres Erscheinungsbild und Umgangsformen – Rollensicherheit)
  - Situationsgerecht im äußeren Erscheinungsbild und in der Rollensicherheit und im Rollenbewusstsein auftreten

Personale Kompetenzen

- **Kompetenzfeld „Selbstverantwortung"**
  (Selbstbewusstsein und Reflexion – Selbstständigkeit und Eigeninitiative – Normverständnis und Werteorientierung – Selbstkontrolle – Entscheidungsbereitschaft)
  - Kontrolliert, reflektiert und mit Eigeninitiative Situationen gestalten
- **Kompetenzfeld „Lern- und Arbeitsverhalten"**
  (Leistungsbereitschaft und Ausdauer – Sorgfalt und Zuverlässigkeit – Kreativität – Planung und Steuerung von Arbeits- und Lernprozessen – Transfer und vernetztes Denken)
  - Aufgaben systematisch entwickeln, strukturiert umsetzen und Vernetzung mit anderen Situationen herstellen
- **Kompetenzfeld „Lebensgestaltung"**
  (Lebenslanges Lernen)
  - Lebenslanges Lernen als immanenten Bestandteil der Lebens- und Karriereplanung umsetzen

(in Anlehnung an: Broschüre Bildungsstandards, Bundesministerium für Unterricht, Kunst und Kultur, Wien 2011)

Drittes Entwicklungsgespräch zum LERNTAGEBUCH anhand der ENTWICKLUNGSSPINNE

Name: ______________________________ am: ____________

LF 3 Lebenswelten und Diversität wahrnehmen, verstehen und Inklusion fördern	
Dokumentation des Lernweges: Entwicklungsspinne (Regelmäßigkeit, Vielfalt, Engagement und Sorgfalt, Eigenständigkeit, eigene Ideen, Problembewältigung, Transparenz, Kooperation und Austausch mit anderen Studierenden/Lehrkraft)	
Zielorientierte Rückschau (sachliche Richtigkeit der Informationen, Vielfalt, fachliche Schwerpunkte, Einschätzung des eigenen Lernprozesses, Fachbegrifflichkeit, Kausalität und Nachvollziehbarkeit, Übersicht)	
Eigenständige Erkenntnisse und Einsichten (sachliche und individuelle Begründetheit, objektive Wahrnehmungen, Vielfalt der Erkenntnisse, Erkennen von Lernbedürfnissen, Sicherheit in den Verbalisierungen)	
Einschätzung eigener Lernprozesse und Lernerfolge (bezogen auf Kompetenzbereiche: fachliche, soziale, personale, methodische; unter dem Aspekt individueller Entwicklung)	
Verbesserungsmöglichkeiten (Ideen, neue Strukturen, individuelle Möglichkeiten, Hilfsangebote erkennen und praktikabel nutzen wollen, Kooperationen/Vernetzungen erkennen und annehmen)	
Kommunikativer Umgang (Offenheit, Freude an der Kommunikation über eigene Lernerfolge, engagierter Austausch, Klarheit im Ausdruck, Anwendung von Fachbegrifflichkeiten)	

Abschließende Bewertung	Note

Für die Bewertung:

______________________ ______________________________

Datum *Unterschrift*

Referenz* zum dritten Entwicklungsgespräch

* *Referenzieren im Gespräch mit der Lehrkraft heißt: Eine Leistung mit einem Referenzwert in Beziehung bringen. Referenzieren verbindet die Wertschätzung auf der Beziehungsebene mit der Auseinandersetzung auf der Sachebene. Dieser Prozess stärkt die Selbstreflexionsfähigkeit der Studierenden als Basis selbst organisierten Lernens. Referenzieren öffnet den Blick über Fachgebiete hinaus und lässt Zusammenhänge und Vernetzungen erkennbar werden. Lernende erfahren Selbstwirksamkeit und können den Glauben an ihre eigenen Fähigkeiten (self efficacy belief) entwickeln (Müller 2007).*

LF 3 Lebenswelten und Diversität wahrnehmen, verstehen und Inklusion fördern	
Dokumentation des Lernweges: Entwicklungsspinne	
Zielorientierte Rückschau	
Eigenständige Erkenntnisse und Einsichten	
Einschätzung eigener Lernprozesse und Lernerfolge	
Verbesserungsmöglichkeiten	
Kommunikativer Umgang	

Referenzwert	

Datum *Unterschrift*

Lernfeld 4 – KANN-LISTE

Beschreibt, was man am Ziel der Erzieherausbildung alles können könnte

Sozialpädagogische Bildungsarbeit professionell gestalten

Name: ______________________________

FACHKOMPETENZ	Taxonomie	Tätigkeitsbeschreibung	Erledigt?
Ich kann ...	☺	**Ich habe ...**	✓
Begriffe • Beobachtung • Ko-Konstruktion erklären			
Schritte methodischen Vorgehens • Wahrnehmen • Beobachten • Zielperspektiven entwickeln • Bildungsprozesse aufbauen • Dokumentieren verstehen			
Methodische Prinzipien • definieren • verstehen • in der Praxis anwenden			
Ziele von • Beobachtung • Dokumentation erläutern			
Organisationsformen methodischen Vorgehens • Spiel/Freispiel/vorbereitete Umgebung • Bildungsangebot/Projekte • Elternkooperation • Kooperation mit externen Partnern anwenden			
Berufliche Sozialisation reflektieren Bildungsauftrag erfassen			
Bedeutung von • Beobachtung • Dokumentation erkennen			

☺	☺ ☺	☺ ☺ ☺	☺ ☺ ☺ ☺
Reproduktion = Kennen	Reorganisation = Verstehen	Anwendung = Transfer in Praxis	Problemlösung = Bewertung

Lernfeld 4 – KANN-LISTE

Beschreibt, was man am Ziel der Erzieherausbildung alles können könnte

Sozialpädagogische Bildungsarbeit professionell gestalten

Name: ____

SOZIALKOMPETENZ	Taxonomie	Tätigkeitsbeschreibung	Erledigt?
Ich kann ...	☺	**Ich habe ...**	✓
Andere Meinungen • erkennen • verstehen			
Mit anderen • Austausch pflegen • kooperieren • Kompromisse schließen • Konflikte lösen			
Andere/n • wertschätzen • respektieren • motivieren • führen • helfen			
Mit anderen • zielorientiert planen • konsensorientiert arbeiten • ressourcenorientiert arbeiten • Standpunkte klären • empathisch sein			
Kommunikation • aufbauen • auf verschiedenen Ebenen pflegen • leiten			
Konflikte • aushalten • verbalisieren • deuten • moderieren • lösen			

☺	☺ ☺	☺ ☺ ☺	☺ ☺ ☺ ☺
Reproduktion = Kennen	Reorganisation = Verstehen	Anwendung = Transfer in Praxis	Problemlösung = Bewertung

Lernfeld 4 – KANN-LISTE

Beschreibt, was man am Ziel der Erzieherausbildung alles können könnte

Sozialpädagogische Bildungsarbeit professionell gestalten

Name: ____________________

PERSONALKOMPETENZ	Taxonomie	Tätigkeitsbeschreibung	Erledigt?
Ich kann ...	☺	**Ich habe ...**	✓
Meine Lernprozesse • entwickeln • steuern • strukturieren • vernetzen • systematisieren • situativ anpassen • bedürfnisorientiert gestalten			
Mein Arbeitsverhalten • ausdauernd • kreativ • freudvoll • motiviert • leistungsorientiert gestalten			
Eigenverantwortung • erkennen • kontrollieren • verbessern • reflektieren			
Selbstbewusstsein • empfinden • entwickeln • vermitteln • darstellen			
Selbstständigkeit • erleben • entwickeln • reflektieren • wertschätzen			
Meine Gefühle • bewusst empfinden • steuern • anderen mitteilen • reflektieren • nutzen			
Gefühle anderer • empfinden • spiegeln • beeinflussen			

☺	☺ ☺	☺ ☺ ☺	☺ ☺ ☺ ☺
Reproduktion = Kennen	Reorganisation = Verstehen	Anwendung = Transfer in Praxis	Problemlösung = Bewertung

Viertes Entwicklungsgespräch zum LERNTAGEBUCH anhand der KANN-LISTE

Name: ________________________________ am: ______________

LF 4 Sozialpädagogische Bildungsarbeit in den Bildungsbereichen professionell gestalten	
Dokumentation des Lernweges: Kann-Liste (Regelmäßigkeit, Vielfalt, Engagement und Sorgfalt, Eigenständigkeit, eigene Ideen, Problembewältigung, Transparenz, Kooperation und Austausch mit anderen Studierenden/Lehrkraft)	
Zielorientierte Rückschau (sachliche Richtigkeit der Informationen, Vielfalt, fachliche Schwerpunkte, Einschätzung des eigenen Lernprozesses, Fachbegrifflichkeit, Kausalität und Nachvollziehbarkeit, Übersicht)	
Eigenständige Erkenntnisse und Einsichten (sachliche und individuelle Begründetheit, objektive Wahrnehmungen, Vielfalt der Erkenntnisse, Erkennen von Lernbedürfnissen, Sicherheit in den Verbalisierungen)	
Einschätzung eigener Lernprozesse und Lernerfolge (bezogen auf Kompetenzbereiche: fachliche, soziale, personale, methodische; unter dem Aspekt individueller Entwicklung)	
Verbesserungsmöglichkeiten (Ideen, neue Strukturen, individuelle Möglichkeiten, Hilfsangebote erkennen und praktikabel nutzen wollen, Kooperationen/Vernetzungen erkennen und annehmen)	
Kommunikativer Umgang (Offenheit, Freude an der Kommunikation über eigene Lernerfolge, engagierter Austausch, Klarheit im Ausdruck, Anwendung von Fachbegrifflichkeiten)	

Abschließende Bewertung	Note

Für die Bewertung:

______________________ ______________________________________

Datum *Unterschrift*

Referenz* zum vierten Entwicklungsgespräch

* *Referenzieren im Gespräch mit der Lehrkraft heißt: Eine Leistung mit einem Referenzwert in Beziehung bringen. Referenzieren verbindet die Wertschätzung auf der Beziehungsebene mit der Auseinandersetzung auf der Sachebene. Dieser Prozess stärkt die Selbstreflexionsfähigkeit der Studierenden als Basis selbst organisierten Lernens. Referenzieren öffnet den Blick über Fachgebiete hinaus und lässt Zusammenhänge und Vernetzungen erkennbar werden. Lernende erfahren Selbstwirksamkeit und können den Glauben an ihre eigenen Fähigkeiten (self efficacy belief) entwickeln (Müller 2007).*

LF 4 Sozialpädagogische Bildungsarbeit in den Bildungsbereichen professionell gestalten	
Dokumentation des Lernweges: Kann-Liste	
Zielorientierte Rückschau	
Eigenständige Erkenntnisse und Einsichten	
Einschätzung eigener Lernprozesse und Lernerfolge	
Verbesserungs-möglichkeiten	
Kommunikativer Umgang	

Referenzwert	

Datum *Unterschrift*

Lernort-

Lernfeld 5 – TAGEBUCHEINTRAG*

Name: ______________________

	Tagebucheintrag*
Am:	
Zum Thema:	

	Tagebucheintrag*
Am:	
Zum Thema:	

* *Bitte orientieren Sie sich an den Ihnen bekannten Kompetenzbereichen und verwenden Sie bewusst taxonomische Begrifflichkeiten.*

Fünftes Entwicklungsgespräch zum LERNTAGEBUCH anhand des TAGEBUCHEINTRAGS

Name: ______________________________ am: ____________

LF 5 Erziehungs- und Bildungspartnerschaften mit Eltern und Bezugspersonen gestalten sowie Übergänge gestalten	
Dokumentation des Lernweges: Tagebucheintrag (Regelmäßigkeit, Vielfalt, Engagement und Sorgfalt, Eigenständigkeit, eigene Ideen, Problembewältigung, Transparenz, Kooperation und Austausch mit anderen Studierenden/Lehrkraft)	
Zielorientierte Rückschau (sachliche Richtigkeit der Informationen, Vielfalt, fachliche Schwerpunkte, Einschätzung des eigenen Lernprozesses, Fachbegrifflichkeit, Kausalität und Nachvollziehbarkeit, Übersicht)	
Eigenständige Erkenntnisse und Einsichten (sachliche und individuelle Begründetheit, objektive Wahrnehmungen, Vielfalt der Erkenntnisse, Erkennen von Lernbedürfnissen, Sicherheit in den Verbalisierungen)	
Einschätzung eigener Lernprozesse und Lernerfolge (bezogen auf Kompetenzbereiche: fachliche, soziale, personale, methodische; unter dem Aspekt individueller Entwicklung)	
Verbesserungsmöglichkeiten (Ideen, neue Strukturen, individuelle Möglichkeiten, Hilfsangebote erkennen und praktikabel nutzen wollen, Kooperationen/Vernetzungen erkennen und annehmen)	
Kommunikativer Umgang (Offenheit, Freude an der Kommunikation über eigene Lernerfolge, engagierter Austausch, Klarheit im Ausdruck, Anwendung von Fachbegrifflichkeiten)	

Abschließende Bewertung	Note

Für die Bewertung:

______________ ______________________________

Datum *Unterschrift*

Referenz* zum fünften Entwicklungsgespräch

* *Referenzieren im Gespräch mit der Lehrkraft heißt: Eine Leistung mit einem Referenzwert in Beziehung bringen. Referenzieren verbindet die Wertschätzung auf der Beziehungsebene mit der Auseinandersetzung auf der Sachebene. Dieser Prozess stärkt die Selbstreflexionsfähigkeit der Studierenden als Basis selbst organisierten Lernens. Referenzieren öffnet den Blick über Fachgebiete hinaus und lässt Zusammenhänge und Vernetzungen erkennbar werden. Lernende erfahren Selbstwirksamkeit und können den Glauben an ihre eigenen Fähigkeiten (self efficacy belief) entwickeln (Müller 2007).*

LF 5 Erziehungs- und Bildungspartnerschaften mit Eltern und Bezugspersonen gestalten sowie Übergänge gestalten	
Dokumentation des Lernweges: Tagebucheintrag	
Zielorientierte Rückschau	
Eigenständige Erkenntnisse und Einsichten	
Einschätzung eigener Lernprozesse und Lernerfolge	
Verbesserungsmöglichkeiten	
Kommunikativer Umgang	

Referenzwert	

Datum ______ *Unterschrift* ______

Sechstes Entwicklungsgespräch zum LERNTAGEBUCH anhand von ______ *(eigenständig wählbar)*

Name: ______ am: ______

LF 6 Institution und Team entwickeln sowie in Netzwerken kooperieren	
Dokumentation des Lernweges: ______ (Regelmäßigkeit, Vielfalt, Engagement und Sorgfalt, Eigenständigkeit, eigene Ideen, Problembewältigung, Transparenz, Kooperation und Austausch mit anderen Studierenden/Lehrkraft)	
Zielorientierte Rückschau (sachliche Richtigkeit der Informationen, Vielfalt, fachliche Schwerpunkte, Einschätzung des eigenen Lernprozesses, Fachbegrifflichkeit, Kausalität und Nachvollziehbarkeit, Übersicht)	
Eigenständige Erkenntnisse und Einsichten (sachliche und individuelle Begründetheit, objektive Wahrnehmungen, Vielfalt der Erkenntnisse, Erkennen von Lernbedürfnissen, Sicherheit in den Verbalisierungen)	
Einschätzung eigener Lernprozesse und Lernerfolge (bezogen auf Kompetenzbereiche: fachliche, soziale, personale, methodische; unter dem Aspekt individueller Entwicklung)	
Verbesserungsmöglichkeiten (Ideen, neue Strukturen, individuelle Möglichkeiten, Hilfsangebote erkennen und praktikabel nutzen wollen, Kooperationen/Vernetzungen erkennen und annehmen)	
Kommunikativer Umgang (Offenheit, Freude an der Kommunikation über eigene Lernerfolge, engagierter Austausch, Klarheit im Ausdruck, Anwendung von Fachbegrifflichkeiten)	

Abschließende Bewertung	Note

Für die Bewertung:

______ *Datum* ______ *Unterschrift*

Referenz* zum sechsten Entwicklungsgespräch

* *Referenzieren im Gespräch mit der Lehrkraft heißt: Eine Leistung mit einem Referenzwert in Beziehung bringen. Referenzieren verbindet die Wertschätzung auf der Beziehungsebene mit der Auseinandersetzung auf der Sachebene. Dieser Prozess stärkt die Selbstreflexionsfähigkeit der Studierenden als Basis selbst organisierten Lernens. Referenzieren öffnet den Blick über Fachgebiete hinaus und lässt Zusammenhänge und Vernetzungen erkennbar werden. Lernende erfahren Selbstwirksamkeit und können den Glauben an ihre eigenen Fähigkeiten (self efficacy belief) entwickeln (Müller 2007).*

LF 6 Institution und Team entwickeln sowie in Netzwerken kooperieren	
Dokumentation des Lernweges: ______	
Zielorientierte Rückschau	
Eigenständige Erkenntnisse und Einsichten	
Einschätzung eigener Lernprozesse und Lernerfolge	
Verbesserungs-möglichkeiten	
Kommunikativer Umgang	

Referenzwert	

Datum ______ *Unterschrift* ______

Evaluation des Unterrichts

Unterrichtsevaluation per Fragebogen

Inhalte sowie deren didaktische Darbietung im Unterricht		**Bewertung** (Ankreuzen ✘)		
		sehr gut bis gut	**zufrieden-stellend bis verbesse-rungsfähig**	**Verbesse-rungswürdig bis unzureichend**
Einsicht in wichtige, für die praktische Arbeit **bedeutsame Fachinhalte**	FK			
Darstellung und Angebot theoretischer Inhalte (vgl. Arbeitspapiere, Folien, Präsentationssoftware) Anschaulichkeit des Unterrichts (Paper, Bilder, gestaltete Plakate, Einsicht in Stoffverteilungspläne u.a.)	MK			
Eigenständige Erarbeitung der Unterrichtsinhalte und **Selbsttätigkeit** innerhalb des Lernprozesses (vgl. eigenständige Organisation des Lernprozesses)	PK			
Verbindung theoretischer Inhalte mit **praktischer** Anwendung	MK			
Verknüpfung der Inhalte aus den Bereichen Praxis-/ Methodenlehre z. B. mit Entwicklungspsychologie oder anderen Bereichen	FK			
Praxisnahe, abwechslungsreiche **Unterrichtsgestaltung** (z. B. Sprachgestaltung, rhythmische Übungen, musikalische Elemente, künstlerische Arbeit)	MK			
Individualisierende Unterrichtselemente (Gesprächsangebote u. a.), individuelle, detaillierte Korrekturen (z. B. Ausarbeitungen)	PK			
Präsenz der Lehrkraft vor/nach dem Unterricht (Zeiten, Umfang, Ansprechmöglichkeiten)	PK			
Anwendung vielfältiger **Lernwege** (z. B. Sprechzeiten, Gespräche, Coaching, Lernpartnerschaften)	MK			
Vielfalt methodischer **Arbeitshilfen** (z. B. Planspiel, Ausstellung und Präsentation der eigenen Arbeit, eigene Vorträge)	MK			
Wertschätzung der geleisteten Arbeit (z. B. bei Präsen-tationen, Korrektur der schriftlichen Ausarbeitungen)	PK			
Soziabilität im Unterricht, vgl. gemeinschaftliche Aufgaben (Gruppenarbeiten, Planspiele u.a.)	SK			
Leistungskontrollen: Art, Häufigkeit und Schwierigkeitsgrad der Arbeiten (z. B. bei Lernsituationen, Lernstationen, Lerntheken)	PK			
Hilfreiche **Unterrichtsgespräche**, die den Unterrichtsstoff begleiten, hinterfragen, ergänzen	PK			
Mögliche Erfahrungen auf der **Meta-Ebene** (z. B. bzgl. SOL, vorbereitete Umgebung, Moderationsmethoden)	MK			
Reflexion von Meta-Kognition (z. B. bei verschiedenen Lernmethoden, Sozialformen)	MK			

Persönliche Anmerkungen, Vorschläge zur Verbesserung u. a.

Legende Tabelle
FK = Fachkompetenzen
MK = Methodenkompetenzen
PK = Personale Kompetenzen
SK = Soziale Kompetenzen

Zum Vorgehen

Diese Unterrichtsevaluation findet in Einzelarbeit statt. Wählen Sie einen ungestörten Raum für sich allein. Planen Sie ca. 15 Minuten Zeit ein.

1. Lesen Sie die Angaben zu den Inhalten des Fragebogens in Ruhe durch und bedenken Sie deren Umsetzung in den einzelnen Lernfeldern. Kreuzen Sie die entsprechende Bewertung an.
2. Suchen Sie das Gespräch mit Mitstudierenden und vergleichen Sie, ohne Ihre Bewertung zu verändern.
3. Vielleicht haben Sie noch gute Ideen zur Optimierung des Unterrichts? Nutzen Sie das freie Textfeld für Ihre Anregungen.

Vielen Dank, dass Sie aufmerksam und aufrichtig auf unseren gemeinsamen Lernprozess gesehen haben.

Anlage im E-Book

Evaluation im Klassenplenum (6 Seiten)

Bearbeiten einer beruflichen Handlungssituation (1) – Leitfaden –

Situationsanalyse

Ziele der Situationsanalyse

- situations- bzw. themenbezogenes Fachwissen umfassend darzustellen
- die berufliche Handlungssituation auf dem Hintergrund dieses Fachwissens zu analysieren bzw. zu interpretieren
- und Anhaltspunkte für das pädagogische Handlungskonzept zu bekommen

Analyse-Ebenen			
Person	**Gruppe**	**Umfeld**	**Institution**
• Entwicklungsstand • Kompetenzen • Interessen, Bedürfnisse • aktuelle Befindlichkeit • Beeinträchtigungen, • Auffälligkeiten/ Behinderungen • bestehende Förderungen • bisherige und gegenwärtige lebensgeschichtliche Zusammenhänge (siehe auch Umfeld und Gruppe)	• Zusammensetzung der Gruppe • Beziehungen und Interaktionsformen • Gruppenphasen • Rollen	• Familie • Freunde • andere Institutionen • Ämter, Behörden, etc.	• Art der Institution • Träger • Erzieher/Team • sonstige Rahmenbedingungen wie – Tagesablauf – Raum und Ausstattung – Aufgaben und Freiräume • Zusammenarbeit mit Fachdiensten – heilpädagogische – therapeutische – ärztliche Dienste • andere vernetzte Institutionen wie Schule, Jugendamt

Welche Fragen stellen sich mir in der gegebenen Situation?
Welche Informationen brauche ich noch?
Welche Schwerpunkte setze ich?

Pädagogisches Handlungskonzept

Voraussetzungen: Menschenbild und Leitprinzipien

Der Mensch
- in seiner Ganzheitlichkeit
- in seiner Individualität
- mit seinen Ressourcen (statt primär mit seinen Defiziten)
- in seinem System: Bisherige und gegenwärtige Lebensbezüge (s. Situationsanalyse)

Das Bild vom kompetenten Kind
- als Konstrukteur seiner Entwicklung
- mit seinem „inneren Bauplan" (M. Montessori) und
- den „sensiblen Phasen"(offene Zeitfenster) für bestimmte Entwicklung

Leitziele von Erziehung, Bildung und Betreuung
(vgl. Bildungspläne für frühe Bildung: Basiskompetenzen, z. B. im bayerischen BEP)
Stärkung von Selbstbestimmung/Autonomie und sozialer Mitverantwortung,
Stärkung der lernmethodischen Kompetenz,
Stärkung des kompetenten Umgangs mit Veränderungen und Belastungen (Resilienz)
oder im heilpädagogischen Arbeitsbereich:
Prävention und Frühförderung, Empowerment und Selbstbestimmung, Normalisierung, personale und soziale Integration

Zielformulierung

Zu berücksichtigen sind grundsätzlich
- einrichtungsspezifische Besonderheiten (z. B. Kita, Krippe, Förderbereich, Heim),
- altersspezifische Besonderheiten (Kinder/Jugendliche/Erwachsene) und
- beeinträchtigungs- bzw. behinderungsspezifische Besonderheiten (Art und Schwere der Behinderung bzw. der Verhaltensauffälligkeit).

Die Zielformulierung muss
- sich aus der Situationsanalyse ergeben,
- Ebenen beachten, d. h. Grob- in Feinziele operationalisieren (differenzieren und individualisieren),
- das Prinzip der Ganzheitlichkeit berücksichtigen (Haupt- und Nebenziele aus unterschiedlichen Bildungsbereichen),
- an den Kompetenzen/Ressourcen ansetzen und
- ggf. die systemische Perspektive beinhalten.

Das Setzen von Schwerpunkten (Was ist wichtig?) sowie gegebenenfalls von Zeitperspektiven (kurz-, mittel- und langfristige Ziele) ist erwünscht.

Vgl. auch Seiten 159 und 167 ***Bearbeiten einer beruflichen Handlungssituation (2) und (3)*** *mit konkreten Lernsituationen inkl. Musterlösungen.*

Lernsituation

Zielformulierung bezogen auf verschiedene Arbeitsfelder

Kita-Bereich: Zielformulierung in Anlehnung an den länderspezifischen Bildungsplan für frühe Bildung in Kitas (Basiskompetenzen, themenübergreifende Bildungs- und Erziehungsperspektiven, themenbezogene Bildungs- und Erziehungsbereiche u. a.)

Hortbereich: Zielformulierung in Anlehnung an die Schlüsselkompetenzen zur Bewältigung von Entwicklungsaufgaben

- personale Kompetenz
- soziale Kompetenz
- Wissenskompetenz
- Lernkompetenz
- ggf. thematische Schwerpunkte (z. B. interkulturelle Kompetenz, Sprachkompetenz, Kompetenz zur gewalt- und diskriminierungsfreien Konfliktbewältigung, Kompetenz zur geschlechterbezogenen Sichtweise, Medienkompetenz) (aus: Empfehlungen für die Arbeit in bayerischen Horten, 2003)

Heilpädagogischer (ggf. auch heimpädagogischer) Bereich: Formulierung von Förderbereichen bzw. -schwerpunkten in weitgehender Anlehnung an gängige Einteilungen von Entwicklungsbereichen

- Wahrnehmung
- Motorik
- Kognition
- Sprechen und Sprache
- Emotionalität
- Sozialverhalten
- Lern- und Arbeitsverhalten
- Lebenspraktische Fertigkeiten
- Entwicklung von Werthaltungen

Methodisch-didaktisches Vorgehen

Die konkrete Umsetzung des pädagogischen Vorgehens muss sich aus der Situationsanalyse und der Zielformulierung ergeben.

- **Erzieherische Haltung und Beziehungsgestaltung**, z. B. Rogers-Variablen: Empathie, Akzeptanz, Kongruenz
- **Prinzipien pädagogischen Handelns,** z. B.: ganzheitliches Lernen, entdeckendes Lernen, Individualisierung und Differenzierung, Eigenaktivität und Selbsttätigkeit, Anschaulichkeit, kooperatives Lernen, Lernen am Modell (Vorbild), Entwicklungsangemessenheit (z. B. Spiel als kindliche Lernform), Partizipation: Demokratieprinzip und Partnerschaft (Gegenseitigkeit, Gleichberechtigung und Wertschätzung), ko-konstruktives Lernen
- **Förderliche Rahmenbedingungen:** Raum/vorbereiteter Raum, Ort, Zeit, Medien/Material
- **Methoden,** z. B. didaktische Prinzipien, Spiel/Spielförderung im Freispiel, kreative Angebote, Wahrnehmungsförderung, Bildungsangebote
- **Sozialformen:** Einzelförderung, Partnerarbeit, Gruppenarbeit
- **Zusammenarbeit** mit Eltern, Fachdiensten, anderen Einrichtungen

Dokumentation, Reflexion und Evaluation

- Notwendigkeit von Dokumentation und Reflexion
- Formen der Dokumentation und Reflexion, die in der Einrichtung üblich sind bzw. für die Einrichtung geeignet erscheinen
- Beteiligte Personen
- Reflexionskriterien
- Grenzen und Probleme
- Weiterarbeit und Zukunftsperspektiven

(In Anlehnung an Stockmann/FAKS Regensburg, 2006)

Bearbeiten einer beruflichen Handlungssituation

von Lernfeld ____ bzw. von Lernsituation ______________________

Situationsanalyse

Darstellung situations- bzw. themenbezogenen Fachwissens

-
-
-
-
-

Analyse-Ebenen			
Person	Gruppe	Umfeld	Institution

Welche Fragen stellen sich mir in der gegebenen Situation?
Welche Informationen brauche ich noch?
Welche Schwerpunkte setze ich?

-
-
-
-
-

Pädagogisches Handlungskonzept

Voraussetzungen: Menschenbild und Leitprinzipien

[Der Mensch in seiner Ganzheitlichkeit, in seiner Individualität, mit seinen Ressourcen, in seinem System. Das Bild vom kompetenten Kind als Konstrukteur seiner Entwicklung, mit seinem „inneren Bauplan", den „sensiblen Phasen".]

Leitziele von Erziehung, Bildung und Betreuung

[Vgl. ländereigenen Bildungsplan für die frühe Kindheit: Basiskompetenzen]

Zielformulierung

[Einrichtungs-, alters- und beeinträchtigungs- bzw. behinderungsspezifisch, operationalisiert, ganzheitlich, ressourcen- und kompetenzorientiert]

Zielformulierung

bezogen auf das Arbeitsfeld ______________________________

[Vgl. ländereigenen Bildungsplan für die frühe Kindheit: themenbezogene Bildungs- und Erziehungsbereiche]

Methodisch-didaktisches Vorgehen

- Erzieherische Haltung und Beziehungsgestaltung

- Förderliche Rahmenbedingungen

- Prinzipien pädagogischen Handelns

- Methoden

- Sozialformen

- Zusammenarbeit

Dokumentation, Reflexion und Evaluation

- Formen der Dokumentation und Reflexion, die in der Einrichtung üblich sind bzw. für die Einrichtung geeignet erscheinen

- Beteiligte Personen

- Reflexionskriterien

- Grenzen und Probleme

- Weiterarbeit und Zukunftsperspektiven

RAHMENSITUATION

Arbeiten in der Krippe

Sie arbeiten als Erzieher/Erzieherin in einer neu geschaffenen kommunalen Kinderkrippe am Rande einer Großstadt.

Das Einzugsgebiet ist sozial gemischt. Neben Hochhäusern gibt es auch eine Reihenhaussiedlung und sozialen Wohnungsbau. Der Anteil der Kinder mit Migrationshintergrund ist überdurchschnittlich hoch. Das Team ist derzeit noch mit der Erstellung eines Leitbilds und der Konzeption für die Krippe beschäftigt. Die Leiterin der Krippe ist in der Kirchengemeinde im Kindergottesdienst aktiv. Deshalb erwartet sie, dass die Mitarbeiter des Teams mit den Kindern religiöse Lieder singen, was zu Unverständnis bei Eltern und einigen Kolleginnen führt.

Die Krippe hat 3 Gruppen. Jede Gruppe besteht aus 12 Kindern und ist mit einer Fachkraft und einer Ergänzungskraft besetzt. In *Ihrer* Gruppe befinden sich 5 Jungen und 7 Mädchen im Alter zwischen 1;5 und 2;6 Jahren.

Kevin (2;3 Jahre) ist der Sohn einer jungen, allein erziehenden Mutter, sie beide leben von Hartz IV.

Das Mädchen **Nihal** (1;5 Jahre) und ihr Bruder **Mehmet** (2;5 Jahre) sind türkischer Herkunft. Ihre Eltern sind erst vor 6 Monaten nach Deutschland gezogen und sprechen noch kein Deutsch.

Moritz (2;3 Jahre) besucht seit einem Jahr die Kinderkrippe. Seine Eltern sind voll berufstätig, weshalb der Junge von morgens 7:00 Uhr bis abends 17:00 Uhr in der Einrichtung bleibt.

Tim (1;6 Jahre) ist in seinem Verhalten auffällig: Er weist eine starke Sprachverzögerung auf, hält keinen Blickkontakt und weicht Berührungen aus. In einer Teambesprechung wurde dringender Handlungsbedarf diesbezüglich festgestellt. Sie als Bezugserzieher/-in vermuten, Gründe für die Auffälligkeit des Jungen könnten im Bereich Autismus liegen, und bitten Tims Eltern darum, einen Kinderarzt aufzusuchen. Diese wollen davon nichts wissen.

Steven (2;6 Jahre) lebt mit seinen Eltern seit einem Jahr in Deutschland. Stevens Vater ist US-Amerikaner und wurde aus beruflichen Gründen kurzfristig nach Deutschland versetzt. Wie lange Stevens Familie bleiben wird, ist ungewiss.

(Quelle: FAKS Lindau, Bischofberger/Feyrer/Johler/Sechser)

LERNSITUATION 1

Team

Der erste Arbeitstag liegt hinter Ihnen. Sie haben Ihre Kolleginnen und Kollegen bei einer ersten Teamsitzung kennengelernt. Bis auf die Leiterin der Kinderkrippe sind alle in Ihrem Alter:

- Der Erzieher **Max** kommt derzeit gleichzeitig mit Ihnen neu ins Team. Er arbeitete letztes Jahr als Berufspraktikant in einer Kindertagesstätte der Stadt. Max hat selbst Kinder.
- Eine weitere Erzieherin, **Emma**, bringt eine 2-jährige Berufserfahrung in einem Montessori-Haus mit. Sie kam vor einem Jahr ins Team.
- Zwei Kinderpflegerinnen sind ebenfalls seit einem Jahr dabei, sie begannen damals als Berufsanfängerinnen: **Esa** kommt aus einer türkischen Familie, **Jana** ist neu in der Stadt und hat deutsche Wurzeln.
- Die Leiterin **Frau Stark** macht auf Sie einen sehr engagierten Eindruck. Sie arbeitete einige Jahre in einer Mutter-Kind-Klinik, nachdem sie an der Pädagogischen Hochschule Frühe Bildung studiert hatte. Die Leitung der Krippe hat sie seit letztem Jahr inne. Die Aufgabe war für sie neu, nachdem sie zwischendurch in der Elternzeit war. Frau Starks 2-jährige Tochter wird von der Großmutter betreut, das hat sie Ihnen gegenüber im Gespräch erwähnt. Zweitkraft sein in der Gruppe von Frau Stark – das wird Ihre neue Arbeitsaufgabe.

In der heutigen Teamsitzung ging es darum, die Entwicklung einer **Konzeption** zu konkretisieren. Dabei zeigte sich, dass es recht unterschiedliche Erwartungen bei den erzieherischen Fachkräften gibt:

Während Frau Stark als aktives Mitglied der Kirchengemeinde die Bedeutung eines christlichen Menschenbilds als Basis betont, sind die Kinderpflegerinnen eher zurückhaltend, ihnen sind z. B. die christlichen Jahresfeste wenig vertraut. Max ist offen für verschiedene Schwerpunkte, während Emma sich stark macht für eine Ausrichtung der pädagogischen Konzeption an den Grundlagen der Montessori-Pädagogik.

Zur Lernsituation 1 passende Arbeitsblätter und Grundlagentexte (S. 76–92):

Arbeitsblätter	Grundlagentexte
Kulturelle Wertschöpfung (S. 77)	*Anlage 1* GRUNDLAGENTEXT: Kulturelle Wertschöpfung (S. 78)
Kulturelle Wertschätzung (S. 79)	*Anlage 1* GRUNDLAGENTEXT: Kulturelle Wertschöpfung (S. 78)
Normen (S. 80)	
Menschenbilder (S. 81)	
Eigene Herkunftsfamilie (S. 82 ff.)	*Anlage 3* GRUNDLAGENTEXT: Familien im Wandel (S. 85)
Familienergänzende Einrichtungen (S. 88)	
Authentizität und Echtheit (S. 89)	*Anlage 5* GRUNDLAGENTEXT: Kongruenz und Echtheit (S. 91)
Wertschätzung, Empathie und Echtheit (S. 92)	Ggf. *Anlage 19* GRUNDLAGENTEXT: Empathie und Einfühlungsvermögen (S. 133)

	**Lernsituation 1** Spurensuche: Biografie, Berufsbild, Gesellschaft
Sozialform	• Zweiergruppe • Team
Arbeitsmittel	• Schulbuch & Fachliteratur • *Anlage 1:* Kulturelle Wertschöpfung

1. Welche Aspekte ***kultureller Wertschöpfung*** könnten für Ihr Team (Lernsituation 1) bedeutsam sein?

a) Welche davon sind möglicherweise verbindend?

b) Welche sind möglicherweise trennend?

2. Befragen Sie dazu eine/einen Mitstudierenden in der Klasse und notieren Sie die Aussagen. Referieren Sie über die Aussagen anschließend in Ihrer Gruppe.

3. Welche Möglichkeiten kultureller Wertschöpfung können Sie im Alltag an Ihrer PiA-Praxisstelle beobachten (praxisintegrierte Ausbildung)?

4. Befragen Sie die Leitung Ihrer PiA-Praxiseinrichtung nach solchen Möglichkeiten im Einrichtungsalltag. Danach führen Sie die Befragung mit einer Teamkollegin oder einem Teamkollegen durch. Vergleichen Sie die Aussagen mit Ihren eigenen Beobachtungen.

Anlage 1

GRUNDLAGENTEXT: Kulturelle Wertschöpfung

Der Jahreskreis

Der Jahreskreis ist einer der großen Rhythmen unseres Lebens. Immer wiederkehrend dürfen wir die 4 Jahreszeiten erwarten, uns freuen auf die damit einhergehenden Naturereignisse und auf die daraus resultierenden Freuden für Mensch, Tier und Pflanzen. Mit dem Lauf der Sonne, der Bewegung der Planeten verändern sich die Grundbedingungen des Lebens auf der Erde ohne menschliches Zutun. Staunend erleben wir die Gegensätze von Licht und Dunkelheit, Wärme und Kälte, Werden und Vergehen. Diesen elementaren Grundlagen des Lebens ist das Da-Sein auf der Erde untergeordnet.

Mit dem Jahreskreis verwoben ist der **Feste-Kreis** mit seinen Riten und Ritualen. Feste gelten als Knotenpunkte des Jahres; ihr Feiern gehört zum religiösen und kulturellen Leben des Menschen. Vor allem für Kinder sind sie ein unverzichtbarer Bestandteil ihres Lebens und wichtige Seelennahrung. Feste machen den Jahreslauf für die Kinder überschaubar und freudenreich, vor allem,

- wenn sie in deren Vorbereitung und Gestaltung miteinbezogen werden,
- wenn bestimmte Bräuche jedes Jahr erwartet werden dürfen und
- wenn der Sinn eines Festes auf diesem Weg transportiert (wenn auch noch nicht immer transparent) wird.

Die Kinder sollen das Wesen eines Festes erfassen, den Sinn zumindest erahnen. Das soll im familiären Umfeld des Kindes ebenso geschehen wie in den Einrichtungen früher Bildung und Erziehung. Dort sind es die Erwachsenen, die in vorbildhafter Weise und möglichst authentisch sich den Festen im Jahreskreis aufgeschlossen zeigen. Die Kinder spüren die Ernsthaftigkeit und Glaubwürdigkeit, mit der dies geschieht, und gehen den Weg mit.

Wenn es gelingt, die Feste als Knotenpunkte des Jahres, verbunden mit dem oft christlich-religiösen Hintergrund und in stetiger Beziehung zum Lauf der Natur in den Herzen der Kinder zu verankern, ist dem Erziehungsauftrag ein wesentlicher Erfolg sicher.

Die Feste werden mit sich wiederholenden Elementen, z. T. auch regional unterschiedlich, gefeiert. Solche Elemente sind die Festgeschichte, Tisch- und Raumgestaltung, Essen und Trinken.

Der Jahreskreis nach Maria Montessori

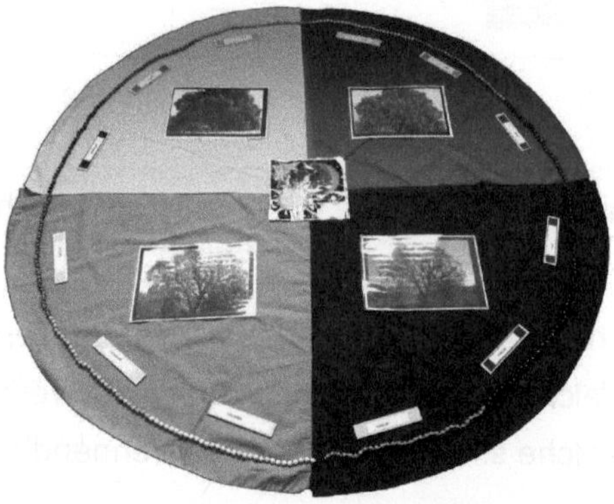

Die immer wiederkehrenden Abläufe im Jahresverlauf werden mithilfe von Montessori-Materialien wie dem Jahreskreis nahegebracht. So wie die **Jahreskette** mit den 365 Perlen in 12 Farben in 4 Tönen den linearen Verlauf des Jahres verdeutlicht, erlebt das Kind mit dem **Jahreskreis** den zirkulären Verlauf.

Der wird veranschaulicht durch eine kreisrunde Fläche aus Stoff, unterteilt in 4 Farben: Grün für den Frühling, Gelb für den Sommer, Rot für den Herbst und Blau für den Winter. Diese Farbzuordnung kennen die Kinder bereits von der Jahreskette. Rund um den 5 Meter umfassenden Kreis haben die Lernenden vielerlei Möglichkeiten, „ihr" Jahr zu gestalten. Indem sie den Kreis umrunden, vollziehen sie den Lauf der Erde um eine symbolisierte Sonne in der Mitte, an „Stationen" wie den Feiertagen und Festen vorbei, durch den Wandel der Jahreszeiten. Mit Zusatzmaterialien wie Text-, Namens- und Aufgabenkarten kann der Jahreszyklus weiter unterteilt und strukturiert werden. Mit weiterführendem Material wird das Kind erkennen, dass die Zuordnung der Monate zu den Jahreszeiten nicht immer mit den natürlichen Rhythmen übereinstimmen. Hier bietet sich dann an, in das Sonnensystem einzuführen und Daten wie die Sonnenwende zu erläutern.

Der Jahreskreis ist gleichzeitig Kinder-Kalender und Grundlage für den fachübergreifenden Einstieg in viele Themen, begleitet aber ebenso Kinderhaus- und Hortgruppe oder Klasse durch das ganze Jahr, wobei Feiertage und Feste, Geburtstage und geplante Ausflüge von den Kindern zugeordnet werden können. Die Auseinandersetzung mit dem Jahreskreis ist vor allem Einstieg in die Naturwissenschaft, die nach Montessori stets als Bestandteil des göttlichen Plans zu sehen ist.

	**Lernsituation 1** Spurensuche: Biografie, Berufsbild, Gesellschaft
Sozialform	• Zweiergruppe • Team
Arbeitsmittel	• Schulbuch & Fachliteratur • *Anlage 1:* Kulturelle Wertschöpfung

Stellen Sie sich vor, Sie tauschen sich mit Ihrer Kollegin Emma aus (bilden Sie Zweiergruppen). Legen bzw. betrachten Sie gemeinsam den Jahreskreis nach Maria Montessori (***Anlage 1***).

1. **a)** Welche Inhalte ***kultureller Wertschätzung*** sind erkennbar?
   b) Welche Beziehung haben andere Mitstudierende dazu?
2. Diskutieren Sie danach in der Gruppe jene Traditionen und Werte, die Ihnen tragfähig scheinen.
3. Ergänzen Sie den Jahreskreis mit Ihnen dem gesellschaftlichen Wandel angemessen erscheinenden Wertvorstellungen.
4. Welche Wertvorstellungen erleben Sie an Ihrer PiA-Praxisstelle?
5. Welche Wertvorstellungen sind eventuell typisch für das Arbeitsfeld, in dem Sie an Ihrer PiA-Praxisstelle tätig sind? Diskutieren Sie deren Bedeutung für gesellschaftliche Entwicklung sowie die Einrichtung, auch in Abgrenzung zur Kinderkrippe in der beschriebenen Lernsituation 1.

	**Lernsituation 1** Spurensuche: Biografie, Berufsbild, Gesellschaft
Sozialform	Team
Arbeitsmittel	Schulbuch & Fachliteratur

1. Vergegenwärtigen Sie sich, welche Normen und Werte in unser Gesellschaft heutzutage gelten.
2. Fertigen Sie gemeinsam in der Gruppe eine Mindmap an: Zeichnen Sie darin unterschiedliche ***Normen*** auf, die Sie in Ihrem pädagogischen Wirken verwirklicht wissen wollen.
3. Vergleichen Sie diese mit denen an Ihrer PiA-Praxisstelle verwirklichten Normen und Werte (praxisintegrierte Ausbildung).

	**Lernsituation 1** Spurensuche: Biografie, Berufsbild, Gesellschaft
Sozialform	Vierer-Team
Arbeitsmittel	• Schulbuch & Fachliteratur • Rollenkarten blanko

Aufgrund unterschiedlicher biografischer Zusammenhänge der einzelnen Mitarbeiter könnten sich in der Kinderkrippe (Rahmensituation) ***verschiedenartige Haltungen*** auf Basis verschiedener Menschenbilder einstellen.

1. Verteilen Sie in Ihrem Team die Rollen „Frau Stark", „Esa", „Max" und „Emma". Jeder schreibt eine Rollenkarte mit wesentlichen **Werten und Normen für das Menschenbild**, welches aufgrund der in den Lernsituationen gemachten Angaben für die Person vermutet werden kann.
2. Spielen Sie jetzt ein kurzes **Gespräch** zwischen den 4 Personen nach: Darin tauschen Sie sich aus über die Frage, ob im Morgenkreis religiöse Lieder gesungen werden sollen.
3. Wie erleben Sie Diskussionen über ähnliche vergleichbare Fragen an Ihrer PiA-Praxisstelle? (praxisintegrierte Ausbildung)

	**Lernsituation 1** Spurensuche: Biografie, Berufsbild, Gesellschaft
	Berufsbild Erzieher/-in: Vom Wandel
Sozialform	Einzelarbeit
Arbeitsmittel	• Schulbuch & Fachliteratur • ***Anlage 2:*** Biografische Selbstreflexion Familie (1+2) • ***Anlage 3:*** Familien im Wandel • Rote & grüne Stifte

Zyklen und Funktionen von Familie

1. Benennen und reflektieren Sie schriftlich, wie Sie rückblickend in Ihrer Herkunftsfamilie die Aufgaben und Funktionen der Familie wahrgenommen sehen.

a) Stellen Sie die gültigen **Familienzyklen** in der ersten Tabelle (***Anlage 2***) dar und beschreiben Sie diese bezogen auf Ihre eigene Herkunftsfamilie.

b) Nutzen Sie für die Bearbeitung der zweiten Tabelle grüne und rote Stifte: Welche der **klassischen Aufgaben** und Funktionen von Familie wurden in Ihrer Familie gut erfüllt (grüne Schrift), welche weniger gut (rote Schrift)?

2. Prüfen Sie Funktionen und Familienformen an Ihrer PiA-Praxisstelle (praxisintegrierte Ausbildung):

- Welche Familienformen überwiegen? Wie ist die überwiegende wirtschaftliche Lage der Familien? Welche Geschwisterkonstellationen überwiegen in Ihrer Kindergruppe? Nehmen Sie in Absprache mit der Praxisanleitung ggf. Einblick in die Aufzeichnungen über die Kinder (Schweigepflicht!).
- Welche Aufgaben und Funktionen werden im Praxisalltag deutlich?

Anlage 2

Biografische Selbstreflexion Familie

Familienzyklen allgemein (6 Phasen)	Bezogen auf eigene Herkunftsfamilie

(➔ *Fortsetzung: Funktionen der Familie*)

Biografische Selbstreflexion Familie *(Fortsetzung)*

Aufgaben und Funktionen der Familie allgemein (4 Begriffe)	**Eigene Wahrnehmungen dieser Funktionen in der Herkunftsfamilie** [Grüner Stift: gut erfüllt; roter Stift: weniger gut erfüllt]

Anlage 3

GRUNDLAGENTEXT: Familien im Wandel

Funktionen der Familie

Funktionen der Familie	
Reproduktionsfunktion	Sicherung der Generationsfolge durch Weitergabe des Lebens, Fortbestehen von Familie und Gesellschaft
Produktion	„wirtschaftliche Funktion": materielle Fürsorge (Nahrung, Kleidung, Wohnraum), Existenzsicherung
Sozialisationsfunktion	„Erzieherische Funktion": Bildung, Erziehung, Betreuung, Fürsorge
Regeneration	Aktivitäten der Familie, die zur physischen und psychischen Erholung ihrer Mitglieder beitragen (z. B. Urlaub, Feste) und die der Stärkung des Zusammengehörigkeitsgefühls dienen (z. B. Rituale).

Die Funktionen der Familie ändern sich in den letzten Jahrzehnten enorm. Beispielsweise ist die Erziehungsfunktion heute meist auf familienergänzende Einrichtungen verlagert. Jedoch ist für die Heranwachsenden immer noch die Familie die primäre Sozialisationsinstanz: Sie ist die erste Gruppe, die einem Kind Werte und Normen vermittelt.

Werte: Die in einer Gruppe oder Gesellschaft vorherrschenden Vorstellungen über das, was gut oder schlecht, erwünscht oder unerwünscht ist. Werte bestimmen unser Handeln, da sie verinnerlicht werden. Sie können je nach Gruppe und Zeitalter unterschiedlich sein, unterliegen also dem sozialen Wandel.

Normen: Normen sind verpflichtende Regeln, wie man sich in sozialen Situationen zu verhalten hat. Kinder lernen die in ihrer Gesellschaft geltenden sozialen Normen während der primären Sozialisation in Elternhaus und Schule kennen.

Familienformen

Familie erlebt heute in ihrer Form eine Pluralisierung entsprechend der unterschiedlichen Lebensmodelle, in denen Menschen zusammenleben:

Familienformen	Form des Zusammenlebens	Aufgaben und *Herausforderungen*
Kernfamilie, Herkunftsfamilie	Vater und Mutter leben mit einem oder mehreren Kindern zusammen (auch in nichtehelicher Lebensgemeinschaft).	Steht für gesellschaftliche Sicherung, Sozialisation der Kinder durch Erziehung, Wirtschaftsgemeinschaft. *Trägt viele Aufgaben, Doppelbelastung Familien- und Berufstätigkeit; als Kleinfamilie oft abgekoppelt von der Gesamtfamilie.*
Adoptiv- und Pflegefamilien	Adoptiv- oder Pflegeeltern leben mit einem oder mehreren adoptierten und/oder leiblichen Kindern zusammen.	Steht für gesellschaftliche Sicherung, Sozialisation der Kinder durch Erziehung, Wirtschaftsgemeinschaft. *Trägt eine große Vielfalt an Aufgaben für Erziehung, Versorgung, Sicherheit der Kinder, Doppelbelastung Familie – Beruf,* *psychische und soziale Folgen von Trennung zur Herkunftsfamilie müssen ggf. aufgearbeitet werden, bei Pflege ist Kontakt zu leiblichen Eltern (ggf. mit Einschränkungen) zu halten, Unsicherheit von Rückführung.*
Gleichgeschlechtliche Elternpaare	Väter oder Mütter leben mit einem oder mehreren Kindern zusammen.	Steht für Sozialisation der Kinder durch Erziehung, Wirtschaftsgemeinschaft. *Trägt Doppelbelastung Familien- und Berufstätigkeit; als besondere Lebensform evtl. konfrontiert mit mangelnder familiärer und/oder gesellschaftlicher Akzeptanz.*

Familie der Alleinerziehenden (Teilfamilie)	Vater oder Mutter lebt mit einem oder mehreren Kindern zusammen.	Steht für materielle Fürsorge: Ernährung, Kleidung, Wohnen; Sozialisation der Kinder durch Erziehung. *Ein Elternteil trägt einen großen Teil der Verantwortung: Fehlender Elternteil muss „ersetzt" werden; Folgen von Trennung/Scheidung (finanzielle Folgen, Besuchsrecht, noch schwelende Konflikte u.a.) sind zu tragen; Doppelbelastung durch Erziehung/Betreuung der Kinder und Existenzsicherung; oft materielle Unsicherheit durch fehlende/geringe Unterhaltszahlungen.*
Patchwork-Familie	Elternteile finden sich mit einem neuen Partner und den jeweiligen Kindern zu einer neuen Lebensgemeinschaft zusammen.	Steht für gesellschaftliche Sicherung, auch Reproduktion, materielle Sicherheit der Nachkommen, Sozialisation durch Erziehung. *Elternteile müssen sich als Paar finden, Erziehungsziele evtl. unterschiedlich, Kinder und Eltern brauchen gegenseitige Akzeptanz und Wertschätzung, Kinder sind eifersüchtig oder rivalisieren ggf. untereinander, finanzielle Unsicherheit durch ungeregelte Unterhaltszahlungen, Besuchsregelungen schwierig, Kinder wollen zum leiblichen Elternteil, neue verwandtschaftliche Beziehungen sind Chance und/oder Schwierigkeit.*

Familienzyklen

Dies sind Phasen, die eine Familie von ihrer Gründung bis zur Seniorenphase durchläuft. Jeder Phase kommen dabei besondere Entwicklungsaufgaben zu. Diese unterscheiden sich in jeder Familie nach Dauer und Verlauf. Entsprechend der gesellschaftlichen Veränderungen unterliegen solche Phasen auch zeitlichem wie inhaltlichem Wandel. Z. B. hat sich die Lebenserwartung der Menschen so verlängert, dass die Seniorenphase deutlich länger ist als früher.

Normative Übergänge und Phasen im Familienzyklus	Für die weitere Entwicklung erforderliche Veränderungen im Familienstatus
Verlassen des Elternhauses	• Abkoppelung von der Herkunftsfamilie. • Entwicklung intimer Beziehungen zu Gleichaltrigen. • Eingehen eines Arbeitsverhältnisses und finanzielle Unabhängigkeit.
Verbindung von Familien durch Heirat	• Neuorientierung der Beziehungen mit den erweiterten Familien und Freunden, um den Partner einzubeziehen.
Familien mit jungen Kindern	• Anpassung des Ehesystems, zur Schaffung von Raum für ein Kind bzw. Kinder. • Aufteilen der Aufgaben der Kindererziehung, des Umgangs mit Geld und der Haushaltsführung. • Neuorientierung der Beziehungen mit der erweiterten Familie (Großeltern u.a.).
Familien mit Jugendlichen	• Jugendlichen ermöglichen, sich innerhalb und außerhalb des Familiensystems zu bewegen. • Konzentration auf die ehelichen und beruflichen Themen der mittleren Lebensspanne. • Gemeinsame Pflege und Sorge für die ältere Generation.
Entlassen der Kinder - nachelterliche Phase	• Entwicklung der Eltern-Kind-Beziehung mit Erwachsenenqualität. • Neuaushandeln des Ehesystems als Zweierbeziehung. • Integration der Schwiegersöhne/-töchter und Enkelkinder. • Auseinandersetzung mit Behinderungen und Tod von Eltern und Familie.
Familien im letzten Lebensabschnitt	• Auseinandersetzen mit der Gesundheit und dem Leben der eigenen Person und des Partners • Lebensrückschau

(Nach Oerter/Montada 2008, S. 124)

Wirtschaftliche Lage

Trotz gesellschaftspolitischer Diskussionen und politischer Anstrengungen gelten für Familien **Armutsrisiken**. Sie verbinden sich u. a. mit einer hohen Kinderzahl, Arbeitslosigkeit der Eltern/eines Elternteils, Alleinerziehung, Migrationshintergrund, geringer Schulbildung der Eltern/Elternteils oder Überschuldung. Familien in Deutschland erfahren noch immer häufig in eine soziale Benachteiligung, manchmal bis an den Rand der Gesellschaft. Die Anzahl der Kinder mit mangelhafter Grundversorgung (Ernährung u. a.) steigt.
Familien sollen durch besondere Maßnahmen unterstützt werden. Dazu gehört das Elterngeld. Außerdem sollen flexiblere Regelungen bezüglich Erziehungszeit und Elternzeit den Familien Hilfe sein bei der Betreuung ihrer Kinder. Der Ausbau der Ganztagesbetreuungseinrichtungen ist politisch gewollt und findet in einem Rechtsanspruch der Eltern auf einen Kitaplatz für unter Dreijährige Ausdruck. Weitere Reformen, um die Lage von Erziehenden und ihren Kindern zu verbessern, sind jedoch unabdingbar.

Geschwisterkonstellationen

Die Stellung in der Geschwisterreihe der Familie hat einen wesentlichen Einfluss auf das Verhalten des Menschen, auf seine Entwicklung und Erziehung.

- Erstgeborene,
- mittlere Kinder,
- Nesthäkchen oder
- Halbgeschwister,

sie alle sehen sich mit besonderen Chancen und Herausforderungen aufgrund ihrer Geburtenrangfolge in der Familie konfrontiert. Während z. B. für jüngere Kinder die Geschwisterbeziehung von Geburt an besteht, müssen Erstgeborene sich erst daran gewöhnen. Geschwisterbeziehungen leisten insgesamt einen wichtigen Beitrag zum Erlernen sozialer Rollen, wobei etwa jedes 4. Kind (26 %) in Deutschland ohne Geschwister aufwächst.

Erstgeborene: Sie sind in der Regel der Mittelpunkt der Familie und genießen die ungeteilte Aufmerksamkeit der Eltern. Erstgeborene entwickeln sich meist schneller, da sie überwiegend mit Erwachsenen zusammen sind und diese als Vorbilder nehmen. Die Geburt eines Geschwisterteils bedeutet für die erstgeborenen Kinder häufig Verlust der „Prinzenrolle".
Haben sich Erstgeborene an die neue Situation gewöhnt, übernehmen sie nicht selten Verantwortung für ihre Geschwister. Durch ihre Rolle als Ältester oder Älteste fühlen sie sich stärker und klüger als die Jüngeren, bestimmen im Kinderzimmer, werden „Lehrmeister" und geben Entwicklungsimpulse (Spielen, Lesen, Radfahren). Hierdurch kommen sie häufig in eine dominante Rolle, die sie lebenslang beibehalten.

Mittlere oder Sandwichkinder: Sie sind den Einflüssen von Eltern, älteren und jüngeren Geschwistern ausgesetzt. Oft sind sie daher voller Widersprüche. Je nach Temperament bleiben manche im Hintergrund, ohne ihre Rechte einzufordern; andere sind quirlig und wissen sehr wohl, was sie wollen und wie sie sich durchsetzen können. Ihre Stellung in der Familie macht diese Kinder häufig zu Diplomaten, denn sie können in der Regel gut Kompromisse schließen. Oft sind sie kontaktfreudig und haben viele Freunde, um sich so Aufmerksamkeit zu verschaffen.

Nesthäkchen: Sie genießen als jüngstes Kind meist einen Sonderstatus. Sowohl Eltern als auch die Geschwister schenken ihm viel Aufmerksamkeit. Daraus kann sich ein überbehüteter (darf nichts, traut sich nichts), aber auch sehr verwöhnter, ichbezogener Mensch (darf alles, will alles) entwickeln.

Halbgeschwister: Mit der Gründung einer Patchworkfamilie kann sich nicht nur die Position in der Geschwisterreihe ändern, sondern auch die der Geschlechterfolge. Das Kind verliert seine bisherige Stellung und muss sich in eine neue Position einfinden. Neue Geschwister bieten auch die Chance, Spielpartner dazuzugewinnen und vielfältige Anregungen zu erhalten. Geschwister kennen ihre jeweiligen Stärken und Schwächen sehr gut. In einer emotional positiven Geschwisterbeziehung ist die Vertrautheit mit den Stärken und Schwächen ausgeprägter.

(Neumann/Niederwestberg/Wenning, 2019)

	**Lernsituation 1** Berufsbild Erzieher/-in: Vom Wandel
Sozialform	• Einzelarbeit • Team
Arbeitsmittel	Schulbuch & Fachliteratur

Sie arbeiten in einer Kinderkrippe und als solches in einer ***familienergänzenden Einrichtung.***

1. Was kennzeichnet eine Tageseinrichtung für Kinder von 0–3 Jahren? Definieren Sie.

2. Welche professionellen Leistungen können die Eltern der Kinder von Ihnen bzw. der Einrichtung erwarten?

a) Beschreiben Sie Ihre Möglichkeiten in der Einrichtung.

b) Gruppenarbeit: Erarbeiten Sie konkrete Beispiele für ein Kind Ihrer Wahl (siehe Rahmensituation) und ordnen Sie diese folgenden Leistungen zu:

- Betreuung
- Bildung
- Erziehung

3. Die Erziehungsleistung geschieht auf verschiedenen Wegen. Erläutern Sie auch dafür konkrete Beispiele anhand der Rahmensituation und anhand Ihrer praktischen Erfahrungen (Gruppenarbeit).

4. Welche erzieherischen Leistungen stehen an Ihrer PiA-Praxisstelle im Vordergrund (praxisintegrierte Ausbildung)?

	**Lernsituation 1** Anspruch und Wirklichkeit: Professionalisierung, Haltungen
Sozialform	Team
Arbeitsmittel	• Schulbuch & Fachliteratur • *Anlage 5:* Kongruenz und Echtheit

Die Krippenleiterin Frau Stark erzählt Ihnen von ihrer 2-jährigen Tochter, die sie von ihrer Mutter betreuen lässt. Sie deutet manchmal ihre Zweifel bezüglich der institutionalisierten Erziehung von U3-Kindern an.

1. Diskutieren Sie in der Gruppe über die ***Authentizität und Echtheit*** einer solchen Grundhaltung und halten Sie Ihre Erkenntnisse fest.
2. Wie ist Ihre persönliche Einstellung zum Thema außerfamiliärer Betreuung von unter Dreijährigen? Wie authentisch können Sie in der Krippenarbeit sein?
3. Falls Sie eine praxisintegrierte Ausbildung in einer Krippe absolvieren: Welche Einstellungen erleben Sie an Ihrer Praxisstelle bei Mitarbeitenden und/oder Eltern?
4. Diskutieren Sie darüber in der Klasse.

Anlage 4

Erzieherische Grundhaltungen

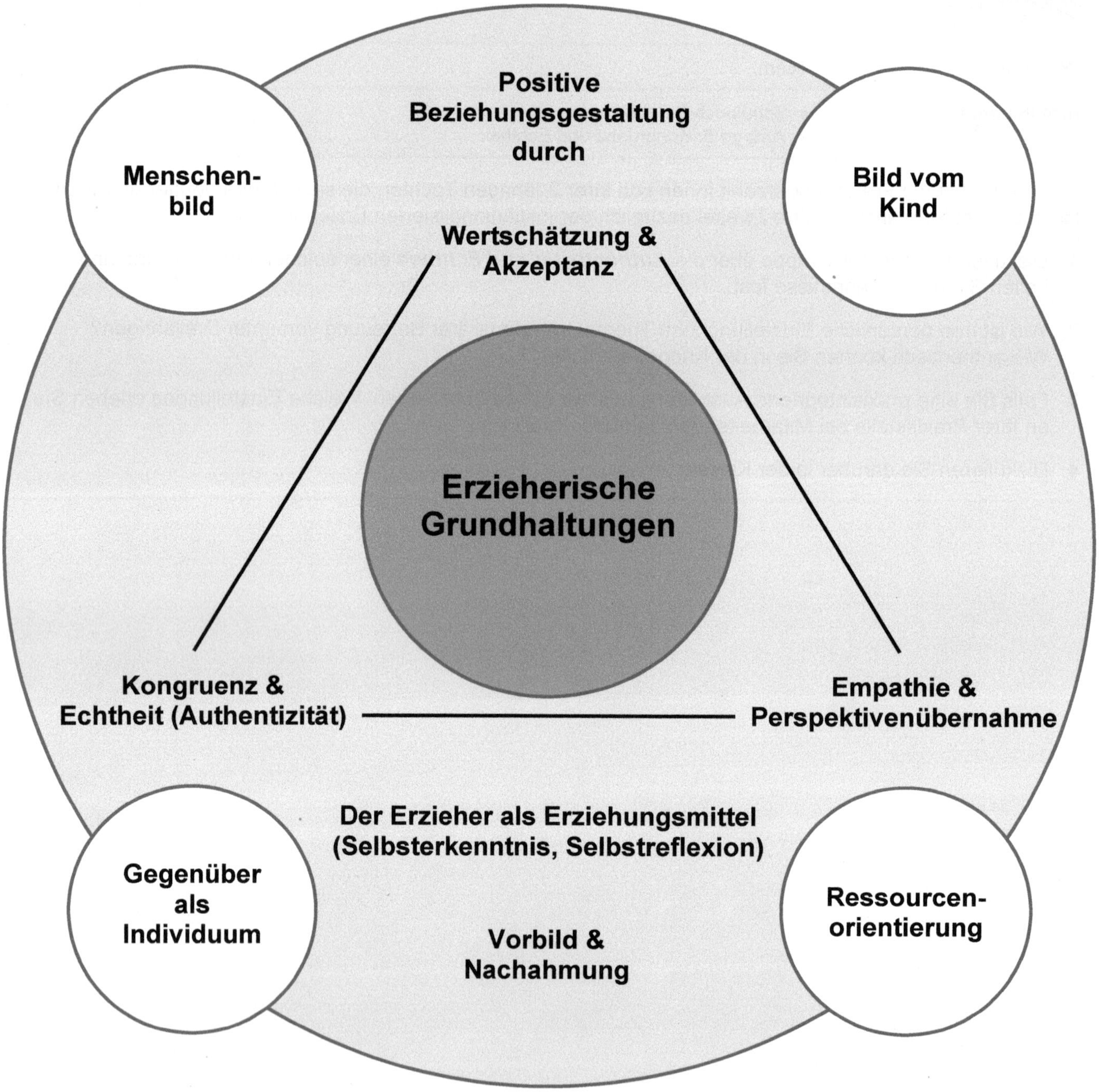

Anlage 5

GRUNDLAGENTEXT: Kongruenz und Echtheit

Kongruenz:
Darunter versteht Carl Rogers Echtheit, Unverfälschtheit oder/und Transparenz seitens der Fachkraft.

Kongruenz und Echtheit beschreiben eine pädagogische Grundhaltung gegenüber dem Edukanden, in der die erzieherische Fachkraft sie selbst ist: Das Verhalten des Erziehers ist übereinstimmend (*kongruent*) mit seinen Einstellungen und Gefühlen. Der kongruente Erzieher ist authentisch und echt.

Diese Echtheit wird als **Basis erzieherischen Handelns** bewertet (Tausch/Tausch 1971), weil der Erzieher ehrlich und aufrichtig seine Haltung zeigt. Sprachlich formuliert er sogenannte „Ich-Botschaften", die seine Gefühle, seine Interessen, seine Wünsche zum Ausdruck bringen. Einfühlendes Verstehen und Akzeptanz werden also nur durch Echtheit ergänzt, indem der Erzieher seine Bedürfnisse, Wünsche, Gefühle mit in die Beziehung einbringt. Kinder und Jugendliche fordern dies oft unbewusst, weil sie eine glaubwürdige Erzieherfachkraft brauchen.

Andererseits braucht eine erfolgreiche Erziehung eine dialogisch orientierte Haltung, weil eine tragfähige Beziehung auf **Begegnung** baut, auf den gegenseitigen Respekt der Partner, die selbstverständlich ihre Wünsche einbringen dürfen.

Gerade in schwierigeren Situationen, in denen es Stress und Überforderung gibt, ist eine ehrliche Erzieherhaltung bedeutsam: Der Erzieher muss im Kontakt mit sich selbst bleiben und dem Kind seine Bedürfnisse in angemessener Weise spiegeln.

Ein kongruenter Erzieher ist nach C. Rogers nicht *außengeleitet*, d. h., er macht sich nicht von äußeren Bedingungen, Normen abhängig, sondern nimmt sich selbst wahr und ernst; dementsprechend erzieht er auch nach Konzepten, die mit seiner Person in Einklang stehen: **Erzieherische Prinzipien und Haltungen sind authentisch mit seiner Person.**

Damit lässt sich Erziehung nicht nur an allgemeingültigen Haltungen festmachen, sondern braucht die Beziehung von Kind und Erzieher als Basis ihres Erfolgs. Erst dort, wo es zu einer echten Begegnung zwischen beiden kommt, wird sich auch die Wirksamkeit von Erziehung steigern lassen.

Damit ein Erzieher authentisch erziehen kann, braucht er die Selbst-Erfahrung. Erst wenn er sich selbst begegnet, kann er auch die Beziehung zum Kind aufnehmen.

Das *richtige Maß* an Echtheit zu finden, ist dabei eine Herausforderung, denn das Kind soll durch die Gefühle des Erziehers nicht belastet werden. Es kann der Grundsatz gelten: Nicht alles, was wahr ist, muss gesagt werden, aber alles was gesagt wird, muss wahr sein.

In der folgenden Auflistung von Merkmalsbündeln (Tausch/Tausch 1971) wird authentisches Erzieherverhalten einschätzbar, auf einer Skala von 1 bis 5:

Echtheit – Aufrichtigkeit	
Fassadenhaftigkeit – Nichtübereinstimmung – Unechtheit	**Echtheit – Übereinstimmung – Aufrichtigkeit**
• eine Person sagt Gegensätzliches zu dem, was sie denkt und fühlt • sie gibt sich anders, als sie wirklich ist • sie verhält sich gekünstelt, mechanisch, spielt eine Rolle • sie gibt sich amtlich, professionell, routinemäßig • sie lebt hinter einer Fassade, hinter einem Panzer • sie zeigt häufig ein stereotypes Verhalten in Gesten und Worten • ihr ist nicht vertraut, was in ihr vorgeht • sie täuscht andere und will sie manipulieren, sie heuchelt • sie ist unehrlich sich selbst gegenüber, macht sich etwas vor, vermeidet sie selbst zu sein • Äußerungen, Handlungen, Mimik und Gestik dienen der Verteidigung, der Fassade, damit der andere ihr wirkliches Ich nicht kennenlernt • sie ist undurchsichtig • die drückt keine tiefen gefühlsmäßigen Erlebnisse aus	• eine Person sagt das, was sie denkt und fühlt • sie gibt sich so, wie sie wirklich ist • sie verhält sich ungekünstelt, natürlich, spielt keine Rolle • sie ist ohne professionelles, routinemäßiges Gehabe • sie ist sie selbst, sie lebt ohne Fassade und Panzer • sie verhält sich in individueller, origineller, vielfältiger Weise • sie ist vertraut mit dem, was in ihr vorgeht • sie ist aufrichtig und heuchelt nicht • sie ist ehrlich sich selbst gegenüber, macht sich nichts vor, ist bereit, das zu sein, was sie ist • sie offenbart sich anderen und gibt sich mit ihrem Ich zu erkennen, sie verleugnet sich nicht • sie ist durchsichtig • sie drückt tiefe gefühlsmäßige Erlebnisse aus

Fassadenhaftigkeit	**1**	**2**	**3**	**4**	**5**	**Echtheit**

(Tausch/Tausch 1971, 11. Auflage 1998, S. 215)

	**Lernsituation 1** Anspruch und Wirklichkeit: Professionalisierung, Haltungen
Sozialform	Zweiergruppe
Arbeitsmittel	• Schulbuch & Fachliteratur • Rollenkarten blanko • ***Anlage 4:*** Erzieherische Grundhaltungen • Ggf. ***Anlage 19:*** Empathie und Einfühlungsvermögen

Kinderpflegerin Esa hilft heute in Ihrer Gruppe aus. Sie bemerken, dass die junge Fachkraft mit den Kindern Nihal und Mehmet ausschließlich türkisch spricht.
Darauf angesprochen argumentiert sie, durch den muttersprachlichen Umgang einen Zugang zu den Kindern zu finden, der getragen ist von den Grundhaltungen ***Wertschätzung, Empathie und Echtheit***.

Sie sehen einen Widerspruch zu Ihrem Sprachbildungskonzept.

1. Vergegenwärtigen Sie sich professionelle erzieherische Grundhaltungen.
2. Diskutieren Sie mit Esa über den Widerspruch in einem **Rollenspiel**.
3. Als pädagogische Fachkraft wirken Sie vor allem durch Ihr Vorbild auf die Kinder. Geben Sie ein konkretes Beispiel aus Ihrer Praxiseinrichtung (praxisintegrierte Ausbildung), wo Sie in Ihrer Echtheit dem Kind/den Kindern Vorbild sein konnten.

LERNSITUATION 2

Elternabend und Tagesablauf in der Krippe

Vor einigen Tagen fand der **Gesamtelternabend** in der Kinderkrippe statt, bei dem Sie den Eltern als neuer/ neue Mitarbeiter/-in vorgestellt wurden.

Heute war Ihr **erster Tag** mit den Kindern. Zum ersten Mal erlebten Sie die Bringzeit, den Tagesablauf mit seinen Regeln und Ritualen und vor allem lernten Sie die Kinder kennen.

Die Leiterin Frau Stark hat Sie gebeten, sich besonders um **Tim** (1;6 Jahre) zu bemühen, da er sich nur mit Schwierigkeiten in die Gruppe integriert.

Zur Lernsituation 2 passende Arbeitsblätter und Grundlagentexte (S. 93–119):

Arbeitsblätter	**Grundlagentexte**
Berufswahlmotive (S. 94)	***Anlage 6*** GRUNDLAGENTEXT: Berufswahlmotive (S. 95 f.)
Biografische Selbstreflexion (S. 97)	***Anlage 8*** GRUNDLAGENTEXT: Biografische Selbstreflexion (S. 99)
Erwartungen an die berufliche Ausbildung (Lernziele) (S. 100)	
Werte und rationale Autorität (S. 103)	
Wertewandel und gesellschaftlicher Wandel der Familie (S. 106)	Ggf. ***Anlage 3*** GRUNDLAGENTEXT: Familien im Wandel (S. 85)
Wertevielfalt (S. 107)	
Unterschiedliche Wertvorstellungen und Erziehungsziele (S. 108)	
Erwartungen an die Familie (S. 109)	
Berufliche Kompetenzen und Professionalität (S. 110)	
Bedürfnisse von Kindern (S. 111, 113)	***Anlage 13*** GRUNDLAGENTEXT: Grundbedürfnisse von Kindern (S. 112) Ggf. ***Anlage 15*** GRUNDLAGENTEXT: Kinder mit besonderen Bedürfnissen (S. 116)
Heterogenität und besondere Bedürfnisse (S. 114)	***Anlage 15*** GRUNDLAGENTEXT: Kinder mit besonderen Bedürfnissen (S. 116)
Wertschätzung und Akzeptanz (S. 118)	Ggf. ***Anlage 5:*** Kongruenz und Echtheit (S. 91)
Nachahmung (S. 119)	

	**Lernsituation 2** Spurensuche: Biografie, Berufsbild, Gesellschaft
Sozialform	• Einzelarbeit • Zweiergruppe
Arbeitsmittel	• Schulbuch & Fachliteratur • ***Anlage 6:*** Berufswahlmotive

Berufswahlmotive

Nicht nur an diesem Abend sind Sie müde und erschöpft. Auch die folgenden Tage sind extrem anstrengend und fordernd.

1. Sie fragen sich nach den individuellen **Motiven**, die Sie bewogen haben, den Erzieherberuf zu ergreifen. Notieren Sie Ihre Überlegungen.
2. Lesen Sie den Text „Berufswahlmotive". Welche Motive sind aus Ihrer Sicht hilfreich, welche weniger sinnvoll?
3. Am Abend treffen Sie Ihre beste Freundin. Erklären Sie ihr, weshalb Sie trotz dieser offensichtlichen Herausforderungen den Erzieherberuf gewählt haben: Wer hat Sie eventuell beeinflusst bei der Berufswahl? Wann haben Sie sich für den Beruf entschieden?
   Was waren die Gründe? Sind diese unter dem Eindruck Ihrer neuen Tätigkeit aufrechtzuerhalten?
4. Reflektieren Sie Ihren ersten Praxistag in einer praxisintegrieren Ausbildung (PiA).
   - Welche Eindrücke waren nachhaltig?
   - Kamen Ihnen Zweifel bzgl. der Berufswahl bzw. entsprach der Tag Ihren Erwartungen? Begründen Sie.

Anlage 6

GRUNDLAGENTEXT: Berufswahlmotive

Gutes Geld verdienen, der Familientradition folgen- mehr oder weniger gute Gründe, sich für einen Beruf zu entscheiden. Vielen jungen Menschen fällt es nicht so leicht, diese Entscheidung zu treffen. Gründe dafür, Gründe dagegen – in der Regel haben sie mit dem Menschen zu tun, der sie trifft. Dementsprechend macht es Sinn, im Rahmen einer professionellen Ausbildung diese Motive der Berufswahl für sich persönlich anzuschauen und sie im biografischen Zusammenhang zu bewerten.

Mit Kindern leben und arbeiten

Ein häufig von zukünftigen Erziehern benanntes Motiv ist, dass sie mit Kindern leben und arbeiten wollen: Mit Kindern spielen, lachen, sie trösten, singen und musizieren. Ein wichtiges Moment, bedenkt man, dass ein Erziehen und Bilden ohne emotionale Anteilnahme, ohne die Zuneigung zum Kind und ohne die Lebendigkeit des Alltäglichen kaum vorstellbar ist und auch wenig erfolgreich sein würde. Allerdings ist die pädagogische Arbeit weitaus vielschichtiger: Neben der Arbeit am Kind bedarf es einer intensiven Kooperation mit den Kollegen und den Eltern sowie dem Träger. Sozialpädagogische Einrichtungen und damit ihre Mitarbeiter sind vernetzt mit anderen Einrichtungen, sie stehen in der Öffentlichkeit und integrieren sich in das Gemeinwesen. Somit ist es im Sinne einer realistischen Einschätzung des Berufsbilds, sich dieser vielseitigen Anforderungen bewusst zu sein und nicht nur auf die eine Berufsmotivation, die sich auf die Arbeit am Kind bezieht, zu verlassen.

Aktiv sein im Beruf

Die Arbeit mit Kindern bedarf aktiver und lebendiger Pädagogen. Lernen ist Aktivität, denken wir an lebendige Lernprozesse in Projekten oder Situationen, die aus der Dynamik von Aktivität und Aktualität entstehen. Gleichzeitig ist moderne Kindheit stark geprägt von Aktionismus, Hektik und Schnelllebigkeit. Kinder tauchen nur noch selten ein in Momente „polarisierter Aufmerksamkeit“ (Maria Montessori), also Momente totaler Hingabe an ein Spiel, eine Beobachtung. Kinder brauchen Ruhe und Zeit, sich auf die Dinge der Welt einzulassen, sie intensiv und ganzheitlich zu erleben. Dafür brauchen sie eine pädagogische Begleitung, die auf Nachhaltigkeit setzt, Langeweile als kreativen Prozess erkennt und der Besinnung auf Wesentliches nicht durch Aktionismus zu entkommen sucht.

Arbeit mit Kindern als natürliche Berufung

Erziehen – eine natürliche Begabung? Von Natur aus wissen, was gut ist für Kinder? Erziehen hat viel mit der eigenen Person des Erziehers zu tun – das stimmt. Erzieherisches Handeln basiert auf einer funktionierenden Beziehungsebene zwischen Erzieher und Kind und bedarf einer empathischen und wertschätzenden Grundhaltung. Schon diese erwächst aus einer beruflichen Kompetenz. Erziehen, bilden und begleiten im institutionellen Rahmen braucht Intentionalität: Die Arbeit mit den Kindern und deren Eltern basiert auf einem fundierten Fachwissen durch eine qualifizierte pädagogische Ausbildung. Sie fokussiert Ziele und setzt diese methodisch sinnvoll in der praktischen Arbeit um. Das didaktische Vorgehen wird dokumentiert und reflektiert auf der Basis von Sachzusammenhängen. Regelmäßige Fort- und Weiterbildung ist unerlässlich. Agieren pädagogische Mitarbeiter schwerpunktmäßig auf der emotionalen Ebene, geraten sie schnell in Gefahr, sich in persönlichen Beziehungsauseinandersetzungen, Machtkämpfen o. Ä. wiederzufinden.

Wenig Stress haben

Den ganzen Tag mit Kindern spielen dürfen – eine naive, aber unrealistische Vorstellung vom Beruf des Erziehers. Das etwas überholte Bild vom Kindergarten als „Insel der Seligkeit“ und stressfreier Raum, an dem sich Kinder und Erzieher in entspannter Atmosphäre musischen und kreativen Spielen widmen können, ist längst überholt und entspricht so gar nicht den tatsächlichen Erwartungen an eine moderne Erziehungs- und Bildungseinrichtung: Mit dem zunehmenden Wandel der Familie gewinnen die Kindertagesstätte und auch der Hort als familienergänzende Einrichtungen immer mehr an Bedeutung. Ihr gesellschaftspolitischer wie auch ihr bildungspolitischer Auftrag macht sie zur wichtigen Erziehungsinstanz neben der Familie. Bildung als hohes Gut in unserer Gesellschaft lässt Eltern mit steigenden Erwartungen an die Einrichtungen herantreten.

Umgang mit Menschen als Abgrenzung zu Technik und Bürokratie

Mit Menschen arbeiten zu wollen, ist häufig ein Motiv der Berufswahl, mit welchem der Berufswunsch abgegrenzt wird hin zu Berufen, die sich mit toter Materie beschäftigen, also z. B. technische Berufe. Ob eine Berufswahl gleichermaßen aus dem Ausschlussprinzip heraus tragfähig ist, wird sich nur im Einzelfall entscheiden lassen. Einer bewussten und klaren Entscheidung für den Beruf kann sie nicht gleichgesetzt werden.

Vorbereitung der eigenen Elternrolle

Das eigene Familienleben durch eine fachkundige berufliche Ausbildung vorbereiten zu wollen, kann als Motiv der Berufswahl dienen: Die zukünftige Rolle als Vater oder Mutter soll dadurch besser gefunden werden. Eigene Ideale und Interessen spielen somit die Hauptrolle in der Berufsfindung. Nicht selten werden diese persönlichen Perspektiven später auch im beruflichen Handeln spürbar, wenn Kinder mit den eigenen Wünschen überfrachtet werden, wenn weniger eine konstruktive Entwicklungsbegleitung erfolgt als eine sehr fürsorgliche Inanspruchnahme. Kinder werden dann durch subjektive Einschätzungen des Erziehers in ihrer Selbstständigkeit eher blockiert, weil der Erzieher seine eigenen Wahrnehmungen denen des Kindes vorzieht. Die Einschätzung des Potenzials von Eigenständigkeit wird vom Erzieher grundsätzlich eher eng begrenzt. Machtkämpfe bei älteren Kindern sind häufig und auch Konflikte mit Eltern im Rahmen einer Erziehungsbegleitung können zu erheblichen Enttäuschungen führen.

Beruf als therapeutisches Moment

Was mir passiert ist, soll anderen Kindern nicht passieren! Damit wird der Berufswunsch zum Ausgleich selbst erfahrenen Unrechts bei sich und anderen. Unfreiheit, Ungerechtigkeiten, schwere Kindheitserlebnisse bis hin zu traumatischen Erfahrungen sollen über den eigenen Beruf wiedergutgemacht werden. Ein solcher Wunsch ist nachvollziehbar, überlastet aber alle Beteiligten. Die Intention, aus der heraus ein Erzieher mit einem solchen Hintergrund handelt, bindet das Kind von vornherein an dessen Erfahrungen. Die Beziehung zwischen Kind und Erzieher ist dann häufig gekennzeichnet von Sorge und Fürsorge, welche das Kind in seiner freien Wahrnehmung einschränken. Es erlebt seine Umwelt als einen Zusammenschluss vieler Gefahren, vor denen man sich schützen muss. Eine positive Lebenseinstellung und ein offener Umgang mit der dinglichen Welt leiden daran. Vielmehr entwickeln sich Unsicherheit und Angst. Auch der Erzieher ist in einer ständigen Anspannung und Überforderung, das Kind schützen zu wollen. Nur eine therapeutische Aufarbeitung eigener Kindheitsdramen ist hilfreich.

Beruf zum Zwecke der Selbstverwirklichung

Selbstverwirklichung ist ein wichtiges Lebensbedürfnis des Menschen in seiner persönlichen Entwicklung: Er setzt seine Wünsche, Vorstellungen und Werte um. Im erzieherischen Kontext würde das all seine Tätigkeiten und Aktivitäten an seine eigenen Interessen binden und seine Person zum Ausgangspunkt des Handelns werden lassen. Damit blieben die Interessen des Kindes hinter denen des Erziehers zurück. Ein wirkungs- und verantwortungsvolles Erziehen stellt die Bedürfnisse des zu Erziehenden in den Mittelpunkt. Auch wenn die Berufswahl grundsätzlich ein Teil persönlicher Selbstverwirklichung ist, dürfen die sich daraus ergebenden Haltungen und Handlungen nicht den Blick auf das Kind mit seinen Bedürfnissen nicht verstellen. Der Beruf des Erziehers kann nicht Selbsterfahrungsraum Erwachsener sein, vielmehr begeben sich Kind und Erzieher in einen offenen Prozess des Lernens.

	**Lernsituation 2** Spurensuche: Biografie, Berufsbild, Gesellschaft
Sozialform	• Einzelarbeit • Zweiergruppe
Arbeitsmittel	• Schulbuch & Fachliteratur • *Anlage 7:* Biografisches Interview • *Anlage 8:* Biografische Selbstreflexion

Dort, wo Erziehungs- und Bildungsarbeit geleistet wird, macht diese Einsicht eine ***biografische Selbstreflexion*** notwendig. Darunter „verstehen wir eine (Wieder-)Aneignung der eigenen Biografie, den Versuch, die Erfahrungen, die unsere Identität geprägt haben und in unser heutiges Handeln eingehen, transparent zu machen." (Gudjons 1996)

Mit anderen Worten: Erkenne dich selbst.

1. Führen Sie mit einem Mitstudierenden ein „biografisches Interview" (Interviewbogen s. Anlage).
2. Informieren Sie sich über Ziele und Inhalte biografischer Selbstreflexion (s. Grundlagentext).
3. Welche individuellen Ziele biografischer Selbstreflexion können Sie für sich ausmachen und welche Impulse gehen davon für Ihre Arbeitssituation (Lernsituation 2) bzw. für Ihr Praktikum aus? Fixieren Sie diese schriftlich für Ihre Portfolio-Arbeit.

Anlage 7

Biografisches Interview

Machen Sie mit einem Mitstudierenden ein **biografisches Interview**. Verwenden Sie diese themenzentrierten Sprechkärtchen:

Kleinkindzeit	*Lieblingsspielzeug*	*Einschulung*
Meine Familie	*Erste Freunde*	*Mein bester Freund/ meine beste Freundin*
Erste Liebe	*Schulzeit*	*Meine Stärke*
Meine Kindergartenzeit	*Berufswahl*	?

Anlage 8

GRUNDLAGENTEXT: Biografische Selbstreflexion

Dort, wo Erziehungs- und Bildungsarbeit geleistet wird, macht diese Einsicht eine **biografische Selbstreflexion** notwendig. Darunter „verstehen wir eine (Wieder-)Aneignung der eigenen Biografie, den Versuch, die Erfahrungen, die unsere Identität geprägt haben und in unser heutiges Handeln eingehen, transparent zu machen. Durch rückschauendes Betrachten, durch das Aktualisieren der zu den vergangenen Erfahrungen gehörigen Gefühle, durch Vergegenwärtigung der damaligen Lebenssituation sollen die Erfahrungen, die unsere Persönlichkeit geformt haben, ins Bewusstsein gerufen und wiederbelebt werden. Die so gewonnenen Erinnerungen werden einer Reflexion unterzogen, die über die unüberlegten Strukturen alltäglichen Denkens hinausgeht und Theorie geleitet ist." (Gudjons 1996, S. 24)

Ziele einer derartigen biografischen Selbstreflexion sind:

- **Selbsterkenntnis**: Verstehen der „eigenen Gewordenheit", d. h. Verstehen gegenwärtiger Handlungen vor dem Hintergrund der eigenen Lebensgeschichte, Erkennen von Zusammenhängen, Verdeutlichung von Verhaltens- und Beziehungsmustern
- **Identitätsfindung**: Verstehen kann zum Annehmen, auch zur Aussöhnung mit der eigenen Geschichte sowie eigener Persönlichkeitsanteile beitragen. Dies schafft die Basis für Weiterentwicklung und Entfaltung der Persönlichkeit.
- **Begreifen gesellschaftlicher Bedingungen**: Eigene Erfahrungen mit gesellschaftlichen Prozessen zu verbinden, ermöglicht Einsicht in gesellschaftliche Zusammenhänge und kann als Motivation dienen zum Tätigwerden Eingreifen in gesellschaftlichen oder politischen Praxisfeldern (Teilhabe).

Berufsbezogene Persönlichkeitsentwicklung

Die Persönlichkeitsentwicklung ist ein wichtiges Ziel innerhalb der pädagogischen Ausbildung. Dazu gehört, sich selbst besser kennenzulernen, eigene Schwächen und Stärken zu erforschen, sich persönliche Eigenarten bewusst zu machen, die Wirkung auf andere Menschen zu reflektieren.
Nicht Techniken, Methoden oder Theorien sind es, die primär Erziehungsarbeit gestalten, sondern Menschen, die ihr pädagogisches Handeln einer sinnvollen Selbstreflexion unterziehen.

Erkenne dich selbst

Auseinandersetzung mit eigenen Berufswahlmotiven

Die Gründe für die Wahl des Berufs sind häufig entscheidend für Motivation und erzieherisches Verhalten innerhalb der angestrebten Tätigkeit. Deshalb ist es wichtig, Erwartungen bezüglich Ausbildung, eigener Erfahrungen und neuer Ansätze zu hinterfragen. Das Verstehen der eigenen Geschichte hilft, andere Menschen zu verstehen: Eigene Standpunkte werden geklärt und relativiert, Toleranz ermöglicht, Vorverurteilungen vermieden.

	**Lernsituation 2** Spurensuche: Biografie, Berufsbild, Gesellschaft
Sozialform	• Einzelarbeit • Zweiergruppe • Klassenforum
Arbeitsmittel	• Schulbuch & Fachliteratur • *Anlage 9:* Lernziele • *Anlage 10:* Collage

Entsprechend der Erkenntnisse aus der biografischen Selbstreflexion erwachsen sicher auch ***Erwartungen an die berufliche Ausbildung***.

1. Erarbeiten Sie **Ziele** für Ihre Ausbildung anhand der Vorlagen erst für sich individuell, bevor Sie in der Zweiergruppe eine **Collage für Lernziele** zusammentragen. Reflektieren Sie dabei auch Herausforderungen, vor die Sie bezogen auf die Lernsituationen und Ihre Praktika gestellt sind.
2. Diskutieren Sie diese Ziele in der Klasse. Welche Methoden könnten hilfreich sein, die Ziele zu erreichen?
3. In einer praxisintegrierten Ausbildungsform: Differenzieren Sie Ihre konkreten Erwartungen hinsichtlich Lernzielen und Methoden, bezogen
   a) auf den theoretischen Unterricht und
   b) auf die Anleitung in der Praxisstelle.

Anlage 9

Lernziele für die Ausbildung

1. Entwickeln Sie individuelle Ziele für Ihre Ausbildung:

Name: ______________________________

	Was möchte ich hier lernen?	Was kann ich selbst dafür tun, dass ich dieses Ziel erreiche?	Wodurch kann mich die Schule bzw. die Praxisanleitung unterstützen, dass ich diese Ziele erreiche?
Umgang mit mir selbst			
Umgang mit anderen			
Fachliche Kenntnisse			

2. Vergleichen Sie Ihre Angaben mit Mitstudierenden. Diskutieren Sie darüber.

(➔ Fortsetzung: Collage)

Anlage 10

Lernziele Collage

1. Erstellen Sie in Zweiergruppen eine Collage für Ihre Lernziele in der Ausbildung. Folgende Vorlage kann genutzt werden, wahlweise werden Sie selbst kreativ. Kennzeichnen Sie durch unterschiedliche Farbgebung, wer Sie unterstützen kann.

	**Lernsituation 2** Spurensuche: Biografie, Berufsbild, Gesellschaft
Sozialform	• Einzelarbeit • Zweiergruppe • Team
Arbeitsmittel	• Schulbuch & Fachliteratur • ***Anlage 10:*** Collage • ***Anlage 11:*** Fragen • ***Anlage 12:*** Wertvorstellungen

Welches sind Ihre erklärten ***Werte***? Welche Werte sind für Sie handlungsweisend?
Lassen Sie sich ggf. von den „Fragen zur biografischen Selbstreflexion" unterstützen (***Anlage 11***).

1. Fertigen Sie Ihre individuelle Checkliste und ordnen Sie die genannten Werte hierarchisch. Vergleichen Sie diese mit einem Mitstudierenden, indem Sie die Listen austauschen, lesen und unkommentiert zurückgeben. Welche Unterschiede haben Sie erfahren?

2. Ihre Wertvorstellungen beeinflussen Ihre erzieherische Arbeit. Betrachten Sie die ins Bild gebrachten Zielangaben (***Anlage 10***) für die pädagogische Arbeit. Welche Wertvorstellungen verbergen sich möglicherweise dahinter? Welche würden Sie für sich ergänzen wollen?

3. Welche benannten Wertvorstellungen könnten in den Lernsituationen konkret greifen? Welche Vor- und Nachteile könnten sich aus verschiedenen Wertvorstellungen ergeben? Diskutieren Sie im Team.

4. Was versteht man unter ***rationaler Autorität***? Wo können Sie den Kindern innerhalb Ihrer erzieherischen Aufgabe darin Vorbild sein?

Anlage 11

Fragen zur biografischen Selbstreflexion

Eigene gelebte Werte	„Was sind Ihre Werte, Ihre Einstellungen, die Sie nicht nur vertreten, sondern auch leben?“
Widersprüche	„Welche Widersprüche strahlen Sie in Ihren Einstellungen bzw. Handlungen aus?“ In der Erzieher-Kind-Beziehung richtet sich das Kind vorrangig nach dem, was der Erzieher selbst tut – das beeindruckt unbewusst mehr, als das, was er sagt.
Eigener Erziehungsstil	„Wie können wir einen überzeugenden Erziehungsstil entwickeln?“

Anlage 12
Wertvorstellungen

1. Welche Wertvorstellungen prägen Ihr erzieherisches Verhalten?

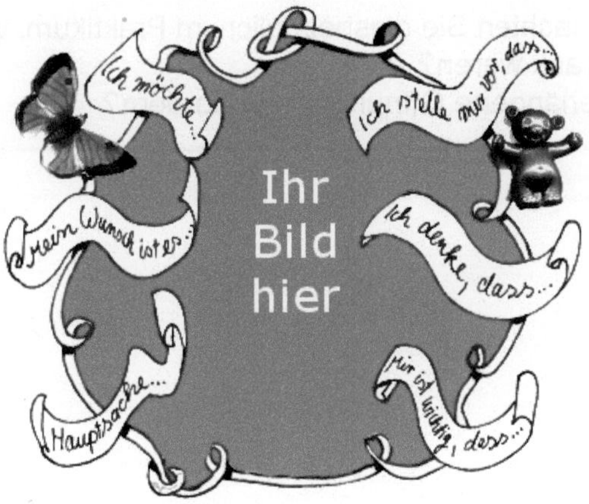

	**Lernsituation 2** Spurensuche: Biografie, Berufsbild, Gesellschaft
Sozialform	• Einzelarbeit • Team
Arbeitsmittel	• Schulbuch & Fachliteratur • *Anlage 3:* Familien im Wandel

1. Welchen gesellschaftlich bedingten ***Wertewandel*** können Sie in Ihrer Gruppe erfahren?
   Erarbeiten Sie mögliche Aspekte anhand der Stichwörter:
   - Mobilität
   - Mediengesellschaft
   - Emanzipation der Frau
2. Familie unterliegt einem starken **gesellschaftlichen Wandel**, der für Ihre erzieherische Aufgabe bedeutsam ist.
   Welche familiären Bedingungen erkennen Sie bei den Kindern Ihrer Gruppe vor dem Hintergrund eben dieses Wandels?
   Arbeiten Sie in der Gruppe und recherchieren Sie dazu Texte in der Fachliteratur.
3. Welche Aussagen zu gesellschaftlichen Veränderungen und Erziehung macht Ihr Bildungsplan für Kinder (z. B. der Bayerische Bildungsplan BEP, Punkt 1)?
4. Welche Erfahrungen machen/machten Sie diesbezüglich im Praktikum, wenn ...
   - Kinder berufstätiger Eltern krank waren?
   - Eltern von der Einrichtung verlängerte Öffnungszeiten fordern?

	**Lernsituation 2** Spurensuche: Biografie, Berufsbild, Gesellschaft
Sozialform	Team
Arbeitsmittel	Schulbuch & Fachliteratur

Die ***Wertevielfalt*** in der Gesellschaft ist groß heutzutage.

1. Welche Einflüsse könnten die Wertvorstellungen von Ihren Gruppenkindern Nihal (1;5 Jahre) und Mehmet (2;5 Jahre) prägen? Identifizieren und benennen Sie die Einflüsse in Gruppenarbeit.
2. Reflektieren Sie Ihre letzte Praktikumssituation: Wo bekamen Sie in Ihrer pädagogischen Arbeit Einflüsse verschiedener Wertvorstellungen
   - seitens der elterlichen Erwartungen oder
   - im Team

   bei Ihnen selbst zu spüren?
3. In einer praxisintegrierten Ausbildung: Welche Wertvorstellungen prägen die Konzeption Ihrer Praxisstelle?

	Lernsituation 2
	Spurensuche: Biografie, Berufsbild, Gesellschaft
Sozialform	• Zweiergruppe • Team
Arbeitsmittel	• Schulbuch & Fachliteratur • Querschnittsaufgaben (s. Lehrplan bzw. Qualifikationsprofil)

1. ***Unterschiedliche Wertvorstellungen*** führen oft zu Missverständnissen und Abgrenzung. Der erzieherische Auftrag fordert entsprechend *Inklusion**.
Erarbeiten Sie mit einem Mitstudierenden, welche Möglichkeiten der Inklusion Sie für Ihr Bezugskind Tim (1;6 Jahre, mit Entwicklungsverzögerungen) sehen.

2. Werte im erzieherischen Handeln sind zentral: Sie bestimmen die erzieherische Haltung und finden sich wieder in den Erziehungszielen eines Erziehers.
Welche miteinander **konkurrierenden Erziehungsziele** könnten Sie erwarten bzw. erleben Sie (in einer PiA)? Besprechen Sie sich in der Zweiergruppe und tauschen Sie sich dann in der Gruppe aus.

** siehe Querschnittsaufgabe des Erziehers*

	**Lernsituation 2** Berufsbild Erzieher/-in: Vom Wandel
Sozialform	Einzelarbeit
Arbeitsmittel	Schulbuch & Fachliteratur

Funktionen der Familie	
Reproduktionsfunktion	Sicherung der Generationsfolge durch Weitergabe des Lebens, Fortbestehen von Familie und Gesellschaft
Produktion	„wirtschaftliche Funktion“: materielle Fürsorge (Nahrung, Kleidung, Wohnraum), Existenzsicherung
Sozialisationsfunktion	„Erzieherische Funktion“: Bildung, Erziehung, Betreuung, Fürsorge
Regeneration	Aktivitäten der Familie, die zur physischen und psychischen Erholung ihrer Mitglieder beitragen (z. B. Urlaub, Feste) und die der Stärkung des Zusammengehörigkeitsgefühls dienen (z. B. Rituale).

1. Welche **Erwartungen** hinsichtlich ***Funktionen von Familie*** dürfen Sie an die jeweilige Familie „Ihrer“ Kinder aus Lernsituation 2 haben, unter den Aspekten
- Produktion?
- Sozialisation?
- Regeneration?

2. Bei welcher dieser Funktionen kann die Einrichtung unterstützen?

3. Wie erleben Sie an Ihrer Praxisstelle (praxisintegrierte Ausbildung) die beschriebenen Funktionen von Familie? Geben Sie jeweils ein Beispiel.

	**Lernsituation 2** Berufsbild Erzieher/-in: Vom Wandel
	Anspruch und Wirklichkeit: Professionalisierung, Haltungen
Sozialform	• Einzelarbeit • Zweiergruppe
Arbeitsmittel	• Schulbuch & Fachliteratur • Rollenkarten blanko

Nach dem Elternabend geht das Elternpaar von Steven (2;5 Jahre) mit Ihnen in ein intensives Gespräch, um sich **Ihrer beruflichen Kompetenzen** hinsichtlich der Betreuung und Erziehung ihres Sohnes sicher zu werden.

1. Erarbeiten Sie mit einem Mitstudierenden ein Elterngespräch, bei dem Sie Ihre ***Professionalität*** verdeutlichen. Erstellen Sie dazu Frage-Antwort-Rollenkarten.
2. Welche Möglichkeiten der Unterstützung bei Transitionen können Sie der Familie anbieten? Recherchieren Sie in Ihrem Bildungsplan für Kinder (z. B. im Bayerischen Bildungsplan BEP, Punkt 6.1.1).
3. Welche ***beruflichen, übergreifenden und personalen Kompetenzen*** haben Sie in Ihrer Ausbildung bereits erworben. Welche wollen Sie für sich noch weiter entwickeln? (Einzelarbeit)
4. Wo erleben Sie Anspruch und Wirklichkeit an Ihrer PiA-Praxisstelle? Geben Sie jeweils ein Beispiel für eine konkrete Diskrepanz an Ihrer Praxisstelle und eines bezogen auf den speziellen Arbeitsbereich.

	**Lernsituation 2** Spurensuche: Biografie, Berufsbild, Gesellschaft
Sozialform	• Einzelarbeit • Team
Arbeitsmittel	• Schulbuch & Fachliteratur • ***Anlage 13:*** Grundbedürfnisse von Kindern • Ggf. ***Anlage 15:*** Kinder mit besonderen Bedürfnissen

Sie erleben in diesen Tagen zum ersten Mal die Kinder in Ihrer Krippengruppe. Jetzt stellen Sie sich die Frage: Was brauchen die einzelnen Kinder, ***welche Bedürfnisse*** haben sie?

1. Welcher grundlegenden Aspekte müssen Sie sich bewusst sein?
2. Welche allgemein **menschlichen Bedürfnisse** (nach Maslow) treffen auf Kleinkinder im Alter von 0–3 Jahren spezifisch zu? Nennen Sie die Bedürfniskategorien und geben Sie konkrete Beispiele.
3. Die Bedürfnisse der Kinder Ihrer Gruppe sind vielfältig. Legen Sie einen Beobachtungsbogen für den Jungen Tim (1;6 Jahre) an, in dem Sie die unterschiedlichen **Bedürfniskategorien bezogen auf die kindlichen Entwicklungsbereiche** ersehen können.
4. Welche kindlichen Bedürfnisse sind Ihnen an Ihrer PiA-Praxisstelle schon bewusst geworden? Geben Sie Beispiele.

Anlage 13

GRUNDLAGENTEXT: Grundbedürfnisse von Kindern

Bindung als Grundlage: Die Bindungstheorie geht davon aus, dass eine ausgewogene Balance zwischen dem *Bindungsverhalten* (Verbundenheit) zu den Bezugspersonen und dem *Erkundungsverhalten* (Exploration, Streben nach Autonomie) der ideale Ausgangspunkt für lebenslanges Lernen ist. Ein Kleinkind mit einer gesicherten Bindung an seine Bezugspersonen kann vom „sicheren Hafen" aus die Welt um sich herum erkunden.

Bindung und Erkundung befinden sich in einer Wechselbeziehung: Je sicherer die Bindung, desto explorativer das kindliche Verhalten (vgl. Bowlby, Ainsworth).

Neben dieser wichtigen Grundlage unterscheidet man kindliche Bedürfnisse in Bezug auf unterschiedliche **Entwicklungsbereiche**:

	Lernsituation 2 Anspruch und Wirklichkeit: Professionalisierung, Haltungen
Sozialform	Team
Arbeitsmittel	• Schulbuch & Fachliteratur • Querschnittsaufgaben

Unzureichend befriedigte Bedürfnisse haben unter Umständen weitreichende Folgen für das Kind.

1. Welche Gefahr sehen Sie bei dem Krippenkind Moritz (2;3 Jahre, siehe Rahmensituation) diesbezüglich?
2. Wie können Sie präventiv wirken *Prävention**? Sammeln Sie Ideen in der Gruppe.
3. Beschreiben Sie ein Kind in Ihrer Gruppe (praxisintegrierte Ausbildung), wo Ihnen ein derartiger Zusammenhang zwischen unerfülltem Bedürfnis und Reaktion des Kindes wahrscheinlich erscheint.

** siehe Querschnittsaufgabe des Erziehers*

	**Lernsituation 2** Anspruch und Wirklichkeit: Professionalisierung, Haltungen
Sozialform	Team
Arbeitsmittel	• Schulbuch & Fachliteratur • Querschnittsaufgaben • ***Anlage 14:*** Heterogenität • ***Anlage 15:*** Kinder mit besonderen Bedürfnissen

1. Kinder haben unterschiedliche Bedürfnisse und auch (Kinder-)Gruppen sind verschieden:

a) Welche Aspekte von ***Heterogenität*** können Sie für Ihre Kindergruppe aus der Rahmensituation ausfindig machen? Nutzen Sie die Skizze/***Anlage 14*** oder fertigen Sie eine eigene Übersicht an.

b) Welche konkurrierenden Bedürfnisse könnten sich für die Kinder aus der Verschiedenartigkeit ergeben?

2. Ihre Gruppe in der Kinderkrippe ist recht heterogen und es gibt Kinder mit ganz ***besonderen Bedürfnissen***.

a) Prüfen Sie die Bedürfnisse bezogen auf Aspekte wie Geschlecht, soziale Herkunft, Behinderung. Gehen Sie arbeitsteilig in der Gruppe vor.

b) Welche Möglichkeiten für *Inklusion** und *Partizipation** fallen Ihnen aus Ihrer Praxiserfahrung heraus für einzelne Kinder konkret ein?

c) Welche Aussagen macht Ihr Bildungsplan für Kinder zu „Partizipation" als Schlüsselprozess für Bildungs- und Erziehungsqualität (z. B. im Bayerischen Bildungsplan BEP Punkt 8.1)?

3. Prüfen Sie jetzt Ihre Praxisgruppe (PIA-Ausbildung) auf Heterogenitäten.

a) Sprechen Sie mit den Gruppenpädagogen/-pädagoginnen darüber.

b) Wie können sich aus Heterogenität ergebende unterschiedliche Bedürfnisse ausgeglichen werden?

** siehe Querschnittsaufgabe des Erziehers*

Anlage 14

Heterogenität in der Gruppe

Welche Aspekte von Heterogenität können Sie für Ihre Kindergruppe (siehe Rahmensituation) ausfindig machen? Skizzieren Sie. Wenden Sie anschließend die Skizze für Ihre Praxisgruppe (praxisintegrierte Ausbildung) an, indem Sie Kinder Ihrer Gruppe vor Ort skizzieren.

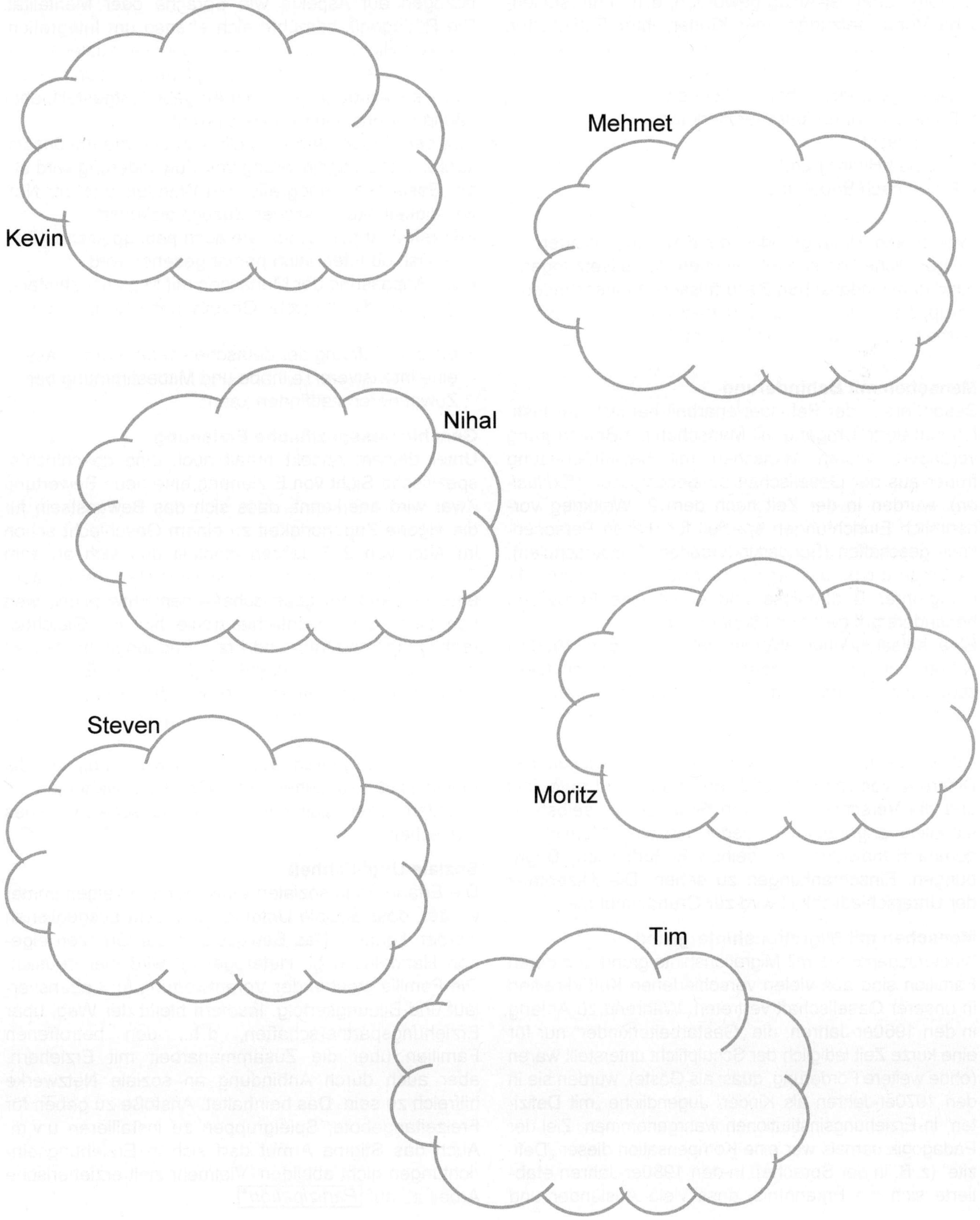

Anlage 15

GRUNDLAGENTEXT: Kinder mit besonderen Bedürfnissen

Bedürfnisse zu erkennen und erzieherisches Handeln daraus abzuleiten, ist eine Notwendigkeit. Allerdings unterscheiden sich die Bedürfnisse mit zunehmender Individualisierung voneinander. Die **Heterogenität** der Kindergruppen ist Alltag geworden, d. h., unterschiedliche Voraussetzungen der Kinder, ihrer Fähigkeiten sowie ihres Alters sind zu berücksichtigen. Heterogenität kann sich dabei beziehen auf:

- die Frage körperlicher Funktionen
- Fragen kulturell-ethischer Herkunft
- Geschlecht
- sozialen Hintergrund
- Frage nach Begabung

> Vor diesem Hintergrund ist die Erwartung, Kinder/ Jugendliche könnten mit gleichen Voraussetzungen und damit identischen Bedürfnissen in einer Kindergruppe sein, Illusion. Eine didaktisch angemessene Arbeit reagiert daher mit Binnendifferenzierung.

Menschen mit Behinderung

Besonders in der Behindertenarbeit hat sich der institutionalisierte Umgang mit Menschen mit Behinderung verändert. Waren Menschen mit Beeinträchtigung früher aus der Gesellschaft ausgeschlossen (*Exklusion*), wurden in der Zeit nach dem 2. Weltkrieg vornehmlich Einrichtungen speziell für diesen Personenkreis geschaffen (Sonderkindergärten, Sonderschulen), weil man davon ausgeging, hier könne die Wahrnehmung ihrer Bedürfnisse und damit eine Förderung besonders gut gelingen (*Separation*).

Eine entscheidende Wende gab es in den 1970er-Jahren, indem zunehmend die *Integration* von Menschen mit Behinderung in die Gesellschaft gefördert wurde, d. h., behinderte und nicht-behinderte Menschen lernen und leben zusammen. Seit den 1990er-Jahren werden Konzepte der *Inklusion* entwickelt: Die Differenz von „normal“ und „behindert“ wird aufgelöst und die Verschiedenheit von Gruppen als selbstverständlich angenommen. Jeder einzelne Mensch ist demnach individuell mit seinen Bedürfnissen, Begabungen, Einschränkungen zu sehen. Die Akzeptanz der Unterschiedlichkeit wird zur Grundannahme.

Menschen mit Migrationshintergrund

Kinder/Jugendliche mit Migrationshintergrund und deren Familien sind aus vielen verschiedenen Kulturkreisen in unserer Gesellschaft vertreten. Während zu Anfang, in den 1960er-Jahren, die „Gastarbeiterkinder“ nur für eine kurze Zeit lediglich der Schulpflicht unterstellt waren (ohne weitere Förderung, quasi als Gäste), wurden sie in den 1970er-Jahren als Kinder/ Jugendliche „mit Defiziten“ in Erziehungsinstitutionen wahrgenommen. Ziel der Pädagogik damals war eine Kompensation dieser „Defizite“ (z. B. in der Sprache). In den 1980er-Jahren etablierte sich die Erkenntnis, dass viele Ausländer und deren Nachkommen nicht in ihre Ursprungsländer zurückkehrten. Demzufolge wurde die Wahrnehmung differenzierter, eine „multikulturelle“ Gesellschaft angestrebt und mit ihr die Wertschätzung von Vielfalt, bezogen auf Aspekte wie Sprache oder Mentalität. Die Pädagogik bemühte sich ebenso um Integration. Vor dem Hintergrund rechtsextremer Gewalttaten wurde in den 1990er-Jahren die *interkulturelle Bildung* Status quo – sie wurde als zentrale Aufgabe festgestellt, aber häufig nur unzulänglich verwirklicht.

Seit den 2000er-Jahren stellt sich ein *Integrationsdiskurs* ein. Die Legitimierung von Zuwanderung wird auf der Basis des demografischen Wandels und der Notwendigkeit ökonomischen Zuzugs diskutiert.

Inklusion ist politisches wie auch pädagogisches Ziel. Offen ist, ob Integration primär gesehen wird

- als Anpassung der Menschen mit Migrationshintergrund an die deutsche Gesellschaft (Assimilation) oder
- als eine Öffnung der deutschen in der Form, dass eine intensivere Teilhabe und Mitbestimmung der Zuwanderer stattfinden kann.

Geschlechtsspezifische Erziehung

Unter diesem Aspekt erhält auch eine geschlechtsspezifische Sicht von Erziehung eine neue Bewertung: Zwar wird anerkannt, dass sich das Bewusstsein für die eigene Zugehörigkeit zu einem Geschlecht schon im Alter von 2–3 Jahren einstellt und sich ab dem 7. Lebensjahr verfestigt (Geschlechtskonstanz), aber entsprechend der gesellschaftlichen Entwicklung weg von einer Geschlechterhierarchie hin zur Gleichberechtigung von Mann und Frau. Pädagogik heute zielt eher ab auf eine *geschlechtsbewusste Erziehung*, jedoch ohne die Kategorie Geschlecht biologisch oder sozial zu dramatisieren. Erziehung soll die Entwicklung der Geschlechtsidentität unterstützen, ohne sie in Stereotype zu führen, aber mit der Notwendigkeit, die Individualität zu sehen (vgl. Gender-Erziehung zum sozialen oder psychologischen Geschlecht eines Menschen).

Soziale Ungleichheit

Die Erfahrung in sozialen Einrichtungen zeigen immer wieder, dass soziale Unterschiede nicht ausgeglichen werden können. Das Bewusstsein der Grenzen eigenen Handelns bzgl. Heterogenität wird hier deutlich. Die Familie steht in der Verantwortung für Lebensverlauf und Bildungserfolg. Insofern bleibt der Weg, über Erziehungspartnerschaften, d. h., den betroffenen Familien über die Zusammenarbeit mit Erziehern, aber auch durch Anbindung an soziale Netzwerke hilfreich zu sein. Das beinhaltet, Anstöße zu geben für Freizeitangebote, Spielgruppen zu installieren u.v.m. Auch das Stigma Armut darf sich in Erziehungseinrichtungen nicht abbilden. Vielmehr zielt erzieherische Arbeit ab auf *Partizipation**.

** siehe Querschnittsaufgabe des Erziehers*

Menschen mit Hochbegabung
Die Wahrnehmung besonders individueller Bedürfnisse ist auch bei den sogenannten hochbegabten Kindern und Jugendlichen zu sehen: Individualität drückt sich hier in unterschiedlichen Begabungen aus. Dabei trifft die Annahme, solche Kinder könnten von allein ihre Begabungen entfalten, nicht zu. Vielmehr haben sie oft mit ganz besonderen Problemen zu tun, z. B. wenn sie aufgrund ihrer elaborierten Sprache, ihrer besonderen Neugierde o.a. zur Herausforderung von Eltern, Erziehern und Gleichaltrigen werden. Eine soziale Sonderstellung ist häufig die Folge.

Ressourcenorientierung
Über der Wahrnehmung aller besonderen Bedürfnisse bei den immer individuellen Edukanden steht der Grundsatz der Ressourcenorientierung, d. h., der Erziehende arbeitet immer ausgehend von den Stärken des Kindes oder Jugendlichen.
„Den Menschen stärken, die Sache klären", so beschreibt der Reformpädagoge Hartmut von Hentig den roten Faden einer erzieherisch wertvollen Haltung. Damit konstatiert er einen Auftrag an die öffentliche Pädagogik unserer Zeit, in der es nicht darum gehen kann, das Kind oder den Jugendlichen auf gesellschaftliche Anforderungen (Beruf u. a.) vorzubereiten, den Heranwachsenden zu belehren und nach einem Ideal formen zu wollen – vielmehr geht es darum, den individuellen Lebensweg des Menschen zu unterstützen, ihn auf seinem Weg zu sich selbst zu bestärken und damit zu einem selbst bestimmten Mitglied der Gesellschaft zu begleiten.
Es ist also notwendig, von einer Haltung der Defizit- und Schwächenorientierung gegenüber dem Einzelnen weg, zu einer Nutzenorientierung von Bildung/Bildungseinrichtungen zu kommen. Sich hinzuwenden zu einer Haltung, die mit positiven und verstärkenden Erziehungsmitteln wie Lob, Anerkennung, Vorbild und Bitte arbeitet. Im Mittelpunkt einer solchen *wertschätzenden Erziehung* stehen neben den Fähigkeiten und Stärken des Einzelnen auch *äußere Ressourcen*, die die Wirksamkeit von Erziehung stärken können: Dabei geht es um Zeit, um Raum und Material. Der Faktor Zeit zielt darauf ab, dem jedem Kind sein eigenes Tempo einzuräumen, welches es braucht für die Dinge, die es tut und lernen soll. Bezüglich Raum und Material soll ein vielfältiges Angebot dem Kind Motivation geben und unterschiedliche Lernzugänge ermöglichen.

> „Die Stärkung des Menschen und die Klärung der Sachen – das ist der Kern alltäglichen pädagogischen Handelns." (Hartmut von Hentig)

	**Lernsituation 2** Anspruch und Wirklichkeit: Professionalisierung, Haltungen
Sozialform	Zweiergruppe
Arbeitsmittel	• Schulbuch & Fachliteratur • ***Anlage 4:*** Erzieherische Grundhaltungen • Ggf. ***Anlage 5:*** Kongruenz und Echtheit

1. Vergegenwärtigen Sie sich noch einmal die **erzieherischen Grundhaltungen**, die eine pädagogische Fachkraft für professionelles Handeln verinnerlicht hat.
2. Wie kann sich – aufbauend auf diesen Grundhaltungen – eine ***Wertschätzung und Akzeptanz*** gegenüber den Ihnen anvertrauten Kindern zeigen? Erarbeiten Sie Möglichkeiten.
3. Transferieren Sie Ihre Annahmen auf Ihre derzeitige PiA-Arbeitsstelle. Was sagt Ihnen der Vergleich?

	**Lernsituation 2** Anspruch und Wirklichkeit: Professionalisierung, Haltungen
Sozialform	Einzelarbeit
Arbeitsmittel	• Schulbuch & Fachliteratur • Querschnittsaufgaben

Vor allem Säuglinge und Kleinkinder lernen vorwiegend durch ***Nachahmung*** – das wissen Sie als Erzieherfachkraft.

1. Welche Konsequenzen ergeben sich daraus für Ihre professionelle Arbeit mit jungen Kindern? Erstellen Sie eine Auflistung, was es für Sie als Vorbild zu beachten gilt – auch für Ihr sprachliches Vorbild, vgl. *Sprachbildung* *.
2. In welchen Bildungsbereichen wollen Sie noch Vorbild sein für die Kinder Ihrer PiA-Praxisgruppe? Fertigen Sie eine Hierarchie Ihrer Vorbildfunktion an.

** siehe Querschnittsaufgabe des Erziehers*

LERNSITUATION 3

Bezugskind Tim

Tim (1;6 Jahre) ist Ihnen als Bezugserzieher/-in in besonderer Weise anvertraut. Da er auf körperliche Berührung auffallend sensibel reagiert, versuchen Sie immer erst einen Blickkontakt herzustellen, bevor Sie ihn an die Hand nehmen, ihn aufnehmen oder zum Wickeln bringen.

Dabei achten Sie besonders auf Impulse, die von ihm ausgehen, z. B. wenn er sie kurz anschaut oder selten anlächelt. Dann bieten Sie möglichst situativ kleine „Guck-guck-Spiele“, Versteckspiele und anderes an. Einfache Kniereiterspiele oder Klatschspiele ermöglichen Tim, auch von sich aus mit Ihnen oder anderen Kindern vorsichtig in Berührung zu kommen. Darauf aufbauend können Sie seine Initiative nützen, um z. B. Dinge in seinem unmittelbaren Lebensumfeld zu benennen.
Für Sprachspiele nutzen Sie Tims besonderes Interesse für Tiere. Sie verwenden beispielsweise Bilderkarten vom Tiermemory, um Tiere zu erkennen und zu benennen.

An manchen Tagen ist Tim jedoch kaum zugänglich für Ihre Angebote. Dann kommen Ihnen Zweifel, ob Sie für Tim überhaupt etwas tun können. Er ähnelt aus Ihrer Wahrnehmung doch sehr seiner Mutter, die sich ganz unzugänglich zeigt für Ihre pädagogischen Empfehlungen.

Zur Lernsituation 3 passende Arbeitsblätter und Grundlagentexte (S. 120–134):

Arbeitsblätter	Grundlagentexte
Kindheitsphasen und Entwicklungsaufgaben (S. 121)	
Veränderte Kindheit (S. 122)	
Gesellschaftlicher Wandel (S. 123)	***Anlage 16*** Liste Bildungspläne für die frühe Bildung (S. 124)
Bild vom Kind (S. 125)	***Anlage 17*** GRUNDLAGENTEXT: Das Bild vom Kind (S. 126)
Partizipation und Prävention in der Einrichtung (S. 127)	
Aufgaben des Erziehers (S. 128)	
Professionelle Erziehungsarbeit (Grundkompetenzen) (S. 129)	***Anlage 18*** GRUNDLAGENTEXT: Grundkompetenzen des Erziehers (S. 130)
Kinder mit besonderen Bedürfnissen – Sprachbildung (S. 131)	
Empathie (S. 132)	***Anlage 19*** GRUNDLAGENTEXT: Empathie und Einfühlungsvermögen (S. 133)
Professionelle Selbstreflexion (S. 134)	Ggf. ***Anlage 8*** GRUNDLAGENTEXT: Biografische Selbstreflexion (S. 99)

	**Lernsituation 3** Berufsbild Erzieher/-in: Vom Wandel
Sozialform	• Einzelarbeit • Zweiergruppe
Arbeitsmittel	• Schulbuch & Fachliteratur • Kuno Bellers Entwicklungstabellen o. Ä.

Lernsituation

Sie sind Bezugserzieher/-in für den anderthalbjährigen Tim.

1. In welcher ***Kindheitsphase*** befindet sich Tim und für welche **Beziehungssysteme** ist er dementsprechend erreichbar?

2. Welche vorrangigen ***Entwicklungsaufgaben*** eines Kindes fallen in diese Zeit? Nehmen Sie dazu Einblick in die Beller´schen Entwicklungstabellen.

	Lernsituation 3 Berufsbild Erzieher/-in: Vom Wandel
Sozialform	Einzelarbeit
Arbeitsmittel	Schulbuch & Fachliteratur

Veränderte Kindheit ist ein wesentlicher Einflussfaktor von Erziehung.

1. Welche Aspekte veränderter Kindheit könnten bei dem Jungen Tim greifen?

2. Berücksichtigen Sie bei Ihren Überlegungen besonders die Schlagworte
- Medienkindheit,
- Konsumkindheit,
- Stadtkindheit.

3. Wie erleben Sie veränderte Kindheit an Ihrer Praxisstelle (praxisintegrierte Ausbildung)? Welche der drei Aspekte unter Aufgabe 2. sehen Sie am deutlichsten verändert? Geben Sie ein konkretes Beispiel.

	**Lernsituation 3** Berufsbild Erzieher/-in: Vom Wandel
Sozialform	Einzelarbeit
Arbeitsmittel	• Bildungspläne des eigenen Bundeslands für die frühe Bildung in Kitas (s. ***Anlage 16*** Liste) • Ggf. BEP

Gesellschaftlicher Wandel

Auch Ihr landeseigener Bildungsplan für die frühe Bildung in Kindertageseinrichtungen greift die veränderte Erziehungsumgebung der heutigen Zeit auf (z. B. im „Bayerischen Erziehungs- und Bildungsplan“ BEP auf S. 17 ff.; URL: *https://www.ifp.bayern/files/media/ifp/public/books/bildungs-erziehungsplan/index.html)*

1. Bearbeiten Sie die Aussagen des Bildungsplans zum Thema „gesellschaftliche Veränderungen“. Erstellen Sie eine Mindmap.
2. Im BEP: Welche weiteren Veränderungen rechtfertigen dort die Notwendigkeit eines Erziehungs- und Bildungsplans? (Teil 1, Kapitel 1)

Anlage 16

Liste: Bildungspläne der Bundesländer für die frühe Bildung in Kindertageseinrichtungen

Links zu den genannten Plänen der verschiedenen Bundesländer hier:
www.bildungsserver.de/Bildungsplaene-der-Bundeslaender-fuer-die-fruehe-Bildung-in-Kindertageseinrichtungen-2027.html

- Baden-Württemberg: „Orientierungsplan für Bildung und Erziehung in baden-württembergischen Kindergärten und weiteren Kindertageseinrichtungen"
- Bayern: „Der Bayerische Bildungs- und Erziehungsplan für Kinder in Tageseinrichtungen bis zur Einschulung" (BEP)
(Ansicht: *https://www.ifp.bayern/files/media/ifp/public/books/bildungs-erziehungsplan/index.html*) (2019)
- „Bildung, Erziehung und Betreuung von Kindern in den ersten drei Lebensjahren – Eine Handreichung zum Bayerischen Bildungs- und Erziehungsplan" (2010)
- Berlin: „Berliner Bildungsprogramm für Kitas und Kindertagespflege"
- Brandenburg: „Grundsätze elementarer Bildung in Einrichtungen der Kindertagesbetreuung im Land Brandenburg"
- Bremen: „Rahmenplan für Bildung und Erziehung im Elementarbereich – Bremen"
- Hamburg: „Hamburger Bildungsempfehlungen für die Bildung und Erziehung von Kindern in Tageseinrichtungen"
- Hessen: „Bildung von Anfang an. Bildungs- und Erziehungsplan für Kinder von 0 bis 10 Jahren in Hessen"
- Mecklenburg-Vorpommern: „Bildungskonzeption für 0- bis 10-jährige Kinder in Mecklenburg-Vorpommern. Zur Arbeit in Kindertageseinrichtungen und Kindertagespflege"
- Niedersachsen: „Orientierungsplan für Bildung und Erziehung im Elementarbereich niedersächsischer Tageseinrichtungen für Kinder"
- Nordrhein-Westfalen: „Bildungsförderung im Elementarbereich – Mehr Chancen durch Bildung von Anfang an" und: „Grundsätze zur Bildungsförderung für Kinder von 0 bis 10 Jahren in Kindertageseinrichtungen und Schulen im Primarbereich in Nordrhein-Westfalen (Entwurf)"
- Rheinland-Pfalz: „Bildungs- und Erziehungsempfehlungen für Kindertagesstätten in Rheinland-Pfalz"
- Saarland: „Bildungsprogramm für saarländische Kindergärten"
- Sachsen: „Der sächsische Bildungsplan – ein Leitfaden für pädagogische Fachkräfte in Krippen, Kindergärten und Horten sowie für Kindertagespflege"
- Sachsen-Anhalt: „Bildungsprogramm für Kindertageseinrichtungen in Sachsen-Anhalt. Bildung: elementar – Bildung von Anfang an"
- Schleswig-Holstein: „Erfolgreich starten – Leitlinien zum Bildungsauftrag von Kindertageseinrichtungen in Schleswig-Holstein"
- Thüringen: „Thüringer Bildungsplan für Kinder bis 10 Jahre"

	**Lernsituation 3** Berufsbild Erzieher/-in: Vom Wandel
Sozialform	• Einzelarbeit • Team
Arbeitsmittel	• Schulbuch & Fachliteratur • ***Anlage 17:*** Das Bild vom Kind • Bildungsplan des eigenen Bundeslands für die frühe Bildung in Kitas (s. ***Anlage 16:*** Liste)

Bild vom Kind

Reflektieren Sie die in Lernsituation 3 geschilderten Bildungssituationen:

1. Ordnen Sie diese begründet einem tragenden ***Bild vom Kind*** zu.
2. Aus welchem Bild vom Kind könnten sich u. U. Ihre Zweifel nähren?
3. Können Sie ein solches Bild mit sich bzw. mit den Mitstudierenden en vereinbaren? Diskutieren Sie in der Gruppe.
4. Gibt Ihnen Ihr Bildungsplan für die frühe Bildung in Kitas hilfreiche Vorgehensweisen für die Sicht auf das Kind an die Hand? (Beispiel: im Bayerischen BEP unter Punkt 2.1.) Machen Sie sich diesbezüglich Gedanken um Tim.

Anlage 17

GRUNDLAGENTEXT: Das Bild vom Kind

Das **Bild vom Kind** ist nicht nur getragen von persönlichen Eindrücken und Erfahrungen, sondern vor allem von geschichtlichen und gesellschaftlichen Lebensbezügen. Psychologen und Erziehungswissenschaftler gehen von 3 Grundannahmen zum Wesen des Kindes aus:

Das Kind als „unbehauener Stein, weißes Blatt Papier, unbeschriebene Tafel“, diese Metaphern stehen für ein Bild vom Kind, welches von Natur aus unreif, von Geburt an unvollkommen (physiologische Frühgeburt nach A. Portmann) ist. Es braucht deshalb Erziehung und Bildung, welche das Kind zu dem machen, was es später ist.
Die Milieutheoretiker (Behavioristen) vertreten diese tendenziell defizitorientierte Sichtweise vom Kind. Der Einfluss von Erziehung wird als sehr hoch bewertet, deshalb wird diese Sicht auf das Kind auch als „pädagogischer Optimismus“ bezeichnet.

Ganz anders der „pädagogische Pessimismus“, der eine Art Ohnmacht von Erziehung beschreibt: Er lehnt sich an ein **Bild vom Kind als „Samenkorn“**. In diesem wird das Kind gesehen als ein in sich festgelegtes Wesen, das genetisch vorprogrammiert ist und welches am besten gedeiht, je weniger Erziehung Einfluss nimmt auf seine individuelle Entwicklung. Der Pädagoge wird in dieser Metapher gesehen als **„Gärtner“**, der für günstige Rahmenbedingungen (im Bild quasi „Wasser und Licht“) zur Verfügung stellt. Diese Auffassung geht zurück auf den französischen Philosophen J.J. Rousseau, der sagt, das Kind sei von Natur aus gut und entwickle sich am besten ohne äußere Einflüsse. Das Kind ist Teil der Natur und damit auch Teil von etwas Größerem - Fröbel nennt es Gott oder Göttliches. Aber er sagt auch, Erziehung muss „nachgehend" und nicht „vorschreibend" sein. Das Kind möchte selbst etwas tun, also spielen und sich dadurch weiterentwickeln.

Eine weitere und heute verbreitete Sicht auf das Kind entwickelt sich aus dem pädagogischen Konstruktivismus heraus und **sieht im Kind ein kompetentes Wesen**, welches seinen eigenen Entwicklungs- und Bildungsweg kennt und geht: Das Kind konstruiert sich „sein Bild von der Welt“, also eine subjektive Wirklichkeit. Entsprechend dieser Annahme kann Wissen nicht von außen zugeführt werden, sondern muss vom Kind selbst und in seinem eigenen Kontext erfahrbar werden. Dafür bedarf es eines Erziehers, der es aufmerksam beobachtet und entsprechend der kindlichen Entwicklungsimpulse und Ressourcen als Lernbegleiter **ko-konstruktiv begleitet**. Dabei sind die Interaktionen mit Erwachsenen/Erziehern und Gleichaltrigen bedeutsam, weil innerhalb dieser die Entwicklung individuell, interessensgeleitet, aktiv und selbstgesteuert stattfindet. Es handelt sich dabei um einen offenen, freien Lernprozess, der durch komplexe Wechselwirkungen zwischen Aktionen des Kindes und Reaktionen der Umwelt getragen ist. Darin strebt das Kind zur Selbstverwirklichung. Maria Montessori spricht mit ihrem „Hilf mir, es selbst zu tun“ auch die Bedeutsamkeit des Lernens durch Vorbild und Nachahmung, Authentizität und Selbsttätigkeit an.

	**Lernsituation 3** Berufsbild Erzieher/-in: Vom Wandel
Sozialform	Team
Arbeitsmittel	• Schulbuch & Fachliteratur • Querschnittsaufgaben

Sie arbeiten in einer Kinderkrippe und als solches in einer ***familienergänzenden Einrichtung.***

1. Wo können Sie bereits im erzieherischen Alltag der Krippe das Ziel gesellschaftlicher *Partizipation** anstreben? Geben Sie konkrete Beispiele bezogen auf 3 Kinder in Ihrer Gruppe. Diskutieren Sie Möglichkeiten in der Gruppe.

2. Welche Einrichtungen im Umfeld/im Sozialraum Ihrer Krippe bieten sich an, um für den Jungen Tim (siehe Lernsituation 3) präventive Unterstützung zu erhalten *Prävention**?

3. Sie arbeiten derzeit in einer familienergänzenden oder familienersetzenden Einrichtung. Wo leisten Sie konkret einen Beitrag zu
   - Partizipation?
   - Prävention?

** siehe Querschnittsaufgabe des Erziehers*

	**Lernsituation 3** Berufsbild Erzieher/-in: Vom Wandel
Sozialform	Team
Arbeitsmittel	• Schulbuch & Fachliteratur • Bildungsplan des eigenen Bundeslands für die frühe Bildung in Kitas (s. ***Anlage 16*** Liste)

Die ***Aufgaben der erzieherischen Fachkraft*** sind sehr vielfältig:

1. Welche Aufgaben sind Ihnen besonders wichtig? Stellen Sie einige Aufgaben in einer Mindmap dar, worin Sie die Aufgaben konkret auf die Kinder Ihrer Gruppe aus der Rahmensituation beziehen.
2. Welche Aussagen macht der Bildungsplan für die frühe Bildung von Kindern Ihres Landes (z. B. der Bayrische Bildungsplan BEP, S. 26) bzgl. der Begrifflichkeiten „**Erziehung – Bildung – Entwicklung**"?
3. Ordnen Sie die in der Mindmap fixierten Aufgaben diesen Begrifflichkeiten durch farbliche Kennzeichnung zu.
4. Finden sich bei den Aufgaben auch sogenannte Querschnittsaufgaben? Markieren Sie diese besonders.
5. Welche Aufgaben sind in Ihrem Arbeitsfeld an der Praxisstelle besonders dominierend (praxisintegrierte Ausbildung)? Ordnen Sie diese den Begriffen „Erziehung – Bildung – Entwicklung" zu.

	**Lernsituation 3** Berufsbild Erzieher/-in: Vom Wandel
Sozialform	Einzelarbeit
Arbeitsmittel	• Schulbuch & Fachliteratur • *Anlage 18:* Grundkompetenzen des Erziehers

In einer Kinderkrippe wird ***professionelle Erziehungsarbeit*** geleistet.

1. Worin zeigt sich diese bezogen auf den Jungen Tim?
2. Welche ***Grundkompetenzen*** helfen Ihnen, Tim angemessen und hilfreich zu begegnen? Geben Sie konkrete Beispiele.
3. Welche Grundkompetenzen brauchen Sie für Ihre Tätigkeit an der derzeitigen Praxisstelle (praxisintegrierte Ausbildung)? Beschreiben Sie drei, die Ihnen besonders wichtig erscheinen, in Verbindung mit einem jeweils konkreten Beispiel.

Lernsituation

Anlage 18

GRUNDLAGENTEXT: Grundkompetenzen des Erziehers

Erzieherische Handlungskompetenz			
Ich-Kompetenz (Selbst-, Personal-)	**Fachkompetenz**	**Methodenkompetenz**	**Sozialkompetenz**
kennt eigene Stärken und Schwächen	hat fachtheoretisches Wissen, z.B. Entwicklungspsychologie	arbeitet zielgerichtet	zeigt angemessene Wahrnehmung Dritter
reflektiert eigene biografische Zusammenhänge	erkennt erzieherische Aufgaben und Problemstellungen	wendet unterschiedliche Methoden an	kommuniziert mit am Erziehungsprozess Beteiligten angemessen
übernimmt Verantwortung	entwickelt Fertigkeit, fachliche Aufgaben umzusetzen	analysiert berufliche Situationen	übernimmt Verantwortung
hat eine Wahrnehmung von sich und eigenem Handeln	entwickelt sich in erzieherischen Grundfragen weiter durch fachliche Reflexion	wendet Verfahren flexibel an	kann Konflikte konstruktiv bearbeiten
ist selbstständig im Umgang mit Herausforderungen	angemessener Umgang mit Fachsprache	wendet Lern- und Arbeitstechniken an	ist empathisch und wertschätzend im Umgang mit Dritten
organisiert sich und beruflichen Alltag angemessen	ist fähig zu professioneller Beobachtung	macht sich eigene Lernstrategien zu eigen	gestaltet Arbeitswelt aktiv mit
reflektiert eigene Wertvorstellungen im Zusammenhang mit beruflichen Aufgaben	strukturiert nach methodisch-didaktischen Grundsätzen	wendet Gesprächsführungsmethoden an	übernimmt angemessen Führung
entwickelt berufliche und persönliche Ressourcen weiter	plant pädagogische Arbeit zielgerichtet		zeigt situationsgerechtes Auftreten und Handeln
hat angemessene Frustrationstoleranz			stellt sich gesellschaftlichen Herausforderungen

Alle Aspekte der Handlungskompetenz (Selbst-, Fach-, Methoden-, Sozialkompetenz) werden getragen von Grundkompetenzen als Basis für die Bewältigung fachlicher Aufgaben. Diese sind:

Differenzierte Wahrnehmung und Beobachtung
Ein effektiver Erziehungsprozess kann sich nur einstellen aus der Basis eines qualifizierten Beobachtens, d. h., der Erzieher muss

- die Kinder/Jugendlichen genau kennen,
- entwicklungspsychologische wie auch situative Veränderungen wahrnehmen,
- zielorientiert und systematisch beobachten können.

Dokumentation und **Reflexion/Evaluation**
Um Beobachtungs-/Erziehungsergebnisse zu sichern, werden sie mittels fachlicher Reflexion dokumentiert.

Kommunikation
Pädagogische Fachkräfte sind eingebunden in ein vielseitiges Beziehungsfeld. Kommunikative Fähigkeiten beziehen sich nicht nur auf eine grundsätzliche Kontaktfähigkeit, sondern vor allem auf eine *professionelle* Gesprächsführung. D. h., in der Zusammenarbeit mit Erziehungspartnern soll die Fachkraft methodisch in der Lage sein, Krisengespräche konstruktiv zu gestalten und Gesprächsfehler zu vermeiden.

Organisation
Sozialpädagogische Fachkräfte arbeiten vernetzt in kleineren oder größeren Organisationen. Das erfordert die Fähigkeit zur Kooperation (z. B. im Team) ebenso wie die Gestaltung sozialer Strukturen (Netzwerkarbeit, Sozialraumorientierung).

Planung und Durchführung von **Erziehungs- und Bildungsprozessen**
Durch professionelles Planen und Realisieren zeichnet sich die Erziehungsarbeit mit ihrem intentionalen Anspruch aus. Es wird nach zielgerichteten systematischen Vorgaben gearbeitet.

	Lernsituation 3 Anspruch und Wirklichkeit: Professionalisierung, Haltungen
Sozialform	Einzelarbeit
Arbeitsmittel	• Schulbuch & Fachliteratur • Querschnittsaufgaben • Bildungsplan des Landes zu U3

Lernsituation

Tim ist ein Kind mit ganz ***besonderen Bedürfnissen***.

1. Welche Bedürfnisse können Sie erkennen und wie werden Sie diesen Rechnung tragen?
2. Wie können Sie seine *Sprachbildung** vorantreiben? Geben Sie konkrete Beispiele, die Sie aus der Praxis kennen.
3. Arbeiten Sie mit dem Abschnitt Ihres Länder-Bildungsplans für die Gruppe Kinder unter 3 Jahren. Welche Ressourcen des Kindes können Sie stärken?
4. Welches Kind oder welcher Jugendlicher an Ihrer derzeitigen Praxiseinrichtung (praxisintegrierte Ausbildung) hat besondere Bedürfnisse? Beschreiben Sie diese möglichst konkret.

** siehe Querschnittsaufgabe des Erziehers*

	**Lernsituation 3** Anspruch und Wirklichkeit: Professionalisierung, Haltungen
Sozialform	• Einzelarbeit • Zweiergruppe
Arbeitsmittel	• Schulbuch & Fachliteratur • ***Anlage 19:*** Empathie und Einfühlungsvermögen

Tim braucht ein Erzieherverhalten, das getragen ist von ***Empathie***.

1. Wie wird sich Ihr einfühlsames Verstehen alltäglich äußern können? Geben Sie individuelle Beispiele.

2. Wo sehen Sie Ihre Grenzen? Diskutieren Sie diese in Zweiergruppen.

3. Wie erleben Sie empathisches Verhalten bei sich aktuell an Ihrer Praxisstelle? Welche Grenzen erfahren Sie?

Anlage 19

GRUNDLAGENTEXT: Empathie und Einfühlungsvermögen

Empathie bezeichnet die Fähigkeit, sich in die andersartige Erlebnis-, Bedürfnis- und Gefühlslage eines anderen Menschen einzufühlen. Es ist also die Kunst, sich in die Sichtweise des anderen zu versetzen, seinen Standpunkt zu erkennen, sich für seine Lebenswelt zu interessieren.
Empathie ist mehr als Mitgefühl; sie ist die Brücke zum Verständnis der inneren Welt des Gegenübers.
Empathie wird auch als Einfühlungsvermögen oder soziale Sensibilität bezeichnet.

Was Carl Rogers mit Empathie beschreibt, drückte Sigmund Freud aus mit dem Begriff „Einfühlung“: Erst diese macht es dem Erzieher möglich, die Persönlichkeit des Heranwachsenden ganzheitlich, also auch unter Einbeziehung seiner Emotionalität, wahrzunehmen.
Dazu ist die Fähigkeit, die Perspektive des anderen übernehmen zu können, hilfreich: Jeder Mensch hat seine eigene, subjektive Sicht auf die Umwelt (**Perspektivenübernahme**).

Empathie ist eng verbunden mit **Wertschätzung** und **Akzeptanz** und wurde von Carl Rogers im Rahmen seines therapeutischen Arbeitens beschrieben. Schon beim Säugling zeigt sich ein Grundbedürfnis nach Verstandenwerden, welches von der Mutter erfüllt wird und damit für die Entwicklung von Urvertrauen sorgt: Eine sichere Bindung entsteht dort, wo sich der Heranwachsende mit seinen Gefühlen verstanden fühlt. So kann Vertrauen wachsen. Dieser Prozess findet zentral in der frühen Kindheit statt und setzt sich fort.

In der Regel fassen in unserer Gesellschaft Menschen ihre Emotionen nicht sofort in Worte, stattdessen geben **nonverbale Signale** Aufschluss über Botschaften, die hinter dem Gesagten stehen können: Klang der Stimme, Gestik, Mimik, Haltung und Körpersprache. Neben dem bekannten „aktiven Zuhören“ ist also auch ein „**aktives Zusehen**“ notwendig: Im nonverbalen Ausdruck zeigen sich Verspannungen, Ängste oder Wut. Auch hier ist es wichtig, einfühlend zu sein und auf eine Interpretation oder Bewertung möglichst zu verzichten. Es gilt, neutral Wahrnehmungen zu machen und diese dem Gesprächspartner zu spiegeln.

Die 6 menschlichen Basisemotionen: Freude – Ärger – Angst – Ekel – Trauer – Erstaunen

Im Folgenden wird **einfühlendes Verstehen** von Tausch und Tausch (1971) als „Merkmalsbündel“ dargestellt und in eine Skala von 1 bis 5 eingebracht:

Einfühlendes Verstehen	
Kein einfühlendes Verstehen • eine Person geht auf die Äußerungen des anderen nicht ein • sie geht auf die vom anderen ausgedrückten oder hinter seinem Verhalten stehenden gefühlsmäßigen Erlebnisinhalte nicht ein • sie versteht den anderen deutlich anders, als dieser sich selbst sieht • sie geht von einem vorgefassten Bezugspunkt aus, der den des anderen völlig ausschließt • sie zeigt nicht einmal, dass ihr die vom anderen offen ausgedrückten Oberflächengefühle bewusst sind • sie ist entfernt von dem, was der andere fühlt, denkt oder sagt • sie bemüht sich nicht, die Welt mit den Augen des anderen zu sehen • sie befasst sich nicht mit den vom anderen geäußerten gefühlsmäßigen Erlebnissen oder schmälert diese, indem sie bedeutsam geringere gefühlsmäßige Erlebnisinhalte des anderen anspricht • ihre Handlungen und Maßnahmen sind nicht der inneren Welt des anderen angemessen, sie gehen an dem Fühlen und den inneren Bedürfnissen des anderen vorbei	**Vollständiges einfühlendes Verstehen** • eine Person erfasst vollständig die vom anderen geäußerten gefühlsmäßigen Erlebnisinhalte und gefühlten Bedeutungen • sie wird gewahr, was die Äußerungen oder das Verhalten für das Selbst des anderen bedeuten • sie versteht den anderen so, wie dieser sich im Augenblick selbst sieht • sie teilt dem anderen das mit, was sie von seiner inneren Welt verstanden hat • sie hilft dem anderen, die von ihm gefühlte Bedeutung dessen zu sehen, was er geäußert hat • sie ist dem anderen in dem nahe, was dieser fühlt, denkt und sagt • sie zeigt in ihren Äußerungen und ihrem Verhalten das Ausmaß an, inwieweit sie die Welt des anderen mit seinen Augen sieht • sie drückt die vom anderen gefühlten Inhalte und Bedeutungen in tiefgreifenderer Weise aus, als dieser es selbst konnte • ihre Handlungen und Maßnahmen sind dem persönlichen Erleben des anderen angemessen

Kein Verstehen	**1**	**2**	**3**	**4**	**5**	**Vollständiges Verstehen**

(Tausch/Tausch 1971, 11. Auflage 1998, S. 181)

<table>
<tr><td>
</td><td>Lernsituation 3
Spurensuche:
Biografie, Berufsbild, Gesellschaft</td></tr>
<tr><td>
</td><td>Berufsbild Erzieher/-in:
Vom Wandel</td></tr>
<tr><td>Sozialform</td><td>• Einzelarbeit
• Team</td></tr>
<tr><td>Arbeitsmittel</td><td>• Schulbuch & Fachliteratur
• Anlage 8: Biografische Selbstreflexion</td></tr>
</table>

Die erzieherische Arbeit mit Tim ist sehr anspruchsvoll. Als sein/seine Bezugserzieher/-in sehen Sie Ihre besondere Verantwortung und suchen deshalb bewusst nach Methoden ***professioneller Selbstreflexion***.

1. Welche Möglichkeiten haben Sie? Erarbeiten Sie Wege zur Selbstreflexion in Einzelarbeit.
2. Besprechen Sie sich in der Gruppe.
3. Welche Methoden der professionellen Selbstreflexion haben Sie an Ihrer derzeitigen PiA-Praxisstelle bereits kennen gelernt? Wären sie auf die Lernsituation 3 übertragbar?

Advance Organizer (Lernlandkarte) zu Lernfeld 2

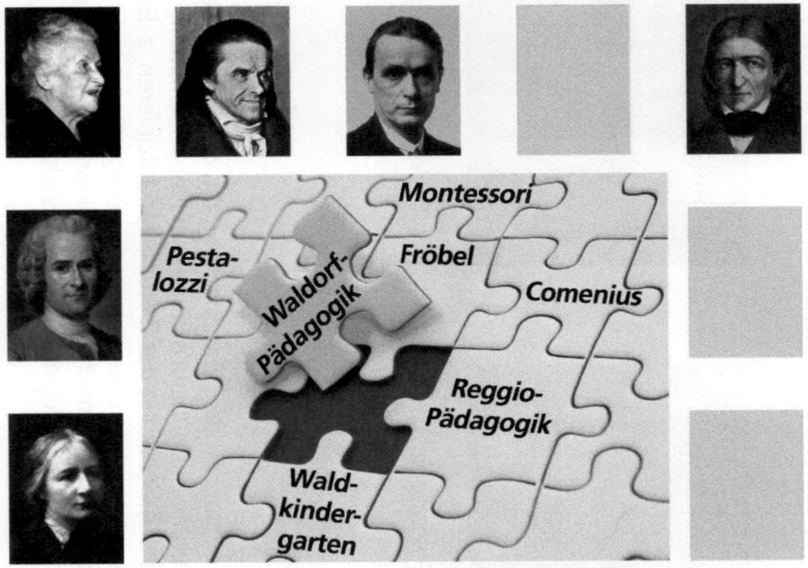

Pädagogische Handlungskonzepte

Kommunikation und Gesprächsführung

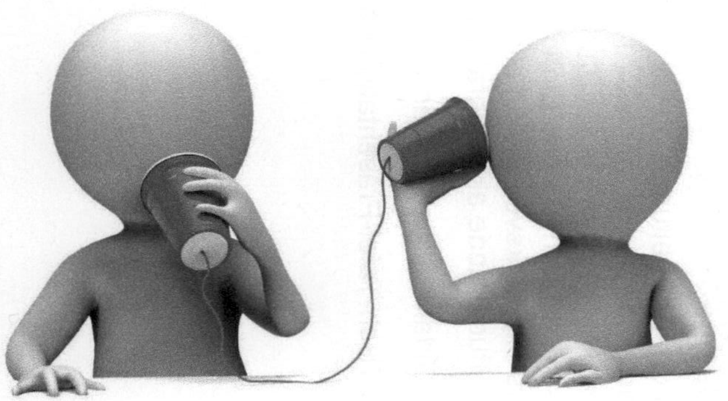

Methodisch-
didaktische
Grundlagen der
Gruppenpädagogik

LERNFELD 2
Pädagogische Handlungskonzepte

LERNSITUATIONEN mit Arbeitsblättern

In dieser Unterrichtssequenz werden Sie 3 wichtige pädagogischen Handlungskonzepte der Gruppenarbeit durch Arbeitsblätter beleuchten. Die Aufgaben sind so angelegt, dass sie mithilfe der (im E-Book mitgelieferten) Präsentationsdateien zu den 3 Konzepten bearbeitet werden können.

Anlage im E-Book: Präsentationsdateien im PDF-Format

Montessori-Pädagogik

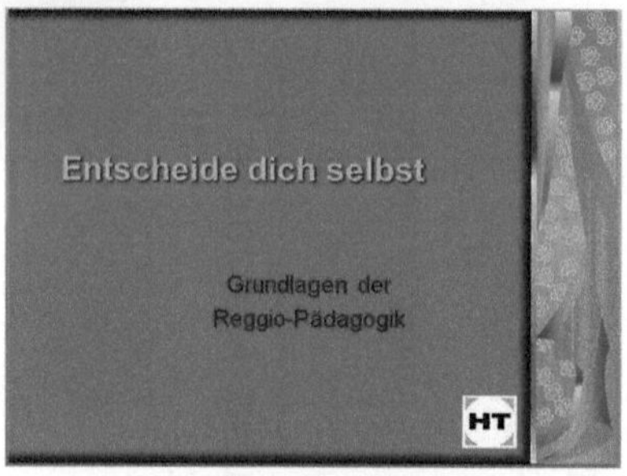

Reggio-Pädagogik

Waldorfpädagogik

Exkursionen

Während der Erarbeitung sind **fachliche Exkursionen** geplant zu den Einrichtungen an, die nach diesen Konzepten arbeiten. So kann es zu Lernortkooperationen mit außerschulischen Institutionen kommen.
Hier ist es wichtig, dass Sie als Studierende schon in der Vorbereitung der Exkursion partizipieren, z. B. indem Sie Wünsche äußern, welche Einrichtungen besucht werden und den Besuch auch mitorganisieren.
Besonders eindrucksvoll sind in aller Regel Exkursionen an Praxiseinrichtungen mit einem besonderen Konzept, an denen Studierende aktuell praktizieren, z.B. im Rahmen ihrer praxisintegrierten Ausbildung.

Vgl. auch Didaktisches Glossar: Lernortkooperation.

Vgl. auch Tisch-Tafel-Präsentation Pädagogische Handlungskonzepte, als Lernfeldabschluss.

Lernfelderöffnung

Lernsituation

Lernsituation 1: Zur Montessori-Pädagogik

Sie arbeiten als Erzieher/-in der zweigruppigen **Kinderkrippe im MONTESSORI-HAUS** in einer Kleinstadt. Insgesamt besuchen 21 Kinder zwischen 0;6 und 2;8 Jahren die Einrichtung.

Die räumliche Ausstattung der Einrichtung berücksichtigt die individuellen und sozialen Bedürfnisse der Säuglinge und Kleinkinder. So gibt es u.a. einen Schlafraum mit kleinen Kojen, einen Bewegungsraum und ein Außengelände mit altersgerechten Spielgeräten.
Die Eltern sind an der pädagogischen Arbeit der Einrichtung sehr interessiert und nehmen ihre Erziehungspartnerschaft deutlich wahr.
Die Konzeption der Einrichtung orientiert sich an einem Menschenbild, welches Wertvorstellungen und Ziele des Erziehungs- und Bildungsplan für die frühe Kindheit aufgreift. Eines Morgens beobachten Sie, wie zwei 2-jährige Mädchen um eine Puppe in Streit geraten. Dabei fällt das eine Kind unglücklich mit dem Mund auf ein umher liegendes Spielzeugauto. Sie kühlen die anschwellenden Lippen des Kindes im Rahmen der Ersthilfe. Andere Eltern, die gerade ihre Kleinkinder in die Einrichtung bringen, werden Zeugen dieser Situation. Eine Mutter bemerkt: „Kein Wunder, dass das passiert. Hier liegt viel zu viel herum und es gibt keine Ordnung." Ihre Kollegin aus der anderen Gruppe kommt hinzu und meint: „Bei mir wäre das nicht passiert. Bei mir müssen alle Kinder gleich wieder aufräumen." Eine andere Mutter meint: „Aber das sind doch noch kleine Kinder, da ist es doch normal, wenn Spielsachen herumliegen." Ein hinzukommender Vater erklärt: „Mir gefällt hier gut, dass die Kinder ohne große Verbote spielen können. Mein Sohn ist dadurch schon sehr selbstständig geworden und spielt auch gerne mit anderen Kindern auf dem Spielplatz."

Lernsituation 2: Zur Waldorfpädagogik

Sie arbeiten als Erzieher/-in der zweigruppigen **Kinderkrippe des RUDOLF-STEINER-KINDERGARTENS** in einer Kleinstadt. Insgesamt besuchen 21 Kinder zwischen 0;6 und 2;8 Jahren die Einrichtung.

Die räumliche Ausstattung der Einrichtung berücksichtigt die individuellen und sozialen Bedürfnisse der Säuglinge und Kleinkinder. So gibt es u.a. einen Schlafraum mit kleinen Kojen, einen Bewegungsraum und ein Außengelände mit altersgerechten Spielgeräten.
Die Eltern sind an der pädagogischen Arbeit der Einrichtung sehr interessiert und nehmen ihre Erziehungspartnerschaft deutlich wahr.
Die Konzeption der Einrichtung orientiert sich an einem Menschenbild, welches Wertvorstellungen und Ziele des Erziehungs- und Bildungsplan für die frühe Kindheit aufgreift. Eines Morgens beobachten Sie, wie zwei 2-jährige Mädchen um eine Puppe in Streit geraten. Dabei fällt das eine Kind unglücklich mit dem Mund auf ein umher liegendes Spielzeugauto. Sie kühlen die anschwellenden Lippen des Kindes im Rahmen der Ersthilfe. Andere Eltern, die gerade ihre Kleinkinder in die Einrichtung bringen, werden Zeugen dieser Situation. Eine Mutter bemerkt: „Kein Wunder, dass das passiert. Hier liegt viel zu viel herum und es gibt keine Ordnung." Ihre Kollegin aus der anderen Gruppe kommt hinzu und meint: „Bei mir wäre das nicht passiert. Bei mir müssen alle Kinder gleich wieder aufräumen." Eine andere Mutter meint: „Aber das sind doch noch kleine Kinder, da ist es doch normal, wenn Spielsachen herumliegen." Ein hinzukommender Vater erklärt: „Mir gefällt hier gut, dass die Kinder ohne große Verbote spielen können. Mein Sohn ist dadurch schon sehr selbstständig geworden und spielt auch gerne mit anderen Kindern auf dem Spielplatz."

Lernsituation 3: Zur Reggio-Pädagogik

Sie arbeiten als Erzieher/-in der zweigruppigen **Kinderkrippe „CASA FANTASIA"** in einer Kleinstadt. Insgesamt besuchen 21 Kinder zwischen 0;6 und 2;8 Jahren die Einrichtung.

Die räumliche Ausstattung der Einrichtung berücksichtigt die individuellen und sozialen Bedürfnisse der Säuglinge und Kleinkinder. So gibt es u.a. einen Schlafraum mit kleinen Kojen, einen Bewegungsraum und ein Außengelände mit altersgerechten Spielgeräten.
Die Eltern sind an der pädagogischen Arbeit der Einrichtung sehr interessiert und nehmen ihre Erziehungspartnerschaft deutlich wahr.
Die Konzeption der Einrichtung orientiert sich an einem Menschenbild, welches Wertvorstellungen und Ziele des Erziehungs- und Bildungsplan für die frühe Kindheit aufgreift. Eines Morgens beobachten Sie, wie zwei 2-jährige Mädchen um eine Puppe in Streit geraten. Dabei fällt das eine Kind unglücklich mit dem Mund auf ein umher liegendes Spielzeugauto. Sie kühlen die anschwellenden Lippen des Kindes im Rahmen der Ersthilfe. Andere Eltern, die gerade ihre Kleinkinder in die Einrichtung bringen, werden Zeugen dieser Situation. Eine Mutter bemerkt: „Kein Wunder, dass das passiert. Hier liegt viel zu viel herum und es gibt keine Ordnung." Ihre Kollegin aus der anderen Gruppe kommt hinzu und meint: „Bei mir wäre das nicht passiert. Bei mir müssen alle Kinder gleich wieder aufräumen." Eine andere Mutter meint: „Aber das sind doch noch kleine Kinder, da ist es doch normal, wenn Spielsachen herumliegen." Ein hinzukommender Vater erklärt: „Mir gefällt hier gut, dass die Kinder ohne große Verbote spielen können. Mein Sohn ist dadurch schon sehr selbstständig geworden und spielt auch gerne mit anderen Kindern auf dem Spielplatz."

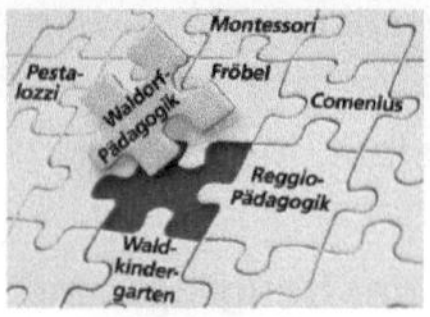	**Lernsituation 1** Montessori
Sozialform	Team (6 Personen)
Arbeitsmittel	• Präsentationsdatei Montessori-Pädagogik • Ländereigener Bildungsplan für die frühe Kindheit (z. B. BEP) • Internet

In der Kinderkrippe aus der Lernsituation 1 wird nach dem Konzept *Maria Montessoris* gearbeitet.

1. Welche räumlichen Gegebenheiten, welche Spielmaterialien werden Sie den Kindern anbieten, um deren individuelle und soziale Bedürfnisse zu berücksichtigen? Suchen Sie beispielhaft Bilder im Internet.
2. Wie sehen Sie die Rolle der Eltern?
3. Welche Werte und Zielvorstellungen sind Ihnen in Ihrer pädagogischen Arbeit besonders wichtig? Nehmen Sie Ihren ländereigenen Bildungsplan für die frühe Kindheit zu Hilfe.
4. Welche Grundgedanken leiten Sie als Montessori-Fachkraft in der geschilderten Situation mit den beiden Mädchen?

Planen Sie einen kurzen Vortrag zu den vorliegenden Fragestellungen für die Klasse.

1. Gehen Sie entsprechend der Aufgabenstellungen arbeitsteilig vor.
2. Geben Sie sich zu Beginn der Arbeitsphase eine zeitliche Struktur.
3. Versuchen Sie sich am Ende jeder Arbeitseinheit über gegenseitige Arbeitsergebnisse zu informieren.

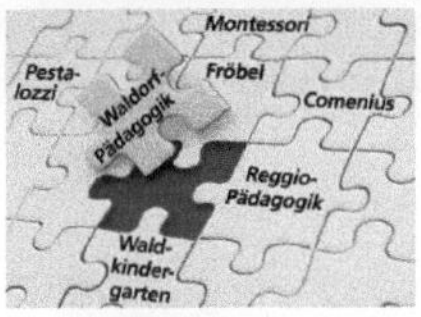

	Lernsituation 2 Waldorfpädagogik
Sozialform	Team (6 Personen)
Arbeitsmittel	• Präsentationsdatei Waldorfpädagogik • Ländereigener Bildungsplan für die frühe Kindheit (z. B. BEP) • Internet

In der Kinderkrippe aus der Lernsituation 2 wird nach den pädagogischen Grundlagen der *Anthroposophie Rudolf Steiners* (Waldorfpädagogik) gearbeitet.

1. Welche räumlichen Gegebenheiten, welche Spielmaterialien werden Sie den Kindern anbieten, um deren individuelle und soziale Bedürfnisse zu berücksichtigen? Suchen Sie beispielhaft Bilder im Internet.
2. Wie sehen Sie die Rolle der Eltern?
3. Welche Werte und Zielvorstellungen sind Ihnen in Ihrer pädagogischen Arbeit besonders wichtig? Nehmen Sie Ihren ländereigenen Bildungsplan für die frühe Kindheit zu Hilfe.
4. Welche Grundgedanken leiten Sie als Waldorfpädagogen/-pädagogin in der geschilderten Situation mit den beiden Mädchen?

Planen Sie einen kurzen Vortrag zu den vorliegenden Fragestellungen für die Klasse.

1. Gehen Sie entsprechend der Aufgabenstellungen arbeitsteilig vor.
2. Geben Sie sich zu Beginn der Arbeitsphase eine zeitliche Struktur.
3. Versuchen Sie sich am Ende jeder Arbeitseinheit über gegenseitige Arbeitsergebnisse zu informieren.

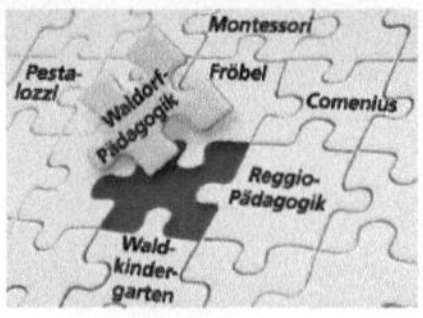	**Lernsituation 3** Reggio-Pädagogik
Sozialform	Team (6 Personen)
Arbeitsmittel	• Präsentationsdatei Reggio-Pädagogik • Ländereigener Bildungsplan für die frühe Kindheit (z. B. BEP) • Internet

In der Kinderkrippe aus der Lernsituation 3 wird nach den pädagogischen Grundlagen der Reggio-Pädagogik gearbeitet.

1. Welche räumlichen Gegebenheiten, welche Spielmaterialien werden Sie den Kindern anbieten, um deren individuelle und soziale Bedürfnisse zu berücksichtigen? Suchen Sie beispielhaft Bilder im Internet.
2. Wie sehen Sie die Rolle der Eltern?
3. Welche Werte und Zielvorstellungen sind Ihnen in Ihrer pädagogischen Arbeit besonders wichtig? Nehmen Sie Ihren ländereigenen Bildungsplan für die frühe Kindheit zu Hilfe.
4. Welche Grundgedanken leiten Sie als Reggio-Pädagogen/-Pädagogin in der geschilderten Situation mit den beiden Mädchen?

Planen Sie einen kurzen Vortrag zu den vorliegenden Fragestellungen für die Klasse.

1. Gehen Sie entsprechend der Aufgabenstellungen arbeitsteilig vor.
2. Geben Sie sich zu Beginn der Arbeitsphase eine zeitliche Struktur.
3. Versuchen Sie sich am Ende jeder Arbeitseinheit über gegenseitige Arbeitsergebnisse zu informieren.

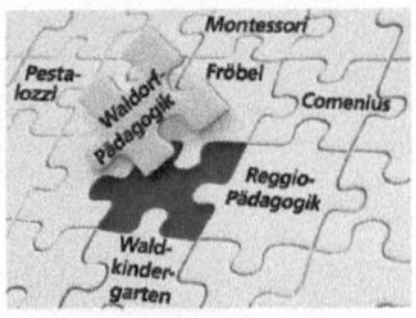	**Lernsituation 1** Montessori
Sozialform	Einzelarbeit
Arbeitsmittel	Internet

Recherche für Exkursion

Im Vorfeld der fachlichen Exkursion sollen Sie sich im Internet informieren über die Einrichtung, die Sie besuchen werden.

Einrichtung: ____

Recherchieren Sie in Einzelarbeit folgende Fragen:

1. Was sind die Kontaktdaten der gewählten Montessori-Einrichtung (Adresse, Webseite)?

2. Wer trägt die Einrichtung? Welche Qualifikation liegt zugrunde?

3. Welche Zielgruppen sollen angesprochen werden?
- nach Altersgruppen
- nach Bedürfnissen

4. Welche Ziele werden verfolgt?

5. In welchen Sozialformen kann gelernt werden?

6. Schreiben Sie ein Zitat Maria Montessoris auf, welches Sie persönlich besonders anspricht.

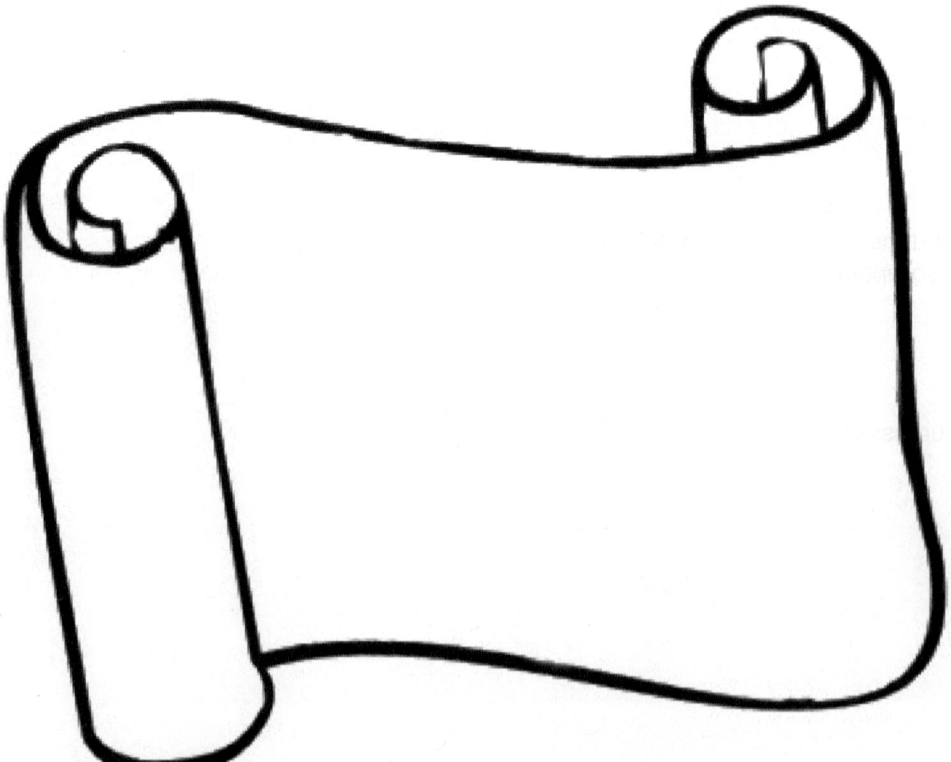

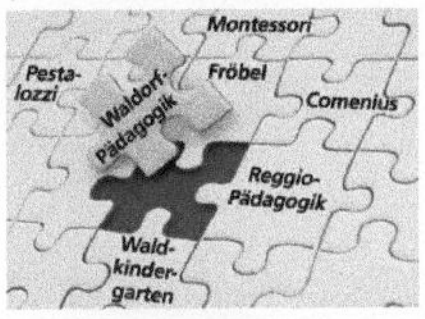

	Lernsituation 2 Waldorfpädagogik
Sozialform	Einzelarbeit
Arbeitsmittel	Internet

Recherche für Exkursion

Im Vorfeld der fachlichen Exkursion sollen Sie sich im Internet informieren über die Einrichtung, die Sie besuchen werden.

Einrichtung: ____

(Beispiel: Waldorfschule Wangen)

Recherchieren Sie in Einzelarbeit folgende Fragen:

1. Was sind die Kontaktdaten der Waldorfeinrichtung (Adresse, Webseite)?

2. Wer ist Träger der Schule bzw. Einrichtung?

3. Was ist der Auftrag der Schule bzw. Einrichtung?

4. Was sind die Werte und Grundlagen der Arbeit?

5. Was erfahren Sie konkret über Arbeitsmethoden?

6. Falls es eine Einrichtung mit mehreren Angeboten für Kinder „unter einem Dach" ist – welche sind dies? Was sind deren Angebote?

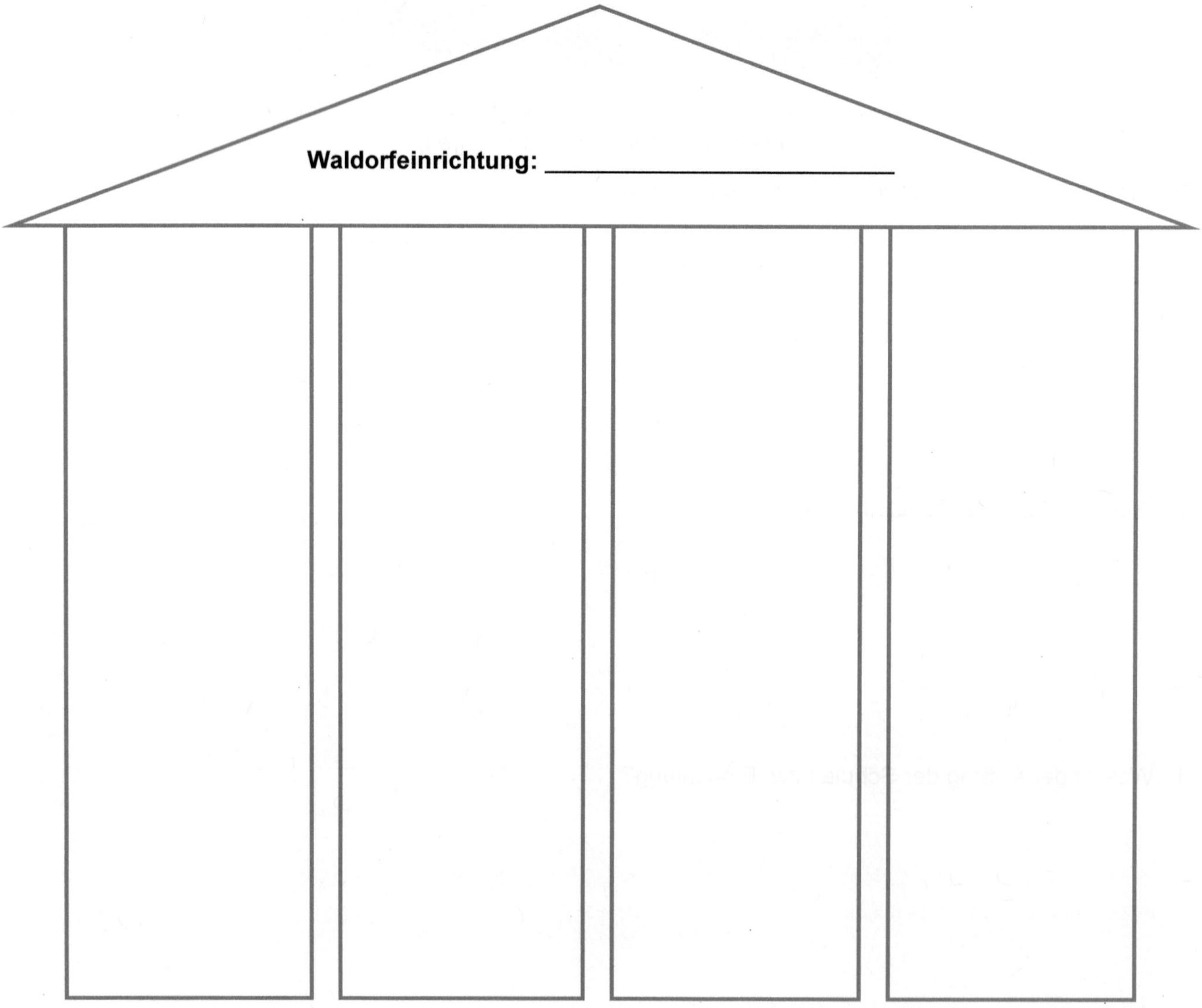

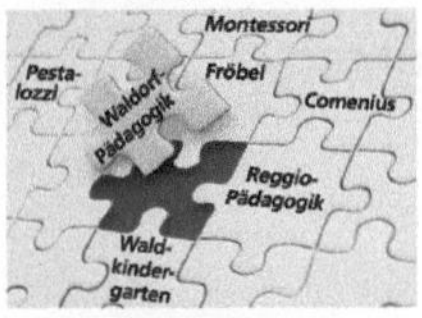

	Lernsituation 1 Montessori
Sozialform	Team (3 Personen): ____________________, ____________________, ____________________
Arbeitsmittel	Arbeitsblatt & Stifte

Fachliche Exkursion

Am ________________ (Datum) besuchen Sie mit der Klasse im Rahmen einer Exkursion die

Montessori-Einrichtung ____.

Versuchen Sie, Antworten auf folgende Fragen zu erhalten:

1. Grundsätze der Montessori-Pädagogik machen sich unter anderem an folgenden Begrifflichkeiten fest – was ist mit ihnen gemeint?

Polarisierung der Aufmerksamkeit	**Vorbereitete Umgebung**	**Freie Wahl der Tätigkeit**
Vom absorbierenden Geist	**Entwicklungsmaterial**	**Vom „inneren Bauplan" des Kindes**

2. Welche Materialien haben Sie kennengelernt für die Arbeit mit Kindern im Alter unter 3 Jahren?
- Übungen des täglichen Lebens (ÜtL)

3. Welche Materialien haben Sie kennengelernt für die Arbeit mit Schulkindern?
- im Bereich sprachliche Förderung

- im Bereich mathematische Förderung

Lernort-

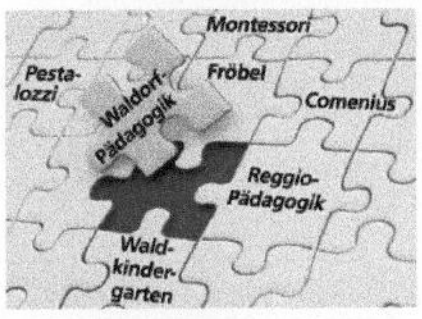	**Lernsituation 2** Waldorfpädagogik
Sozialform	Team (3 Personen): ____________, ____________, ____________
Arbeitsmittel	Arbeitsblatt & Stifte

Fachliche Exkursion

Am ____________ (Datum) besuchen Sie mit der Klasse im Rahmen einer Exkursion die

Waldorf-Einrichtung ________________________________.

Beobachten Sie und versuchen Sie, Antworten auf folgende Fragen zu erhalten:

1. Welche Beobachtungen können Sie bezüglich der Raumgestaltung machen?

2. Was erfahren Sie über die Organisation der Schule bzw. Einrichtung…

- in Bezug auf äußere Faktoren

- in Bezug auf innere/inhaltliche Strukturen

3. Welche Grundlagen der Pädagogik Rudolf Steiners wurden Ihnen vermittelt?

4. Welche methodischen Lernformen wie Epochenunterricht, Klassenlehrer, rhythmisierter Unterricht, Praktika haben Sie kennengelernt?

LERNTHEKE: Kommunikation

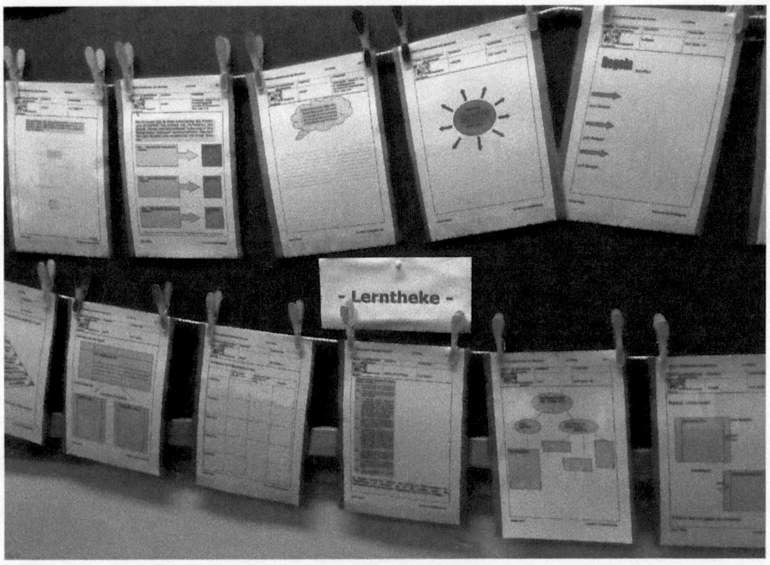

Arbeitsauftrag

Die Lerntheke als Variante des selbst organisierten Lernens (SOL) bietet Ihnen verschiedene Lernangebote in Form von Arbeitsblättern an.
Alle Arbeitsblätter werden in der Klasse übersichtlich präsentiert (z. B. an einer Pinnwand) und erlauben somit einen Überblick. Sehen Sie sich die Arbeitsaufträge in Ruhe an und überlegen Sie sich, was Sie schon gut können, was Sie noch lernen möchten, mit wem Sie arbeiten wollen.
Wählen Sie nun selbst ein Lernangebot nach dem anderen aus, d. h., nehmen Sie die vorbereiteten Kopien der Arbeitsblätter zu sich und lösen Sie die Aufgaben. (Die Kopfzeile macht Angaben zur vorgesehenen Sozialform sowie zu Arbeitsmitteln.)

Haben Sie die Aufgabe gelöst, suchen Sie sich eine weitere aus.
Sie haben die freie Wahl. Seien Sie nicht besorgt, nicht alle Arbeitsaufträge „erledigt“, die „falschen“ ausgewählt oder eine „falsche Lösung“ zu haben – Sie selbst wissen am besten, was Sie für Ihren Lernprozess brauchen.

Die Ergebnisse der Lernthekenarbeit werden innerhalb des eigenen Portfolios dokumentiert. Zusätzlich können sie im Plenum präsentiert bzw. an einer Metaplan-Wand ausgestellt werden.

Hinweise
Diese Lerntheke „Kommunikation“ passt auch zu Lernfeld 5, siehe dort Lerntheke „Gesprächsführung“ (Band 2).

Im Band 2 befindet sich in den digitalen Zusatzmaterialien die Präsentationsdatei zu „Gewaltfreie Kommunikation“ (Lernfeld 5 „Lerntheke Gesprächsführung“).

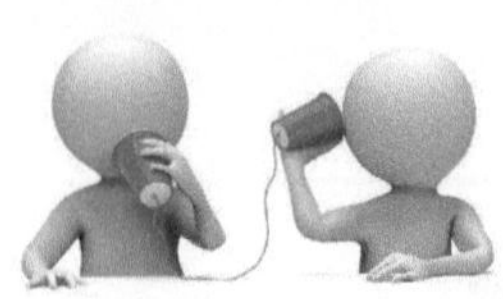

Lerntheke 1

Sozialform	Einzelarbeit
Arbeitsmittel	Schulbuch & Fachliteratur

Allgemeines Kommunikationsmodell

Tragen Sie in das allgemeine Kommunikationsmodell die Faktoren ein, die den Kommunikationsprozess bedingen. Geben Sie mindestens ein Beispiel aus Ihrer Praxis.

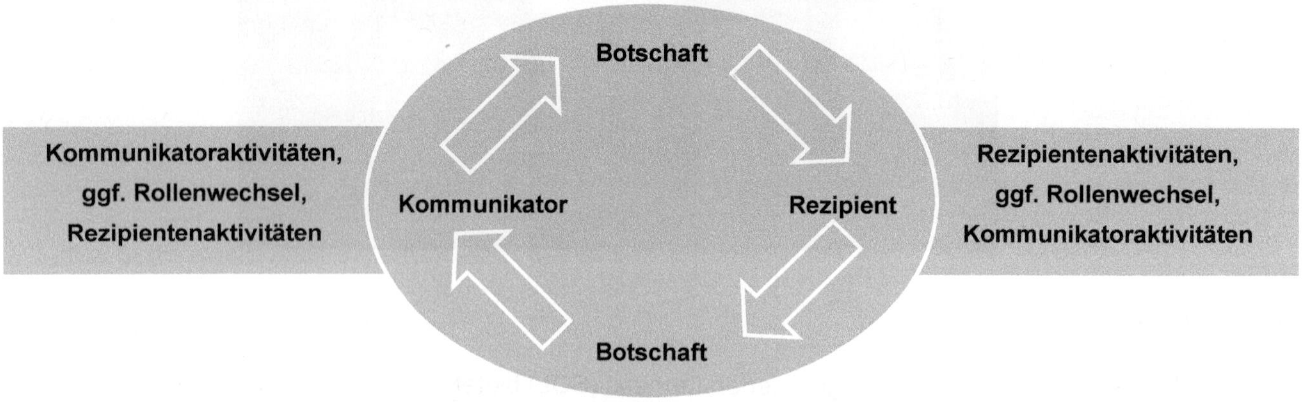

Objektive und subjektive Kommunikationssituation sowie Sender-Empfänger-Beziehung	Merkmale des Umfeldes und des umfassenderen Kontextes	Überdauernde und akute personale Bedingungen
z. B. Thema des Gesprächs,	z. B. Atmosphäre des Raums,	z. B. Beziehung der Sprechenden,
Eigene Erfahrungen:	Eigene Erfahrungen:	Eigene Erfahrungen:

(Vgl. Six/Gleich/Gimmler, Kommunikationspsychologie und Medienpsychologie, 2007)

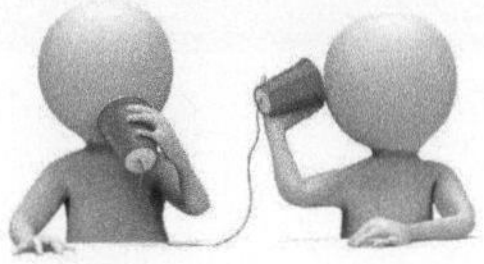	**Lerntheke 2**
Sozialform	Zweiergruppe
Arbeitsmittel	Schulbuch & Fachliteratur

Körpersprache ... und ihre Bedeutung

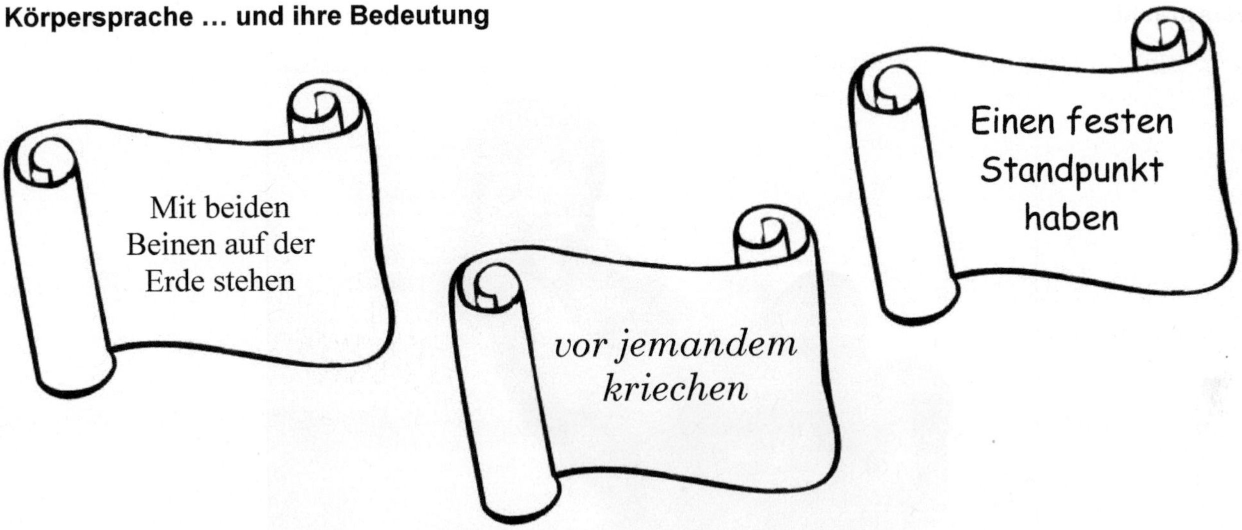

SOL

1. Stellen Sie diese sprachlichen Metaphern körpersprachlich in Zweiergruppen dar. Beobachten Sie sich gegenseitig – was fällt an der Körperhaltung auf? Besprechen Sie Ihre Wahrnehmungen.
2. Welche anderen Sprichwörter mit ähnlicher Bedeutung für die Kommunikation kennen Sie? Sammeln und besprechen Sie.

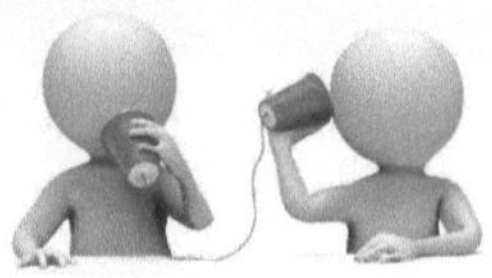	**Lerntheke 3**
Sozialform	Team oder Zweiergruppe
Arbeitsmittel	Schulbuch & Fachliteratur

Körpersprache

1. Das Mädchen ist regelmäßige Besucherin im Jugendtreff, in dem Sie als Berufspraktikantin arbeiten. Aufgrund „auffälligen“ Verhaltens haben Sie sie zum Gespräch gebeten. Was will Ihnen die Sitzposition wohl signalisieren?
2. Wie werden Sie reagieren?

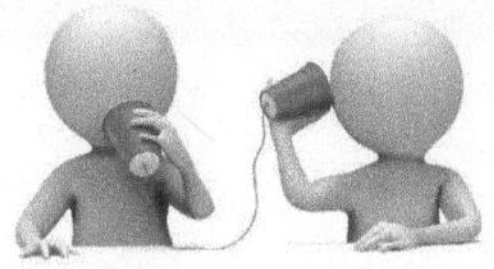

Lerntheke 4

Sozialform	Zweiergruppe
Arbeitsmittel	Schulbuch & Fachliteratur

Mimik und Gestik

Versetzen Sie sich in die Rolle der Erzieherin, die den kleinen Max füttert:

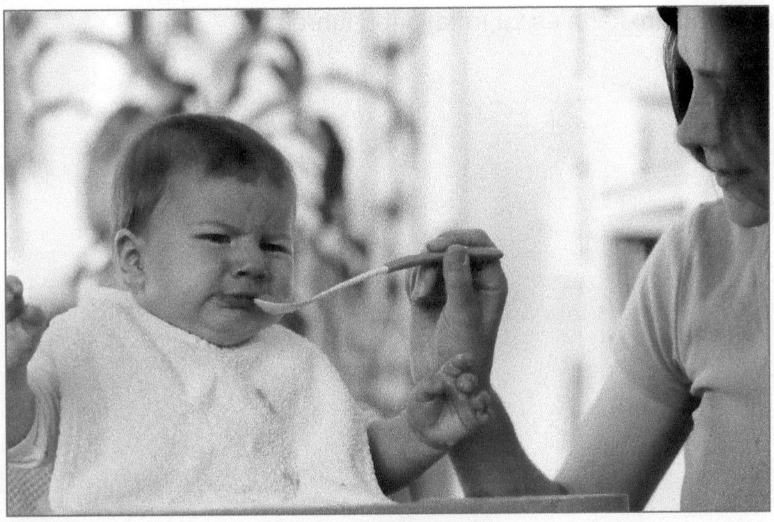

1. Was entnehmen Sie seiner Mimik und Gestik?
2. Welche Wahrnehmungen stecken Ihrerseits dahinter?

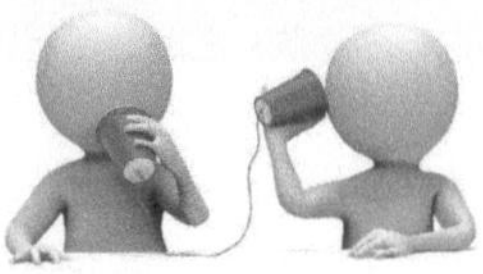	**Lerntheke 5**
Sozialform	Einzelarbeit oder Zweiergruppe
Arbeitsmittel	Schulbuch & Fachliteratur

Distanzzonen in der Kommunikation

Die Zonen, die ein Individuum um sich herum aufbaut, können individuell und kulturell verschieden sein. Man geht grob von den unten genannten Zonen aus. Wird eine Zone in der Kommunikation zwischen Personen unpassend unterlaufen, kann es zu Irritationen führen.

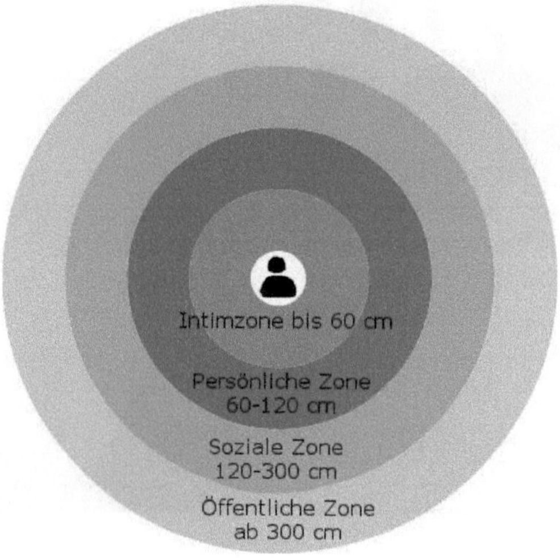

1. Ordnen Sie folgende Bilder aus dem Kindergartenalltag den Distanzzonen zu.

2. Begründen Sie Ihre Zuordnung.

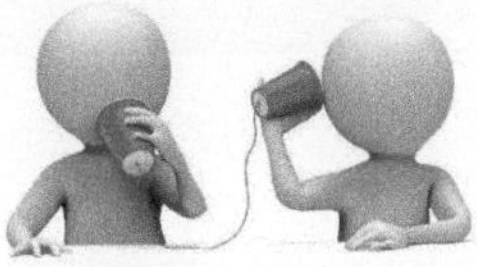	**Lerntheke 6**
Sozialform	Einzelarbeit
Arbeitsmittel	Schulbuch & Fachliteratur

Körpersprache

Fragen zur Selbstreflexion

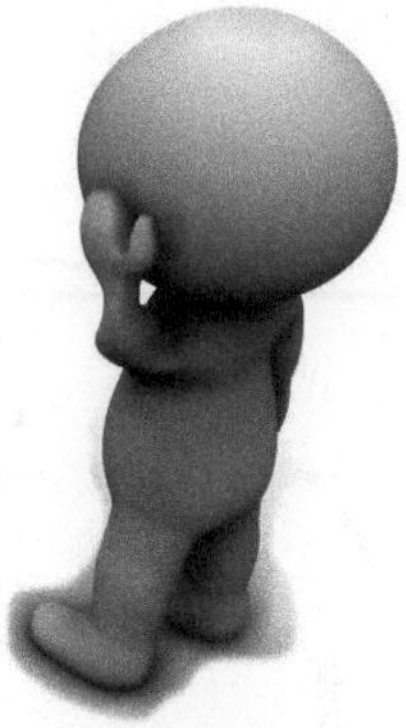

- Wie gebe ich anderen Menschen Zuspruch?
- Wie zeige ich Ablehnung?
- Wie geht es mir, wenn ich getröstet werde?
- Wie werde ich getröstet?
- Wie zeige ich anderen Menschen, dass ich ihnen helfen möchte (verbal, mit Mimik, Gestik o.a.)?
- Mag ich es, wenn mich jemand berührt? Wovon ist das abhängig?
- Welche Einstellung habe ich zum Körperkontakt gegenüber Kindern?
- ____?
- ____?
- ____?

1. Stellen Sie sich Fragen – und geben Sie sich selbst Antworten (Einzelarbeit).

*(**Tipp:** Dieses Arbeitsblatt passt gut in Ihr Portfolio.)*

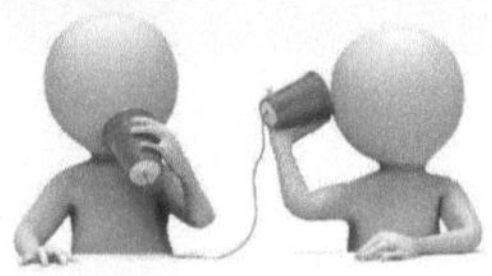

	Lerntheke 7
Sozialform	Einzelarbeit
Arbeitsmittel	Schulbuch & Fachliteratur

Kommunikative Kompetenz

Kommunikative Kompetenz

1. Was versteht man darunter? Benennen Sie Bestandteile.
2. Welche Aspekte konnten Sie schon gut entwickeln, welche möchten Sie bei sich noch verbessern?

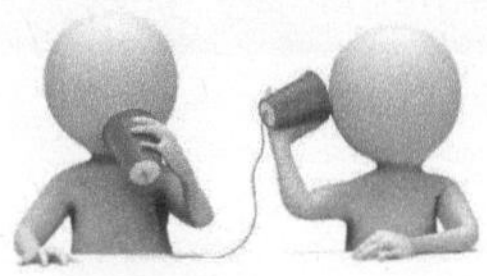	**Lerntheke 8**
Sozialform	Einzelarbeit oder Zweiergruppe
Arbeitsmittel	Schulbuch & Fachliteratur

Sprechen mit Kindern

1. Gute Fragen, schlechte Fragen! Bewerten Sie die Fragestellungen mit „sinnvoll“ bzw. „weniger sinnvoll“ hinsichtlich erfolgreicher Kommunikation.
2. Verbessern Sie die Formulierungen gegebenenfalls. Fügen Sie auch Fragen aus eigener Erfahrung hinzu und bewerten Sie diese.

Frage	Art der Frage	Bewertung: sinnvoll/wenig sinnvoll
„Was hat die Katze mit der Maus gemacht?“		
„Möchtest du in den Garten gehen oder hier bleiben?“		
„Wohin geht die Katze?“		
„Du willst nicht hier bleiben?“		
„Möchtest du mit mir in den Garten gehen?“		
„Welches Spiel möchtest du spielen?“		
„Was spielst du jetzt?“		
„Sollen wir das Bilderbuch noch einmal anschauen?“		
„Hast du die Katze gesehen?“		
„Warum möchtest du nicht sprechen?“		

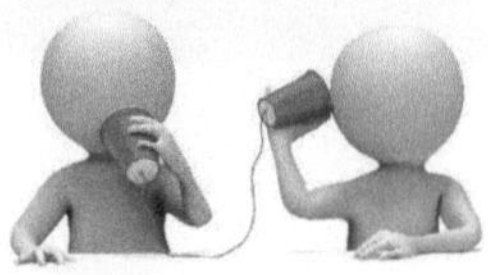	**Lerntheke 9**
Sozialform	Einzelarbeit oder Zweiergruppe
Arbeitsmittel	Schulbuch & Fachliteratur

Sprechen mit Kindern – Verbessern, aber wie?

1. Welche Regeln gelten, welche sind erkennbar?
2. Finden Sie eigene Beispiele und tragen Sie sie ein.

Pädagogisches Handlungskonzept

Voraussetzungen: Menschenbild und Leitprinzipien

Lernsituation

Der Mensch in seiner Ganzheitlichkeit, in seiner Individualität, mit seinen Ressourcen, in seinem System. Das Bild vom kompetenten Kind als Konstrukteur seiner Entwicklung, mit seinem „inneren Bauplan", den „sensiblen Phasen".

Das professionelle pädagogische Handeln ist geprägt von einem bestimmten Menschenbild und damit verbunden mit einem Bild vom Kind. Davon lässt sich eine Grundhaltung des pädagogisch wirksamen Menschen ableiten, die sich orientiert an → der Individualität des Edukanden → seinen Ressourcen → einer reflektierten Beziehungsgestaltung Kind/Erzieherfachkraft.

Dabei gibt es die eine einheitliche, allgemeingültige Haltung nicht, da auf normative Setzungen im Sinne von Individualität und Komplexität verzichtet wird. Es gibt also nicht den einen richtigen Weg, auch keine Rezepte für bestimmte Situationen. Vielmehr wird von einer inneren Einstellung des Erziehenden als Grundlage seines pädagogischen Wirkens zu sprechen sein, die eine reflektierte Beziehungsgestaltung ermöglicht: Herstellung eines positiven emotionalen Beziehung über Wertschätzung und Akzeptanz, Empathie (aktives Zuhören und Zusehen) und Selbstkongruenz des Erziehers (vgl. Selbstreflexion).

„Wenn kleine Kinder lernen, dann lernt immer das ‚ganze Kind'. Neben den Sinnen spielen dabei auch die Emotionen, geistigen Fähigkeiten und Ausdrucksweisen eine ebenso wichtige wie zentrale Rolle. Kinder lernen nachhaltig, was sie aktuell interessiert und emotional bewegt ... Bereits sehr kleine Kinder können und wollen sich mit der Komplexität dieser Welt auseinandersetzen." (Aus: Bildung, Erziehung, Betreuung von Kindern in den ersten drei Lebensjahren, 2010, 1.7)

Der professionelle Blick auf das Kind geht heute weniger von einem defizitären Kind aus, sondern von einem mit vielfältigen Kompetenzen ausgestattetem Wesen. Der Erzieher ist folglich weniger Bildungsvermittler als Entwicklungsbegleiter. Das Kind ist ‚Konstrukteur seiner Bildung' (Kerz 2011). Der Erzieher beobachtet das Kind, sucht seine Interessen/Themen zu erkennen, seine Kompetenzen zu stärken, Lernwege zu eröffnen und Lernprozesse zu begleiten. Er ist auch verlässliche Bezugsperson, welche Schutz und Sicherheit über den Aufbau von Bindung ermöglicht. Darüber hinaus stärkt er durch die Führung der Gruppe, die Gestaltung der Gruppenprozesse soziale Kompetenzen bei den Edukanden. Ein wesentliches Erziehungsprinzip ist die ‚ressourcenorientierte Perspektive', d. h. der Erkenntnis folgend, dass der Mensch wirksamer lernt, wenn er Erfolge für sein Bemühen wahrnimmt, versucht die pädagogische Fachkraft vorrangig mit Fähigkeiten, Möglichkeiten und Interessen des Kindes zu arbeiten.

Das Bild vom Kind als aktives und kompetentes Kind von Anfang an führt zu einer Neubewertung des pädagogischen Handelns. Die ersten Lebensjahre werden nicht mehr nur unter einer Betreuungs-, sondern vielmehr auch unter einer Bildungsperspektive gesehen und als Fundament im Bildungssystem wahrgenommen (vgl. Bildung, Erziehung, Betreuung von Kindern in den ersten drei Lebensjahren, 2010).
Die Sichtweise auf das „kompetente Kind" sieht in Kindheit eine spezifische Lebensphas des Menschseins: Das Kind besitzt alle Grundanlagen des Menschen, je nach Alter und Entwicklungsstand werden diese Wesenheiten unterschiedlich ausgebildet. Das Kind braucht für diese Entwicklungsprozesse Vorbilder und Unterstützung, spielt aber selbst eine aktive Rolle. Das Kind ist offen und frei in seiner Entwicklung, es strebt nach Selbstverwirklichung und sozialisiert sich selbst. Bei diesem Selbstwerdungsprozess spielen genetische Anlagen sowie Umwelteinflüsse gleichermaßen eine Rolle. Es entsteht eine Wechselwirkung zwischen individuellen Anlagen und Einflüssen von Erziehung. Zwei wesentliche Aspekte auf, die es zu berücksichtigen gilt: Aktualität und Individualität.

Dem Erzieher kommt die Rolle des Begleiters zu unter dem Motto „Hilf ihm, sich zu entwickeln". Für bestimmte Entwicklungsvorgänge bedarf es der Offenheit und Bereitschaft des Kindes, sogenannter sensibler Phasen. Wird dieses Zeitfenster nicht genutzt, wird eine große Chance für den Lernprozess verschenkt und dieser muss später unter wesentlich ungünstigeren Bedingungen nachgeholt werden. Dies gilt im Übrigen auch für alle verfrühten Lernimpulse! („Gras wird nicht länger, wenn man daran zieht" – afrikanisches Sprichwort).

Leitziele von Erziehung, Bildung und Betreuung

(vgl. Bayerischer Bildungs- und Erziehungsplan für Kinder/BEP: Basiskompetenzen, Kap. 5.2–5.5)

Als Basiskompetenzen werden grundlegende Fertigkeiten und Persönlichkeitscharakteristika bezeichnet, die das Kind befähigen, mit anderen Kindern und Erwachsenen zu interagieren und sich mit den Gegebenheiten in seiner dinglichen Umwelt auseinanderzusetzen. Zu den Basiskompetenzen gehören u.a. die personalen Kompetenzen sowie die Kompetenzen zum Handeln im sozialen Kontext, auch kompetenter Umgang mit Veränderungen und Belastung:

- Autonomieerleben
- Selbstregulation
- Gute Beziehungen zu Erwachsenen
- Widerstandsfähigkeit
- Selbstwirksamkeit
- Neugier und individuelle Interessen
- Kommunikationsfähigkeit

Zielformulierung

Einrichtungs-, altersspezifisch, operationalisiert (d. h. individuell und differenziert), **ganzheitlich** (d. h. in allen Entwicklungs-/Bildungsbereichen)**, ressourcen- und kompetenzorientiert, Pädagogik der Diversität**
Da sich die Situation in einer Kinderkrippe ereignet, ist es Auftrag an die Erzieher/-innen in der Einrichtung, die familiäre Betreuungs-, Bildungs- und Erziehungsaufgabe zu ergänzen und zu unterstützen.
In einer U3-Kita ist die pädagogische Fachkraft in ihren Aufgaben orientiert am Kind: Erziehen – Fördern – Beobachten – Pflegen – Bilden – Unterstützen sind die klassischen Aufgaben. Das geschieht auf der Basis starker Vernetzung mit den Eltern, die als kompetente Erziehungspartner mit den Erziehern auf Augenhöhe kooperieren. Die Frühpädagogen sind stark eingebunden in das Fachteam der Einrichtung. (vgl. BEP 2.5)

- **Betreuung:** d. h. Anna altersentsprechend beaufsichtigen, verbunden mit dem pflegerischen Aspekt, basierend auf einer pädagogischen Grundhaltung, die eine Verknüpfung mit Beziehungsarbeit ermöglicht.
→ Bindungsqualität von Anna fördern – zzt. eher unsicher-ambivalent:

Verhalten von Anna	Verhalten der Mutter
• Zeigt sich ambivalent: sucht und hält Kontakt zur Bezugsperson, gleichzeitig Zurückweisung des entstehenden Kontaktes z. B. durch Weinen. • Hat keine innere Sicherheit über Erreichbarkeit/Verfügbarkeit und Vorhersehbarkeit seitens der Bezugsperson. • Zeigt passives Verhalten oder Ausdruck von Ärger gegenüber Bindungsperson. • Reagiert häufig sehr emotional, laut. • Kann „leise" Signale nicht aufnehmen. • Lässt sich nur schwer von der Bindungsperson beruhigen.	• Verhält sich gegenüber dem Kind widersprüchlich. • Verhalten ist für das Kind nicht vorhersehbar: Reagiert mal feinfühlig, mal ignorierend oder auch feindselig. • Beziehung zum Kind bzw. Interaktionen sind abhängig von der eigenen Befindlichkeit, deshalb für das Kind wenig vorhersehbar.

- **Bildung:** d. h. Anna individuell, also basierend auf ihrem Erfahrungshintergrund in ihrem Streben nach Freiheit und Mündigkeit unterstützen. Dazu gehören Entwicklungsförderung, Wissensvermittlung in Verbindung mit lernmethodischen Kompetenzen zur Verknüpfung des selbigen, lebensnahes, ganzheitliches Lernen mit allen Sinnen in größtmöglicher Selbsttätigkeit. (vgl. BEP 2.2)
Das **Bindungssystem** sorgt also dafür, dass durch die Anbindung an die Mutter/Bezugserzieher das Leben gesichert ist. Es befriedigt also die Grundbedürfnisse nach Zuneigung, liebevoller Zuwendung und Zugehörigkeit.
Das **Explorationssystem** ermöglicht Anna zu erfahren, was es zum Überleben braucht und die Befriedigung der Bedürfnisse nach Autonomie und Selbstverwirklichung durch Entdecken, Spielen, Fragen.Im Kleinkindalter findet sich ein häufiges Wechselspiel in beiden Verhaltensweisen statt: Fühlt sich Anna ängstlich, unsicher oder sind primäre Bedürfnisse wie Hunger, Durst, Schlaf nicht erfüllt, so wird Bindungsverhalten aktiviert (vermehrte Anhänglichkeit, Suchen von Körperkontakt), während das Explorationsverhalten in den Hintergrund tritt. Das Explorationsverhalten steigt, wenn Anna sich sicher gebunden fühlt und Grundbedürfnisse gestillt sind. Anna wird dann eher bereit sein, neue Spielmaterialien, Spielmöglichkeiten, Partner zu entdecken.
Beide beschriebenen Systeme sind komplementär. Bindung ist Grundvoraussetzung für Bildung! Bildung als Motor für Entwicklung (vgl. dazu Bildung, Erziehung, Betreuung von Kindern in den ersten drei Lebensjahren, 2010, 1.6 und 1.8). Pädagogik der Vielfalt (Diversität).

Zielformulierung (Forts.)

- **Erziehung**, d. h. Anna mittels bewusster und zielgerichteter Handlungen im Aufbau ihrer Identität (z. B. Selbstwirksamkeit erfahren durch Singen, Gestalten) und Selbstständigkeit unterstützen, ihr gesellschaftliche Werte und Normen (z. B. Begrüßung, verbindliche Abmachungen) mit dem Ziel gesellschaftlicher Partizipation und zunehmender Eigenverantwortlichkeit vermitteln.

Zielformulierung bezogen auf das Arbeitsfeld Kinderkrippe

- Übergänge des Kindes und Konsistenz im Bildungsverlauf (Transitionen)
- Übergang von Familie in Tageseinrichtung
- Bildungs- und Erziehungspartnerschaft mit den Eltern gestalten
- Umgang mit individuellen Unterschieden und sozio-kultureller Vielfalt
- Kinder verschiedenen Alters
- Werteorientierung, Ethik/Religion, Verantwortung
- Emotionalität, soziale Beziehungen und Konflikte
- Sprach- und medienkompetente Kinder
- Sprache und Literacy

[vgl. dazu BEP 2019: Themenübergreifende Erziehungs- und Bildungsperspektiven (BEP 6), Themenbezogene Bildungs- und Erziehungsbereiche (BEP 7) sowie in Bildung, Erziehung, Betreuung von Kindern in den ersten drei Lebensjahren, 2010: 3.1, 3.2]

Methodisch-didaktisches Vorgehen

Erzieherische Haltung und Beziehungsgestaltung

- Anna hat bereits Beziehungserfahrungen: Sie erinnert sich an Erfahrungen (episodisches Gedächtnis). Sie kommt nicht als „unbeschriebenes Blatt" in die Einrichtung.
- Herstellung eines positiven emotionalen Beziehung über Wertschätzung (vgl. morgens ist Erzieher präsent, wenn Anna von der Mutter verabschiedet wird → Ritual finden)
- Freundlich, wertschätzende Begrüßung durch den Bezugserzieher
- Begrüßungsritual z. B. Morgenkreis, wenn alle Kinder da sind (Wer fehlt im Kreis?)
- Empathie (aktives Zuhören und Zusehen)
  → Beobachtung von Anna z. B. im Beobachtungstagebuch
  → Sorgen/Nöte/Ängste ernst nehmen
- Bindung → feinfühliges Verhalten zeigen: Signale von Anna richtig wahrnehmen, diese Signale richtig interpretieren, auf diese Signale prompt und angemessen reagieren, z. B. Verstecken hinter Mantel.
- Ausdruckskanäle von Feinfühligkeit nützen. Sprache: wertschätzende, anerkennende Wortwahl, interessiertes Fragen u.a.; Stimme: liebevoller, ruhiger Tonfall, geduldiges, langsames, deutliches Sprechen; Gesicht/Mimik: interessierter Gesichtsausdruck, anteilnehmende Mimik, Stimmungen/Äußerungen des Kindes im eigenen Gesicht spiegeln; Körperhaltung: ruhige, gelassene, dem Kind zugewandte Körperhaltung, Augenhöhe, Körperkontakt.
- Neben Feinfühligkeit hängt Bindungsqualität ab von Verfügbarkeit und Vorhersehbarkeit der Reaktion seitens der Bezugsperson: Vgl. Einsatz des Bezugserziehers? Präsenz konstanter Bezugspersonen.
- Kind braucht zuverlässige Bezugspersonen (mit Körperkontakt) auch in der Einrichtung.
- Die Bezugsperson hat wichtige Unterstützerfunktion.

(vgl. auch Bildung, Erziehung, Betreuung von Kindern in den ersten drei Lebensjahren, 2010: 2.1)

Förderliche Rahmenbedingungen

- Übergabebuch für Schichtdienst
- Übergabegespräch mit Eltern
- Kernbetreuungszeiten, in denen alle Kinder da sind (Begrenzung der Bring-/Abholzeiten)
- Vorbereitete Umgebung → zunehmende Autonomie-Entwicklung
- Elternzone endet außerhalb des Gruppenzimmers → offene Tür bringt ständige Unruhe
- Absprachen unter den Erziehern, wer für Übergabe bereitsteht
- „Äußere Ordnung" auf dem Spielteppich → schafft Sicherheit für das Kind
- Wickelplatz nicht im Gruppenraum → Schutz der Intimität der Person
- Essen/Füttern → Essplatz → äußere Ordnung schafft innere Sicherheit/Geborgenheit
- Rückzugsmöglichkeit auch im Gruppenraum
- Kein offenes Konzept
- Nahe Umgebung soll erkundet werden, z. B. Garten, Spielplatz

Methodisch-didaktisches Vorgehen (Forts.)

Methoden
- Moderierung von Bildungs- und Erziehungsprozessen (vgl. BEP 8.2) wie Bilden einer lernenden Gemeinschaft, Scaffolding, Kindern zuhören – Fragen stellen, Kinder unterstützen
- Kurzfristige Trennungen können mit den Kindern besprochen werden.
- Anna braucht möglicherweise immer wieder „social-referencing“, also die soziale Rückversicherung durch die Bezugsperson wie Blickkontakt, Sichtentfernung.
- Versteck-/Verabschiedungsspiele können helfen, Trennungssituationen zu üben.
- Freispielzeit, vgl. vorbereitete Umgebung
- Kleine Aufgaben des alltäglichen Lebens übertragen. Ein rhythmisierter Alltag ist hilfreich: Täglich wiederkehrende Aktivitäten des praktischen Lebens wie Blumen gießen (Allein-machen-wollen).
- Bildungsangebote, wenn Schichtdienst erlaubt
- Bildungsangebote des aktiv tätig Werdens: Selbstwirksamkeit erleben lassen, z. B. Reißarbeiten
- Sinnesübungen zur Stärkung der Wahrnehmungsfähigkeit
- Spielfördermaßnahmen/Bildungsangebote zur Erweiterung sprachlicher Kompetenzen: Gefühle verbalisieren lernen
- Bilderbuchbetrachtungen zum Thema Gefühle
- Kurze Märchen erzählen, z. B. Sterntaler, der süße Brei

Prinzipien pädagogischen Handelns
- Das Prinzip der ganzheitlichen Bildung
- Nähe – Distanz → Anna Abhängigkeit – Selbstständigkeit erleben lassen (kleine Aufgaben allein)
- Vor allem Bewegungsangebote → stärkt Explorationsverhalten
- Vorbild sein z. B. in Tätigkeiten des täglichen Lebens (Partizipation), auch bei Verbalisierung eigener Gefühle, sprachliches Vorbild sein
- Partnerschaft und Partizipation aller Beteiligten als durchgängiges Prinzip
- Ko-konstruktiv begleiten, z. B. beim Aus-/Anziehen → Eigenaktivität stärken → gezielt, konkret loben, ein ko-konstruktives Bildungsverständnis
- Anknüpfen an Interessen von Anna, z. B. Tiere, Blumen, Puzzle → individuelle Bedürfnisse, Ressourcenorientierung → Freude → Erfolgserlebnisse → stärkt Selbstbewusstsein
- Situativ, altersgerecht arbeiten → was bewegt Anna im Moment → Anschauung nützen
- Pädagogik der Vielfalt (Diversität)
- (vgl. Bildung, Erziehung, Betreuung von Kindern in den ersten drei Lebensjahren, 2010: 1.4–1.9)

Sozialformen
- Stammgruppe: Gruppenzusammensetzung über einen bestimmten Zeitraum für einen Teil des Tages mit konstanter Erzieherbegleitung
- Altersgerecht in Einzelförderung oder in kleinen Gruppen (3 Kinder)
- Nur ritualisierter Morgenkreis, z. B. mit allen Kindern: Gesamtgruppenerlebnis zeitlich begrenzt

Zusammenarbeit mit Mutter/Eltern
- Berliner Eingewöhnungsmodell
- Bildungs- und Erziehungspartnerschaft mit Eltern gestalten (vgl. Bildung, Erziehung, Betreuung von Kindern in den ersten drei Lebensjahren, 3.1):
- Elterngespräch mit der Mutter, um mehr über die Lebenssituation von Anna und der Mutter zu erfahren, biografische Zusammenhänge kennen, z. B. Annas Trennungserlebnis vom Vater
- Neben Feinfühligkeit hängt Bindungsqualität ab von Verfügbarkeit und Vorhersehbarkeit der Reaktion seitens der Bezugsperson → Mutter sensibilisieren bzw. Hilfen anbieten; dazu z. B. Abschiedsritual sowie Bewusstmachen von sozialer Rückversicherung und sicherer sozial-emotionaler Basis
- Versuchen, Kontakt zu anderen Müttern aufzubauen, z. B. bei Projekten, Elternabenden

Zusammenarbeit im Team
- Regelmäßige, ritualisierte Übergabegespräche
- Kinderbesprechung Anna
- Absprachen über gemeinsame Beobachtungsmethoden
- Erzieher-Tandem

Dokumentation, Reflexion und Evaluation

Formen der Dokumentation und Reflexion, die in der Einrichtung üblich sind bzw. für die Einrichtung geeignet erscheinen

- Soziogramm
- Beobachtung
- Beobachtungsbogen: PERIK Positive Entwicklung und Resilienz im Kindergartenalltag. PERIK ist ein Bogen zur Beobachtung der sozial-emotionalen Entwicklung. Eine gelingende sozial-emotionale Entwicklung ist für Kinder auf verschiedenen Ebenen von besonderer Bedeutung: Sie ist die Basis für subjektives Wohlbefinden, für eine erfolgreiche Regulation von positiven und negativen Gefühlen, für befriedigende Beziehungen zu anderen Kindern und zu Erwachsenen. Darüber hinaus sind sozial-emotionale Kompetenzen wesentliche Voraussetzungen für erfolgreiches Lernen.
- Portfolio
- Lerngeschichten
- Lern- und Entwicklungsprozesse beobachten und dokumentieren

Beteiligte Personen

- Bezugserzieher/Gruppenerzieher bzw. Zweitkraft
- Team
- Mutter

Reflexionskriterien

- Bindungsqualität (PERIK)
- Kontaktfähigkeit (PERIK)
- Selbststeuerung/Rücksichtnahme (PERIK)
- Selbstbehauptung (PERIK)
- Stressregulierung (PERIK)
- Aufgabenorientierung (PERIK)
- Explorationsfreude (PERIK)

Grenzen und Probleme

- Übertragung
- Frage des zeitlichen Betreuungsumfangs in Bezug zur Belastbarkeit des Kindes
- Grenzen in der Belastbarkeit der Mutter
- Kontakt zum Vater/Bruder

Weiterarbeit und Zukunftsperspektiven

- Kontakt zu Gleichaltrigen aufbauen/vertiefen
- Mutter stärken durch Elternkooperation/Eltern helfen Eltern

(Leitfaden in Anlehnung an Stockmann/FAKS Regensburg 2006)

Lernsituation

Bearbeiten einer beruflichen Handlungssituation (3) – Lernsituation konkret –

(Rahmensituation siehe Seite 159)

LERNSITUATION 2

Elternperspektive

Auch einige Eltern, die gerade ihre Kinder in die Einrichtung bringen, werden Zeugen des Streits von **Anna (2;3 Jahre)** und **Safira (2;1 Jahre)**. Eine Mutter bemerkt: „Kein Wunder, dass das passiert. Hier liegt zu viel herum und es gibt keine Ordnung."
Die Erzieherin der anderen Gruppe kommt hinzu und meint: „Bei mir wäre das nicht passiert. Bei mir müssen alle Kinder gleich wieder aufräumen."
Eine andere Mutter entgegnet: „Aber das sind doch noch kleine Kinder, da ist es doch normal, wenn Spielsachen herumliegen."
Ein hinzugekommener Vater erklärt: „Mir gefällt gut, dass die Kinder ohne Verbote frei spielen können. Mein Sohn ist dadurch schon sehr selbstständig geworden und spielt auch gern mit anderen Kindern auf dem Spielplatz."

(Text: FAKS Lindau, Bischofberger u. a.)

Situationsanalyse

Darstellung situations- bzw. themenbezogenen Fachwissens

- Kommunikation/Kommunikationsmodell, Faktoren, die die Kommunikation beeinflussen
- Gesprächskompetenzen im sozialpädagogischen Kontext beziehen sich neben dem Elterngespräch sowie dem kollegialen Gespräch vor allem auf die Kommunikation mit dem Kind
- Förderliche Gesprächshaltungen nach Rogers, Kommunikationsstil nach Marshall Rosenberg
- Ziele gewaltfreie Kommunikation, trennende und verbindende Kommunikation
- Gesprächstechniken nach der Methode Gewaltfreie Kommunikation (GfK), Haltung auf der ICH-DU-WIR-Ebene, 4 Schritte der gewaltfreien Kommunikation
- Gesprächsleitfaden, Grundregeln des Gesprächs, Ich-Botschaften, Fragen, Aktives Zuhören

Analyse-Ebenen			
Person	**Gruppe**	**Umfeld**	**Institution**
Eltern Mutter 1: „es liegt so viel herum“ Mutter 2: „sind noch kleine Kinder“ Vater: „ohne große Verbote ... fördert Selbstständigkeit“ **Kollegin** „bei mir wäre das nicht passiert ... Kinder müssen aufräumen“	**Kleinkindalter** • zunehmende Autonomie • Ausbildung Selbstkonzept: Ich bin • will (Wille) handeln, auch kontrollieren • zunehmendes Explorationsverhalten • schon mal Trotzhaltung, Scham, Verunsicherung • Basis ist Grundbindung **Gruppenzusammensetzung (i. d. Regel)** • 10–12 Kinder • altersheterogen: 0;6–2;8 Jahre • geschlechtsheterogen **Beziehungen/ Interaktionsformen** • Spielen auf dem Spielteppich • Alleinspiel, nebeneinander? **Gruppenphasen** • ca. 5 Kinder in der Orientierungsphase, evtl. im Übergang zur Machtphase • andere Kinder schon in Vertrautheitsphase oder Differenzierungsphase **Rollen** • altersentsprechend noch schnell wechselnd • stark beeinflusst von familiärer Erfahrung (Rolle der Eltern)	**Engagierte, interessierte Eltern** • können ihre Wünsche frei äußern und einbringen – richten ihre Erwartungen an die Kita an ihren Arbeitsbedingungen aus? – Engagierte Erziehungspartnerschaft seitens der Krippe: Elternabende, Elterngespräche	**Art der Institution** • 2-gruppige Krippe **Träger: ?** **Erzieher/Team** • Schichtdienst: 6–14 Uhr und 11–19 Uhr • 2 Erzieher • 2 Zweitkräfte **Rahmenbedingungen** • Öffnungszeiten von 6–19 Uhr • Tagesablauf: flexible Buchungszeiten • Raum und Ausstattung: Schlafraum/Kojen, Bewegungsraum, Außengelände • Aufgaben und Freiräume: Bezugserzieher, Supervision **Zusammenarbeit mit** • Eltern: Elternabende, • Elternkooperation **Vernetzte Institutionen: ?**

Welche Fragen stellen sich mir in der gegebenen Situation?
Welche Informationen brauche ich noch?
Welche Schwerpunkte setze ich?

Fragen/Informationen
- Konkrete Zusammenarbeit mit den Eltern/Begegnungen der Eltern untereinander?
- Informationen zur Institution: Übergang im Schichtdienst, Eingewöhnungsmodell, Aufgaben Bezugserzieher, Form/Planung der Supervision, Formen der Elternkooperation
- Teamarbeit/Verhältnis zwischen Kollegen

Schwerpunkt
- LF 2 Bindung/Bindungsqualität/Bindung, Alter/Feinfühligkeit
- Geeignete Formen von Erziehungspartnerschaft (LF 5)
- ______________________________

Pädagogisches Handlungskonzept

Voraussetzungen: Menschenbild und Leitprinzipien

Das professionelle pädagogische Handeln ist geprägt von einem bestimmten Menschenbild und damit verbunden mit einem **Bild vom Kind**. Davon lässt sich eine Grundhaltung des pädagogisch wirksamen Menschen ableiten, die sich orientiert an → der Individualität des Edukanden → seinen Ressourcen → einer reflektierten Beziehungsgestaltung Kind/Erzieherfachkraft.

Dabei gibt es die eine einheitliche, allgemeingültige Haltung nicht, da auf normative Setzungen im Sinne von Individualität und Komplexität verzichtet wird. Es gibt also nicht den einen richtigen Weg, auch keine Rezepte für bestimmte Situationen. Vielmehr wird von einer inneren Einstellung des Erziehenden als Grundlage seines pädagogischen Wirkens zu sprechen sein, die eine reflektierte Beziehungsgestaltung ermöglicht: Herstellung eines positiven emotionalen Beziehung über Wertschätzung und Akzeptanz, Empathie (aktives Zuhören und Zusehen) und Selbstkongruenz des Erziehers (vgl. Selbstreflexion).

„Wenn kleine Kinder lernen, dann lernt immer das ‚ganze Kind'. Neben den Sinnen spielen dabei auch die Emotionen, geistigen Fähigkeiten und Ausdrucksweisen eine ebenso wichtige wie zentrale Rolle. Kinder lernen nachhaltig, was sie aktuell interessiert und emotional bewegt ... Bereits sehr kleine Kinder können und wollen sich mit der Komplexität dieser Welt auseinandersetzen." (Bildung, Erziehung, Betreuung von Kindern in den ersten drei Lebensjahren, 2010, 1.7)

Der professionelle Blick auf das Kind geht heute weniger von einem defizitären Kind aus, sondern von einem mit vielfältigen Kompetenzen ausgestattetem Wesen. Der Erzieher ist folglich weniger Bildungsvermittler als Entwicklungsbegleiter. Das Kind ist ‚Konstrukteur seiner Bildung' (Kerz 2011). Der Erzieher beobachtet das Kind, sucht seine Interessen/Themen zu erkennen, seine Kompetenzen zu stärken, Lernwege zu eröffnen und Lernprozesse zu begleiten. Er ist auch verlässliche Bezugsperson, welche Schutz und Sicherheit über den Aufbau von Bindung ermöglicht. Darüber hinaus stärkt er durch die Führung der Gruppe, die Gestaltung der Gruppenprozesse soziale Kompetenzen bei den Edukanden. Ein wesentliches Erziehungsprinzip ist die ‚ressourcenorientierte Perspektive', d. h. der Erkenntnis folgend, dass der Mensch wirksamer lernt, wenn er Erfolge für sein Bemühen wahrnimmt, versucht die pädagogische Fachkraft vorrangig mit Fähigkeiten, Möglichkeiten und Interessen des Kindes zu arbeiten.

Das Bild vom Kind als aktives und kompetentes Kind von Anfang an führt somit zu einer Neubewertung des pädagogischen Handelns. Die ersten Lebensjahre werden nicht mehr nur unter einer Betreuungs-, sondern vielmehr auch unter einer Bildungsperspektive gesehen und als Fundament im Bildungssystem wahrgenommen (vgl. Bildung, Erziehung, Betreuung von Kindern in den ersten drei Lebensjahren, 2010).
Die Sichtweise auf das „kompetente Kind" sieht in Kindheit eine spezifische Lebensphase des Menschseins: Das Kind besitzt alle Grundanlagen des Menschen, je nach Alter und Entwicklungsstand werden diese Wesenheiten unterschiedlich ausgebildet. Das Kind braucht für diese Entwicklungsprozesse Vorbilder und Unterstützung, spielt aber selbst eine aktive Rolle.

Das professionelle Handeln bezieht sich auch auf die **Erziehungspartnerschaft mit den Eltern**, welche als gleichberechtigte Partner in gemeinsamer Verantwortung für das Kind zu sehen sind. „Anzustreben ist eine Erziehungspartnerschaft, bei der sich Familie und Kita für einander öffnen, ihre Erziehungsvorstellungen austauschen und zum Wohl der ihnen anvertrauten Kinder kooperieren. Sie erkennen die Bedeutung der jeweils anderen Lebenswelt des Kindes an" (BEP 2019, S. 426). „Bildung und Erziehung fangen in der Familie an. Die Familie ist der erste, umfassendste, am längsten und stärksten wirkende, einzig private Bildungsort von Kindern – und in den ersten Lebensjahren der wichtigste. Kinder erwerben in ihrer Familie Kompetenzen, Einstellungen und Werteorientierungen, die für ihren weiteren Bildungsweg bedeutsam und entscheidend sind" (Bildung, Erziehung, Betreuung von Kindern in den ersten drei Lebensjahren, 2010, S. 112). Hier wird ein Paradigmenwechsel impliziert: Weg von der Arbeit mit Eltern als „Konsumenten" von Dienstleistungen, hin zur „Zusammenarbeit als gleichwertige und gleichberechtigte Partner" bei der Bildung und Erziehung des Kindes (Textor 2006). Eine gute Kooperation und ein partnerschaftliches Miteinander setzt auch immer die Reflexion der eigenen Grundhaltung voraus. Indem sich pädagogische Fachkräfte und Tagespflegepersonen kritisch mit den eigenen Werten und Normen auseinandersetzen, können sie vorurteilsfrei auf andere Menschen, speziell auf die Kinder und deren Eltern, zugehen (Ostermeyer 2008, in: Bildung, Erziehung, Betreuung von Kindern in den ersten drei Lebensjahren, S. 113).

Lernsituation

Leitziele von Erziehung, Bildung und Betreuung

Als **Basiskompetenzen** werden grundlegende Fertigkeiten und Persönlichkeitscharakteristika bezeichnet, die das Kind befähigen, mit anderen Kindern und Erwachsenen zu interagieren und sich mit den Gegebenheiten in seiner dinglichen Umwelt auseinanderzusetzen. (BEP, S. 54 ff.) Zu den Basiskompetenzen gehören u. a. die personalen Kompetenzen sowie die Kompetenzen zum Handeln im sozialen Kontext, auch kompetenter Umgang mit Veränderungen und Belastung:

- Entwicklung von Werten und Orientierungskompetenz
- Fähigkeit und Bereitschaft zur Verantwortungsübernahme

Ziele in der Kooperation mit den Eltern sind u. a. „Gesprächsaustausch über Erziehungsziele und -stile, die in Familie und Kita vertreten bzw. praktiziert werden (...) Beschwerdekultur in der Kita." (BEP, S. 440).

Zielformulierung

Einrichtungs-, alters- und beeinträchtigungs- bzw. behinderungsspezifisch, operationalisiert, ganzheitlich, ressourcen- und kompetenzorientiert

Kindbezogen:
Da sich die Situation in einer Kinderkrippe ereignet, ist es Auftrag an die Erzieher/-innen in der Einrichtung, die familiäre Betreuungs-, Bildungs- und Erziehungsaufgabe zu ergänzen und zu unterstützen. In einer U3-Kita ist die pädagogische Fachkraft in ihren Aufgaben orientiert am Kind: Erziehen – Fördern – Beobachten – Pflegen – Bilden – Unterstützen sind die klassischen Aufgaben. Das geschieht auf der Basis starker Vernetzung mit den Eltern, die als kompetente Erziehungspartner mit den Erziehern auf Augenhöhe kooperieren. Die Frühpädagogen sind stark eingebunden in das Fachteam der Einrichtung. (vgl. BEP 2.5)

- **Betreuung**, d. h. das Kind altersentsprechend beaufsichtigen, verbunden mit dem pflegerischen Aspekt, basierend auf einer pädagogischen Grundhaltung, die eine Verknüpfung mit Beziehungsarbeit ermöglicht.
- **Bildung**, d. h. das Kind individuell, also basierend auf ihrem Erfahrungshintergrund in ihrem Streben nach Freiheit und Mündigkeit unterstützen. Dazu gehören Entwicklungsförderung, Wissensvermittlung in Verbindung mit lernmethodischen Kompetenzen zur Verknüpfung des selbigen, lebensnahes, ganzheitliches Lernen mit allen Sinnen in größtmöglicher Selbsttätigkeit. (vgl. BEP 2.2)
- **Erziehung**, d. h. das Kind mittels bewusster und zielgerichteter Handlungen im Aufbau ihrer Identität (z. B. Selbstwirksamkeit erfahren durch Gestalten von Lernumgebung) und Selbstständigkeit unterstützen, ihm gesellschaftliche Werte und Normen (z. B. verbindliche Abmachungen, Aufräumen, Rituale im Gruppenkontext) mit dem Ziel gesellschaftlicher Partizipation* und zunehmender Eigenverantwortlichkeit zu vermitteln.

Beispiele für operationalisierte Bildungs- und Erziehungsziele

- Respekt und Wertschätzung gegenüber Anderen
- Soziale Regeln erfahren und trainieren
- Rituale leben
- Kommunikationsfähigkeit aufbauen: sich mitteilen können
- Kooperationsfähigkeit: gemeinsam planen und arbeiten
- Verantwortungsfähigkeit üben: für sich, andere, Umwelt
- Umgang mit Aggression üben
- Frustrationstoleranz aufbauen
- Ursachen von Gefühlen erkunden
- Entwicklung von Selbstwertgefühl und Autonomie

Elternbezogen:
Sieben Zieldimensionen, für deren praktische Umsetzung die pädagogischen Fachkräfte bzw. Tagespflegepersonen und Eltern gemeinsam verantwortlich sind, u. a.

- sich gegenseitig über das Kind, seine Lern- und Entwicklungsprozesse und sein (Lebens-)Umfeld austauschen
- Mütter und Väter ins aktuelle Bildungsgeschehen aktiv einbeziehen
- Elternkompetenzen stärken

(vgl. dazu Bildung, Erziehung, Betreuung von Kindern in den ersten drei Lebensjahren, 2010)

Zielformulierung

bezogen auf das Arbeitsfeld Kinderkrippe
[vgl. dazu BEP 2019: Themenübergreifende Erziehungs- und Bildungsperspektiven (BEP 6), Themenbezogene Bildungs- und Erziehungsbereiche (BEP 7)]

bezogen auf das Kind sowie deren Eltern
[vgl. dazu BEP 2019, Kap. 6 und 7]
- Übergang von Familie in Tageseinrichtung
- Umgang mit individuellen Unterschieden und sozio-kultureller Vielfalt
- Kinder verschiedenen Alters
- Werteorientierung, Ethik/Religion, Verantwortung
- Emotionalität, soziale Beziehungen und Konflikte
- Bildungs- und Erziehungspartnerschaft mit den Eltern gestalten (vgl. Bildung, Erziehung, Betreuung von Kindern in den ersten drei Lebensjahren, 2010)

Methodisch-didaktisches Vorgehen

Kindbezogen	Elternbezogen
Erzieherische Haltung und Beziehungsgestaltung • Erzieherische Grundhaltung von Wertschätzung und Akzeptanz der Personen, Empathie und Selbstkongruenz gegenüber dem Kind sowie den Elternteilen und der Kollegin • Sprache, non-verbale Sprache, para-verbale Sprache	
Förderliche Rahmenbedingungen • Faktoren, die das Gespräch beeinflussen wie Raum/Ort, Zeitpunkt	**Förderliche Rahmenbedingungen** • Räumliches Verhalten
Prinzipien pädagogischen Handelns • Moderierung von Bildungs- und Erziehungsprozessen (BEP 8.2) wie Bilden einer lernenden Gemeinschaft, Scaffolding, Kindern zuhören – Fragen stellen, Kinder unterstützen • Vorbild sein, z. B. in Tätigkeiten des täglichen Lebens (Partizipation), auch bei Verbalisierung eigener Gefühle, sprachliches Vorbild sein • Ko-konstruktiv begleiten, z. B. beim Aus-/Anziehen → Eigenaktivität stärken → gezielt, konkret loben: ein ko-konstruktives Bildungsverständnis • Anknüpfen an Interessen des Kindes, z. B. Tiere, Blumen, Puzzle → individuelle Bedürfnisse, Ressourcenorientierung → Freude → Erfolgserlebnisse → stärkt Selbstbewusstsein	**Prinzipien pädagogischen Handelns** • Gestaltung eines Dialogs – Gesprächshilfen nach Gordon • Trennende → verbindende Kommunikation
Methoden • Kleine Aufgaben des alltäglichen Lebens übertragen. Ein rhythmisierter Alltag ist hilfreich: Täglich wiederkehrende Aktivitäten des praktischen Lebens wie Blumen gießen (Allein-machen-Wollen) • BA des aktiv tätig Werdens: Selbstwirksamkeit erleben lassen • Sinnesübungen zur Stärkung der Wahrnehmungsfähigkeit	**Methoden** • Kommunikationskompetenzen • Komponenten von gewaltfreier Kommunikation: Beobachtungen, Gefühle, Bedürfnisse, Bitten • Aktives Zuhören • Partnerschaft und Partizipation aller Beteiligten als durchgängiges Prinzip
Sozialformen • Altersgerecht in Einzelförderung oder in kleinen Gruppen (3 Kinder) • Ritualisiert arbeiten, z. B. beim Aufräumen • Ordnungsprinzipien pflegen	**Sozialformen** Geeignete Formen von Elternkooperation, z. B. • beratendes Elterngespräch • Tür-und-Angel-Gespräch • Elternabend zum Thema Ordnung schaffen • Offener Kindergarten: Elternhospitationen
Zusammenarbeit • Team (vgl. LF 6) • Eltern, die beteiligt waren am Geschehen (vgl. LF 5, siehe auch Sozialformen u. a.)	

Dokumentation, Reflexion und Evaluation

Formen der Dokumentation und Reflexion, die in der Einrichtung üblich sind bzw. für die Einrichtung geeignet erscheinen

- Lerngeschichten
- Lern- und Entwicklungsprozesse beobachten und dokumentieren
- Portfolio
- Professionelle Beobachtung
- Protokoll des Elterngesprächs (vgl. LF 3/LF 5)

Beteiligte Personen

- Erzieher
- Eltern
- Kolleginnen/Team

Reflexionskriterien bzgl. Elternkooperation

- Wie erlebe ich die Bildungs- und Erziehungspartnerschaft mit Eltern?
- Wobei fühle ich mich besonders wohl? Wobei nicht?
- Erlebe ich mich und die Eltern als Partner auf gleicher Augenhöhe oder gibt es ein „Gefälle"?
- Kann ich die Eltern als Experten für ihre Kinder akzeptieren und kann ich dieses Wissen in meiner Arbeit mit den Kindern nützen?
- Gelingt es mir, gemeinsam mit den Eltern über das Kind in einen Dialog zu treten?
- Fühlen sich die Eltern in der Kindertageseinrichtung wohl?
- Wie viel Einblick habe ich in die Familiensituation der Kinder?
- Was fördert und was hemmt die Zusammenarbeit mit den Eltern?
- Welche Kooperationsformen bevorzugen die Eltern?
- Entsprechen die Aktivitäten den Bedürfnissen und Wünschen der Eltern?
- Können die Eltern am Alltag der Kindertageseinrichtung und an den Angeboten mitwirken?
- Erreichen wir alle Eltern – also auch zum Beispiel die Familien der Kinder mit Migrationshintergrund?
- Wie gehe ich mit kritischen Situationen um? Wie gelingt es mir, die Eltern einzubinden, wenn Kinder Auffälligkeiten in ihrer Entwicklung zeigen?

(vgl. Bildung, Erziehung, Betreuung von Kindern unter drei Jahren, 2010, S. 116)

Grenzen und Probleme

- Teamarbeit → persönliche Aversionen
- Diversität von Mitarbeitern

Weiterarbeit und Zukunftsperspektiven

- Überprüfung des Leitbilds → konzeptionelle Arbeit?

(Leitfaden in Anlehnung an Stockmann/FAKS Regensburg 2006)

Tisch-Tafel-Präsentation zu Pädagogische Handlungskonzepte

Als Lernfeldabschluss des Lernfelds 2 „Beziehungen gestalten und mit Gruppen pädagogisch arbeiten“ bietet sich eine Tisch-Tafel-Präsentation an, in der die Klasse die Entwicklung unterschiedlicher pädagogischer Handlungskonzepte von Comenius bis Waldkindergarten vor der Schulgemeinschaft präsentieren und somit als „Experten“ auftreten kann.

Anlage 1: **Zeitleiste als Plakat** (als Anlage im E-Book)
Anlage 2: **Bewertung der Präsentation** (Kommilitonen)
Anlage 3: **Rückmeldung der Besucher der Tisch-Tafel-Präsentation** (Kommilitonen und andere Besucher der Ausstellung)

Anlage 1 im E-Book:

Zeitleiste als Plakat

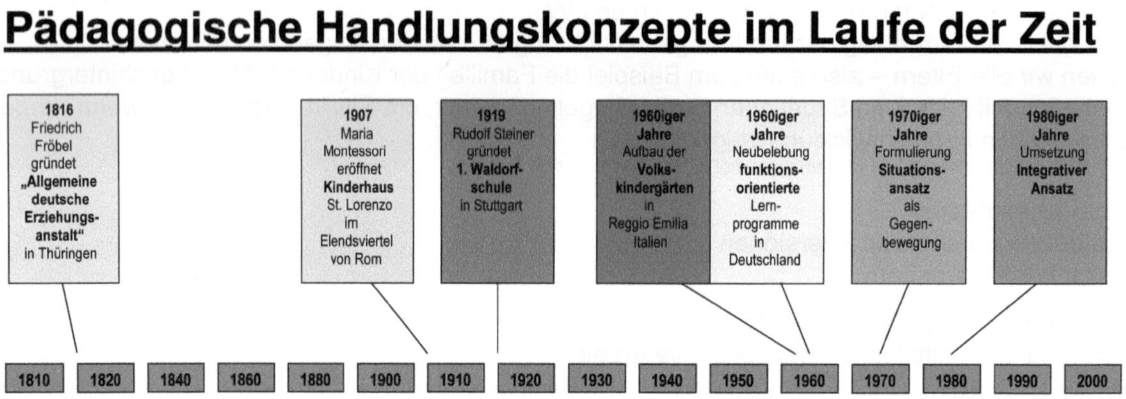

STATIONENLERNEN: Lebenswelten und Diversität wahrnehmen, verstehen und Inklusion fördern

Überblick über die 4 Stationen

Station 1: Wahrnehmen – Ich sehe was, was du nicht siehst (28 Seiten)

1.1 Wahrnehmungsprozess
1.2 Wahrnehmungsphänomene
1.3 Wahrnehmungstäuschungen
1.4 Wahrnehmungsinhalte
1.5 Gesetzmäßigkeiten der Wahrnehmung
1.6 Konstruiertes Weltbild: Einflüsse auf die Wahrnehmung

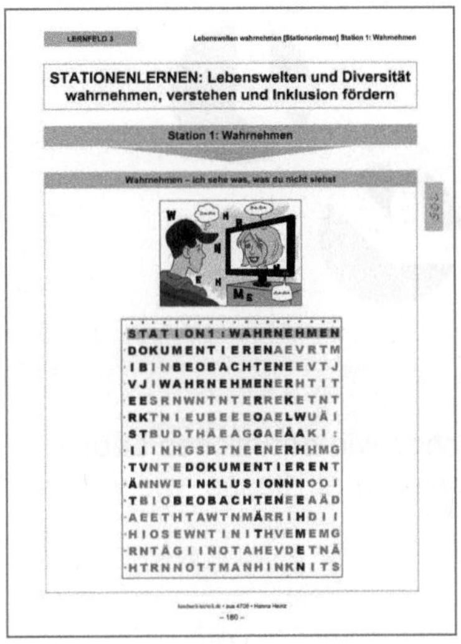
STATIONENLERNEN: Lebenswelten und Diversität wahrnehmen, verstehen und Inklusion fördern

Station 1: Wahrnehmen

Wahrnehmen – ich sehe was, was du nicht siehst

Station 2: Objektiv beobachten – geht das? (18 Seiten)

2.1 Formen von professioneller Beobachtung
2.2 Ziele von professioneller Beobachtung
2.3 Beobachtungsinhalte
2.4 Methoden in der fachlichen Beobachtung
2.5 Beobachtungsfehler
2.6 Kontext von Beobachtung
2.7 Bedeutung von Beobachtung
2.8 Beobachtung – eine sozialpädagogische Grundkompetenz

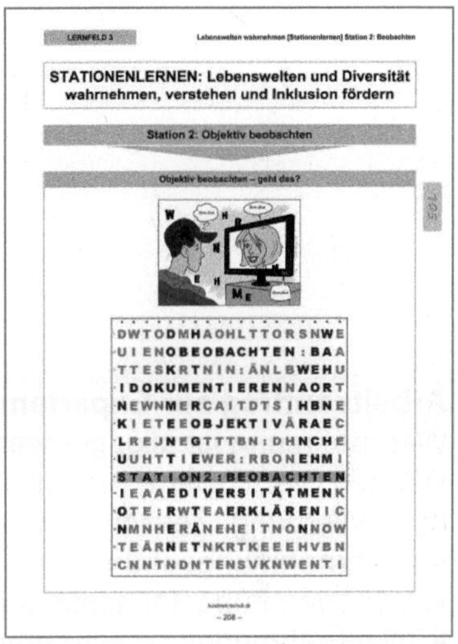
STATIONENLERNEN: Lebenswelten und Diversität wahrnehmen, verstehen und Inklusion fördern

Station 2: Objektiv beobachten

Objektiv beobachten – geht das?

Station 3: Dokumentieren – Die Bildungsdokumentation (7 Seiten)

3.1 Zielführung
3.2 Formen
3.3 Bedeutung
3.4 Gesetzliche Aspekte

STATIONENLERNEN: Lebenswelten und Diversität wahrnehmen, verstehen und Inklusion fördern

Station 3: Dokumentieren

Die Bildungsdokumentation

Station 4: Inklusion fördern – Individualisierungs- und Inklusionsorientierung als pädagogische Grundhaltungen (23 Seiten)

4.1 Möglichkeiten von Diversität
4.2 Individualisierung und Ressourcenorientierung
4.3 Integration und Inklusion

STATIONENLERNEN: Lebenswelten und Diversität wahrnehmen, verstehen und Inklusion fördern

Station 4: Inklusion fördern

Hinweis: Als Variation zum Stationenlernen mit vorbereiteten Arbeitsblättern kann sich die Klasse die Inhalte auch selbst erarbeiten, mit folgender Arbeitsaufgabe „Expertenrunde". Auch als Lernfelderöffnung geeignet.

EXPERTENRUNDE „Ich sehe was, was du nicht siehst":

→ Wahrnehmungsphänomene
→ Wahrnehmungstäuschungen
→ Wahrnehmungsgesetzmäßigkeiten

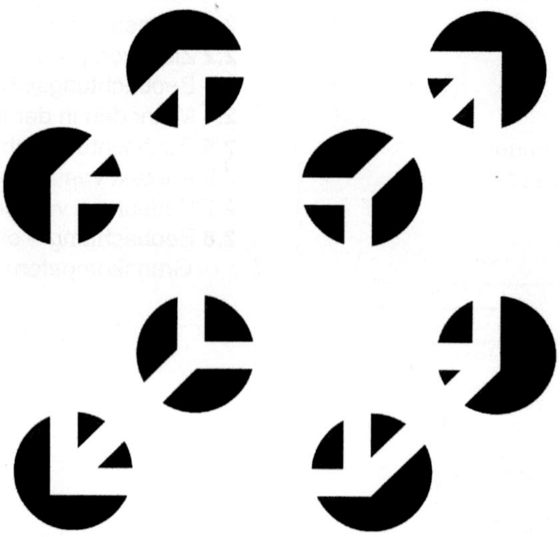

Arbeitsauftrag zur Expertenrunde
Wahrnehmung ist allgegenwärtig. Sie trägt unser persönliches wie berufliches Leben.
Werden Sie „Experte" und präsentieren Sie den Kommilitonen Ihrer Klasse, wie wir alle in Alltag (z. B. Werbung, Zeitschriften, Verkehr) und Beruf

- Wahrnehmungsphänomenen,
- Wahrnehmungstäuschungen sowie
- Wahrnehmungsgesetzmäßigkeiten

ausgesetzt sind.

1. Wählen Sie Ihre Versuchsanordnungen: Jede/r Studierende wählt 2 Themen aus den obigen 3 Bereichen aus, welche er/sie dann mithilfe von Schulbuch, Literatur, mit Unterstützung der Lehrkraft und durch Recherche im Internet inhaltlich erarbeitet.

Werden Sie der EXPERTE!

2. Danach werden gleiche Wahrnehmungsphänomene in der Klasse einander zugeordnet, sodass Sie Kleingruppen bilden können.
3. **Ihre Aufgabe ist es, in Zweiergruppen oder einzeln Ihr Wahrnehmungsthema methodisch für die Expertenrunde aufzubereiten. Dann laden Sie Ihre Kommilitonen ein, Ihr Thema wahrzunehmen.**
   Tipps:
   - Arbeiten Sie möglichst interaktiv: Lassen Sie Ihre Kommilitonen experimentieren, anschauen, malen, essen …
   - Benutzen Sie Medien und Anschauungsmittel sinnvoll: Beamer, Laptop, Stellwände, Fotos, Papier und Stifte …
   - Helfen Sie Ihren Besuchern bei den Erklärungen.
   - Denken Sie weiter: Welchen Nutzen hat ein Wissen über Wahrnehmungstäuschungen u. a. für uns als künftige Erzieher?

STATIONENLERNEN: Lebenswelten und Diversität wahrnehmen, verstehen und Inklusion fördern

Station 1: Wahrnehmen

Wahrnehmen – ich sehe was, was du nicht siehst

	A	B	C	D	E	F	G	H	I	J	K	L	M	N	O	P	Q	R	S
1	S	T	A	T	I	O	N	1	:	W	A	H	R	N	E	H	M	E	N
2	D	O	K	U	M	E	N	T	I	E	R	E	N	A	E	V	R	T	M
3	I	B	I	N	B	E	O	B	A	C	H	T	E	N	E	E	V	T	J
4	V	J	I	W	A	H	R	N	E	H	M	E	N	E	R	H	T	I	T
5	E	E	S	R	N	W	N	T	N	T	E	R	R	E	K	E	T	N	T
6	R	K	T	N	I	E	U	B	E	E	E	O	A	E	L	W	U	Ä	I
7	S	T	B	U	D	T	H	Ä	E	A	G	G	A	E	Ä	A	K	I	:
8	I	I	I	N	H	G	S	B	T	N	E	E	N	E	R	H	H	M	G
9	T	V	N	T	E	D	O	K	U	M	E	N	T	I	E	R	E	N	T
10	Ä	N	N	W	E	I	N	K	L	U	S	I	O	N	N	N	O	O	I
11	T	B	I	O	B	E	O	B	A	C	H	T	E	N	E	E	A	Ä	D
12	A	E	E	T	H	T	A	W	T	N	M	Ä	R	R	I	H	D	I	I
13	H	I	O	S	E	W	N	T	I	N	I	T	H	V	E	M	E	M	G
14	R	N	T	Ä	G	I	I	N	O	T	A	H	E	V	D	E	T	N	Ä
15	H	T	R	N	N	O	T	T	M	A	N	H	I	N	K	N	I	T	S

Wichtige Hinweise zur Arbeitsweise Stationenlernen

Arbeiten Sie bewusst in den genannten **Sozialformen**.
Wechseln Sie zwischendurch das Team.

Die Arbeitsblätter in den Stationen dienen einer selbstständigen bzw. kooperativen Erarbeitung der Fachinhalte mithilfe der in der Klasse genutzten Fachkunde (Schulbuch) bzw. weiterer Fachliteratur.

Aufgabenarten

- Praxisaufgaben: verknüpfen die theoretischen Inhalte mit Erfahrungen in der Praxis
- (Inhaltliche) Aufgaben: sichern Faktenwissen aus Schulbuch/Fachliteratur
- Referatsaufgaben: vertiefen bestimmte Aspekte des Themas

Zwingend oder freiwillig?

Das jeweilige Schriftbild in den Aufgaben zeigt an:

Fett geschriebene Aufgaben sind **zwingend** zu erarbeiten.

Gerade geschriebene Aufgaben sind möglichst zu erarbeiten.

Kursiv geschriebene Aufgaben sind eine sinnvolle Ergänzung.

Zielgruppe

Die Kopfzeile gibt Hinweise auf die angesprochene Zielgruppe bei den Edukanden:

- Kleinkinder, Vorschul- und Grundschulkinder, Altersgruppe von 0–10 Jahren (entspricht in Bayern dem Vertiefungsgebiet I)
- Schulkinder, Jugendliche und junge Erwachsene, in der Altersgruppe von 6–27 Jahren (entspricht in Bayern dem Vertiefungsgebiet II)

	Station 1: Wahrnehmen 1.1 Wahrnehmungsprozess
Sozialform	Team (5–7)
Zielgruppe	• Kleinkinder & Vorschulkinder • Schulkinder & Jugendliche
Arbeitsmittel	• Schulbuch & Fachliteratur

SOL

Experte sein

1. *Gestalten Sie eine Präsentation, in der Sie unterschiedlichste Wahrnehmungsspiele/-versuche zeigen und interaktiv erfahrbar machen. Ziel ist es, bei angehenden Pädagogen zu einer Sensibilisierung von Eigen- und Fremdwahrnehmung beizutragen.*

- *Organisieren Sie die Verteilung der Aufgaben selbstständig in einer Klassenkonferenz (ca. 15 Min.), nach einer kurzen Phase der Einsichtnahme (ca. 15 Min.).*
- *Gestalten Sie Wahrnehmungsaufgaben jeweils an Ausstellungstischen und Stellwänden; benutzen Sie geeignete Medien und reflektieren Sie hintergründige Vorgänge (Warum ist das so?), damit Sie die Wahrnehmungserlebnisse der Besucher erläutern können.*
- *In Ihrem Schulbuch finden Sie Material und Hintergrundwissen dazu. Die Fachliteratur und Internetrecherche bietet Weiteres.*

2. Definieren Sie den Begriff „Wahrnehmung“ fachlich:

3. *Der Wahrnehmungsvorgang*

a) *Versetzen Sie sich in folgendes Szenario:*

Sie gehen durch die Straße einer Stadt. Der Duft von heißen Maronen steigt Ihnen in die Nase. Ihr Blick sucht den Verkaufstand und beim Näherkommen spüren Sie auch die Wärme des Ofens. Da dringt ein lautes Hupen an Ihr Ohr. Ein Stadtbus nähert sich, Sie sehen ihn auf sich zukommen und hören das ratternde Motorengeräusch. Autobremsen quietschen, während Sie den Luftzug des Busses verspüren. Sogar der Boden bebt etwas unter Ihren Füßen. Lärmende Menschen steigen drüben aus dem Bus ein und aus, Rufe dringen an Ihr Ohr. Dann fährt der Bus ratternd an, wieder spüren Sie einen feinen Luftzug und langsam verklingen seine Fahrgeräusche. Nur der Geruch von Abgasen steht noch in der Luft.

(Fortsetzung →)

	Station 1: Wahrnehmen
	1.1 Wahrnehmungsprozess
Sozialform	Team (5–7)
Zielgruppe	• Kleinkinder & Vorschulkinder • Schulkinder & Jugendliche
Arbeitsmittel	• Schulbuch & Fachliteratur

(Fortsetzung Aufgabe 3)

b) *Differenzieren Sie den Wahrnehmungsvorgang aus o. g. Szenario,*

- *indem Sie die Komplexität in entsprechende Reizsignale auflösen:*

1 visuelle Empfindungen

2 ______________________

3 ______________________

4 ______________________

5 ______________________

6 ______________________

7 ______________________

- *indem Sie den Wahrnehmungsvorgang in 3 Stufen differenzieren:*

➔ ______________________

____

➔ ______________________

____

➔ ______________________

____

(Fortsetzung →)

	Station 1: Wahrnehmen
	1.1 Wahrnehmungsprozess
Sozialform	Einzelarbeit
Zielgruppe	• Kleinkinder & Vorschulkinder • Schulkinder & Jugendliche
Arbeitsmittel	• Schulbuch & Fachliteratur • Farbige Stifte

(Fortsetzung Aufgabe 3)

c) *Ordnen Sie die 7 erarbeiteten Reizsignale den 3 Stufen zu, indem Sie diese in das Schaubild eintragen und farbig kennzeichnen*
(Farben für Stufe 1 = rot, Stufe 2 = gelb, Stufe = 3 grün):

4. Vergleich der neuen Reize mit bisher Gespeichertem; Auswahl und Bewertung der Meldungen aus den Sinnesleistungen.

5. Abstimmung der aufgenommenen Reize in verschiedenen sensorischen Zentren.

3. Speicherung des Wahrgenommenen in den entsprechenden sensorischen Zentren im Gehirn.

6. Verarbeitung der Reize. Einordnen in bisherige Erfahrungen und Handlungen.

2. Weiterleitung der verschiedenen Reize zum Gehirn.

7. Reaktion auf den Reiz (motorische Handlungen, Verhaltensänderung u.a.).

1. Aufnahme der verschiedenen Reize durch die entsprechenden Sinnesorgane; dabei wird bereits eine subjektive Auswahl vorgenommen.

(Jeannot/Stinsmeier/Strodtmann, 2021)

(Jaszus 2014, S. 181)

	Station 1: Wahrnehmen
	1.2 Wahrnehmungsphänomene
Sozialform	Einzelarbeit
Zielgruppe	• Kleinkinder & Vorschulkinder • Schulkinder & Jugendliche
Arbeitsmittel	• Schulbuch & Fachliteratur

Formenkonstanz

1. *Erläutern Sie den Begriff Formenkonstanz anhand folgenden Beispiels. Nehmen Sie dazu eine Münze senkrecht zwischen Daumen und Zeigefinger.*

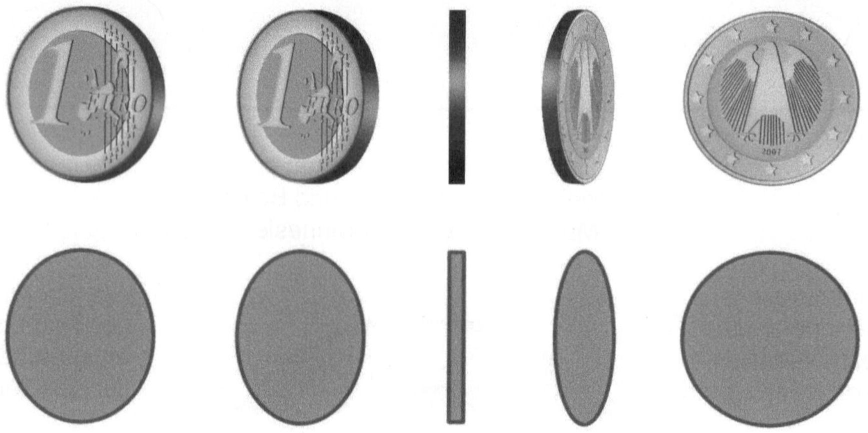

(nach Zimbardo 1995, S. 196)

2. *Geben Sie ein konkretes Beispiel für …*

- *Farbkonstanz:* ____________________

____

____

____

____

- *Größenkonstanz:* ____________________

____

____

____

____

	Station 1: Wahrnehmen
	1.2 Wahrnehmungsphänomene
Sozialform	Team (5–7)
Zielgruppe	• Kleinkinder & Vorschulkinder • Schulkinder & Jugendliche
Arbeitsmittel	• Schulbuch & Fachliteratur

Wahrnehmungskonstanz

3. *Machen Sie nachfolgende Experimente zur Wahrnehmungskonstanz. Diskutieren Sie Ihre Beobachtungen kurz mit den anderen Studierenden. Können Sie die Täuschungen erklären?*

Experiment 1:
Fokussieren Sie die 2 Kreise in der Mitte. Gibt es einen Unterschied auf den beiden Bildern? (Ebbinghaus-Illusion)

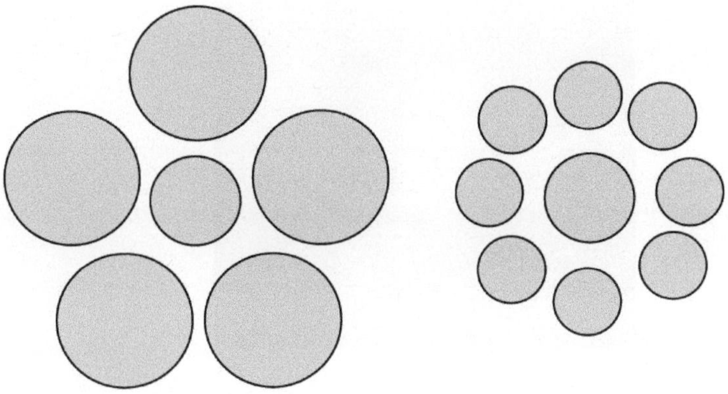

Experiment 2:
Fixieren Sie die 4 kleinen Punkte in der Mitte dieses Bildes und schließen Sie dann die Augen. Sehen Sie wieder hin, bewegen Sie nun den Kopf hin und her. Was geschieht mit dem Bildeindruck?

Experiment 3:
Welche geometrischen Formen sehen Sie? (Kanizsa-Dreieck)

(Fortsetzung →)

	Station 1: Wahrnehmen **1.2** Wahrnehmungsphänomene
Sozialform	Team (5–7)
Zielgruppe	• Kleinkinder & Vorschulkinder • Schulkinder & Jugendliche
Arbeitsmittel	• Schulbuch & Fachliteratur

Wahrnehmungskonstanz *(Fortsetzung Aufgabe 3)*

Experiment 4:
Fixieren Sie den Punkt in der Bildmitte mit den Augen. Bewegen Sie den Kopf vor und zurück. Was geschieht mit dem Bildeindruck? (Bewegungsillusion)

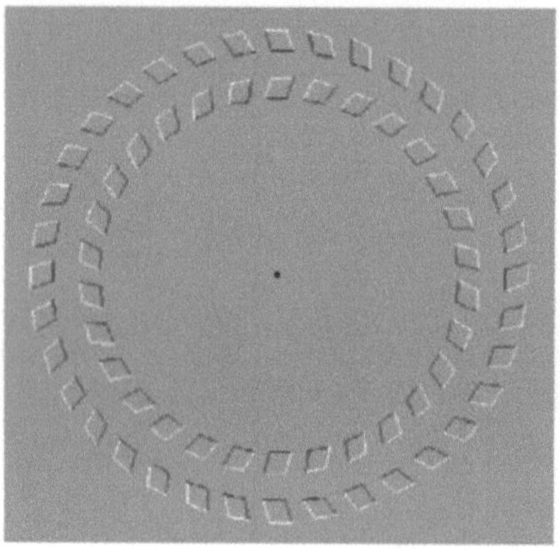

Experiment 5:
Lesen Sie diese Buchstaben/Zahlen. Was lesen Sie von oben nach unten, von links nach rechts?

(Fortsetzung →)

	Station 1: Wahrnehmen
	1.2 Wahrnehmungsphänomene
Sozialform	Team (5–7)
Zielgruppe	• Kleinkinder & Vorschulkinder • Schulkinder & Jugendliche
Arbeitsmittel	• Schulbuch & Fachliteratur

105

Wahrnehmungskonstanz

(Fortsetzung Aufgabe 3)

Experiment 6:
Wie groß nehmen Sie die 2 kleinen Personen wahr? (vgl. Amesscher Raum oder Mondtäuschung, Ponzo-Illusion)

Experiment 7:
Sehen Sie schwarze Punkte zwischen den Quadraten? Eigentlich sind da keine. (Hermann-Gitter)

	Station 1: Wahrnehmen
	1.2 Wahrnehmungsphänomene **1.3** Wahrnehmungstäuschungen
Sozialform	Team (5–7)
Zielgruppe	• Kleinkinder & Vorschulkinder • Schulkinder & Jugendliche
Arbeitsmittel	• Schulbuch & Fachliteratur

4. Verifizieren Sie folgende Behauptungen anhand des Wissens um die eingeschränkte Leistungsfähigkeit der Sinne:

WAHRNEHMUNG ist ein Prozess, der

a) selektiv ist ______________________________

____

____

____

____

b) subjektiv ist ______________________________

____

____

____

____

Mehrdeutige Wahrnehmungen

1. Erläutern Sie folgende Wahrnehmungstäuschungen auf der Basis des Wissens um die Mehrdeutigkeit von Reizen:

a) Figur-Hintergrund-Bilder (Rubin-Kelch):

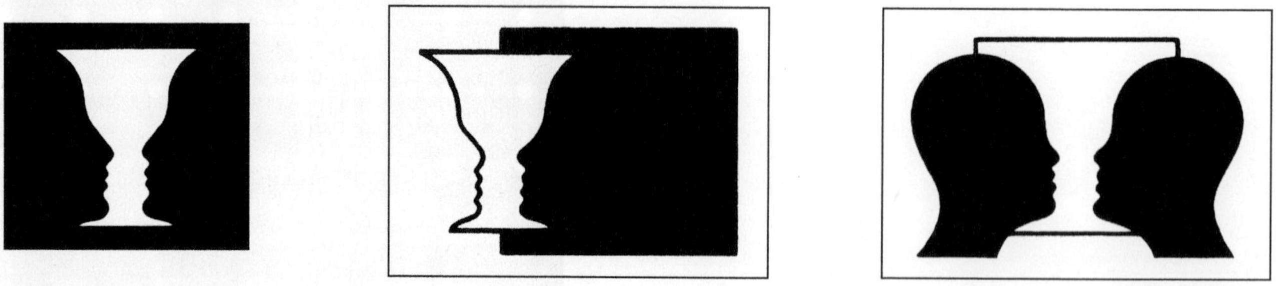

(Fortsetzung →)

	Station 1: Wahrnehmen
	1.3 Wahrnehmungstäuschungen
Sozialform	Team (5–7)
Zielgruppe	• Kleinkinder & Vorschulkinder • Schulkinder & Jugendliche
Arbeitsmittel	• Schulbuch & Fachliteratur

Mehrdeutige Wahrnehmungen *(Fortsetzung Aufgabe 1)*

b) *Necker-Würfel: Klassische Beispiele für mehrfach wahrgenommene Objekte sind Kippbilder wie diese. Der Name Necker-Würfel geht zurück auf den Schweizer L.A. Necker, der den Effekt 1832 zuerst beschrieb.*

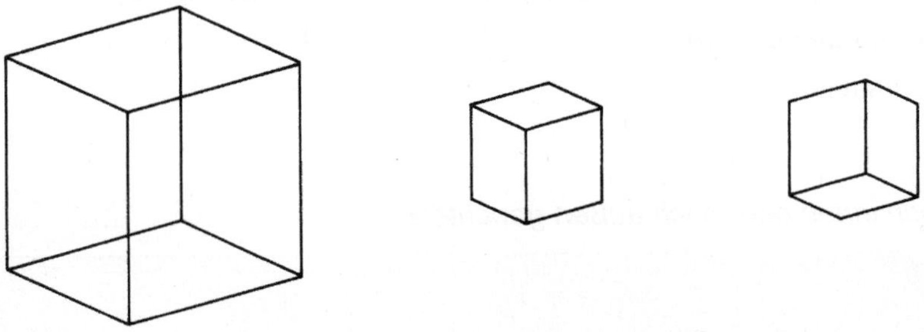

c) *Ente oder Kaninchen?*

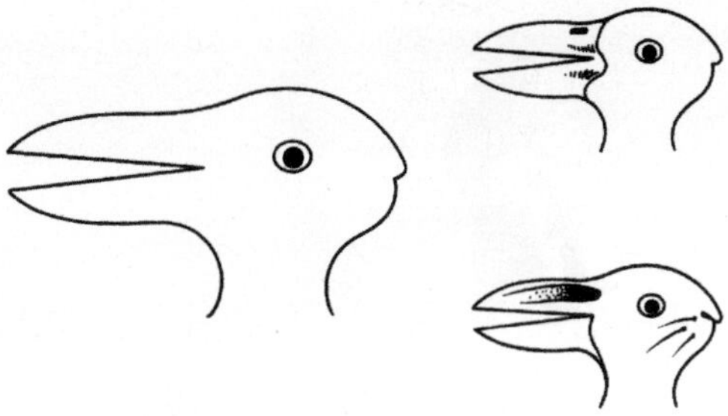

2. *Lesen Sie folgende Aussprüche und bedenken Sie: Mehrdeutigkeiten gibt es nicht nur im Visuellen.*

> *„Wie fanden Sie das Schnitzel?“, fragt der Kellner.*
> *„Indem ich die Zitronenscheibe hochgehoben habe“, antwortet Gast A.*
> *„Es hat mir sehr gut geschmeckt“, sagt Gast B.*

> *„Ein Junggeselle ist ein Mann,*
> *dem zum Glück noch die Frau fehlt.“*

> *„Warum bist du denn so fröhlich, Klaus?“*
> *„Heute habe ich endlich für meine Frau einen blauen Papagei bekommen.“*
> *„Das nenn ich aber einen guten Tausch!“*

	Station 1: Wahrnehmen
	1.3 Wahrnehmungstäuschungen
Sozialform	Team (5–7)
Zielgruppe	• Kleinkinder & Vorschulkinder • Schulkinder & Jugendliche
Arbeitsmittel	• Schulbuch & Fachliteratur

Geometrisch-optische Täuschungen

3. Erarbeiten Sie im Team folgende Beispiele geometrisch-optischer Täuschungen, indem Sie die Versuche I bis VI

a) in Einzelarbeit für sich inhaltlich klären (Zusammenhänge, Begründungen),

b) möglichst anschaulich aufbereiten,

c) sich gegenseitig vorstellen.

Versuch I:
Wie sitzt die Person, nach innen oder nach außen gerichtet?

Versuch II:
Hering´sche Täuschung: Die Linien wirken nicht parallel, obwohl sie es sind.

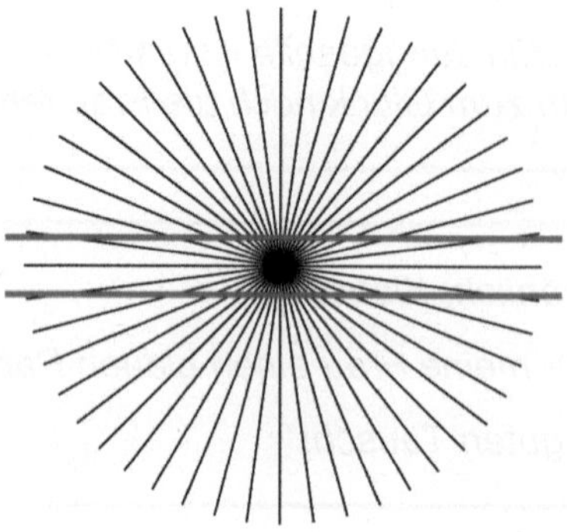

(Fortsetzung →)

	Station 1: Wahrnehmen
	1.3 Wahrnehmungstäuschungen
Sozialform	Team (5–7)
Zielgruppe	• Kleinkinder & Vorschulkinder • Schulkinder & Jugendliche
Arbeitsmittel	• Schulbuch & Fachliteratur

Geometrisch-optische Täuschungen *(Fortsetzung Aufgabe 3)*

Versuch III:
Ehrenstein´sche Täuschung: Das Auge wird durch die Linien getäuscht und nimmt das Quadrat als Trapez wahr. (Test: Drehen Sie die Abbildung um 90 Grad, dann verschwindet die Täuschung.)

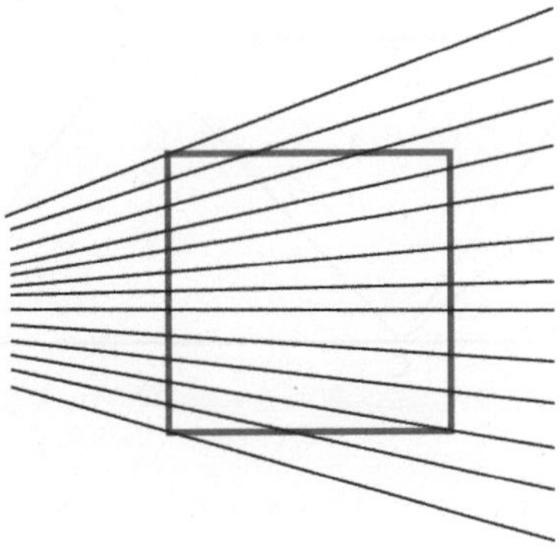

Versuch IV:
Variante der Hering-Täuschung: Das Quadrat scheint nach innen gekrümmt.

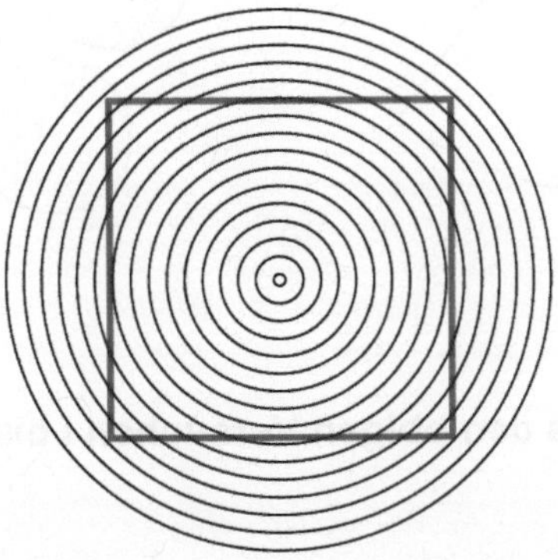

(Fortsetzung →)

	Station 1: Wahrnehmen **1.3** Wahrnehmungstäuschungen
Sozialform	Team (5–7)
Zielgruppe	• Kleinkinder & Vorschulkinder • Schulkinder & Jugendliche
Arbeitsmittel	• Schulbuch & Fachliteratur

Geometrisch-optische Täuschungen *(Fortsetzung Aufgabe 3)*

Versuch V:
Sander´sche Täuschung oder Parallelogrammtäuschung: Die rechte Diagonale erscheint länger als die linke. In Wirklichkeit sind sie gleich lang.

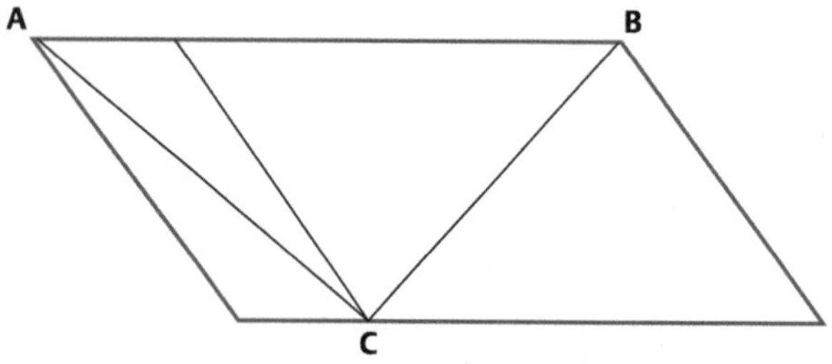

Versuch VI:
Zwei Varianten der Ebbinghaus-Illusion: Die mittleren Dreiecke bzw. Kreise scheinen unterschiedlich groß (Kontrastverstärkung). So kann man beim Kuchenstück-Auswählen getäuscht werden!

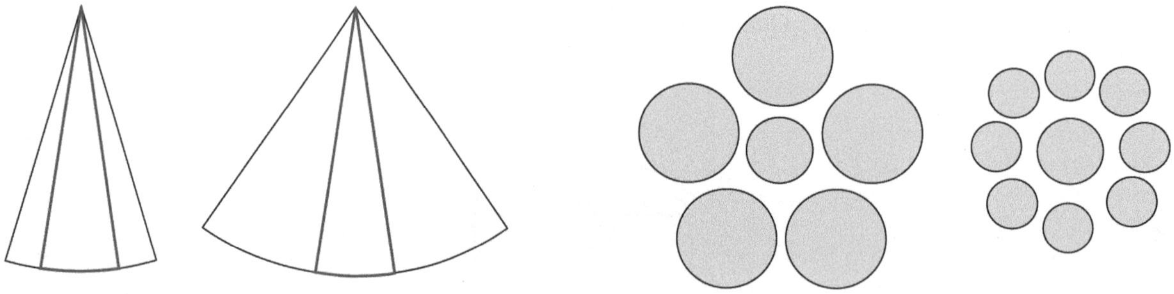

4. Diskutieren Sie Rückschlüsse aus den obigen Versuchen I bis VI für Ihre pädagogische Arbeit im Team …

- **im Hinblick auf Selektivität.**
- **im Hinblick auf Subjektivität.**
- **im Hinblick auf Mehrdeutigkeit.**
- **im Hinblick auf Wahrnehmungskonstanz.**

	Station 1: Wahrnehmen **1.4** Wahrnehmungsinhalte
Sozialform	Einzelarbeit
Zielgruppe	• Kleinkinder & Vorschulkinder • Schulkinder & Jugendliche
Arbeitsmittel	Schulbuch & Fachliteratur

1. Beschreiben Sie die Beziehung von Wahrnehmungsgegenstand und Wahrnehmungsinhalt unter Berücksichtigung unterschiedlicher Einflussfaktoren.

2. Welche Wahrnehmungsinhalte können wahrgenommen werden bezogen auf diese 3 Sinne?

	Station 1: Wahrnehmen
	1.5 Gesetzmäßigkeiten der Wahrnehmung
Sozialform	Einzelarbeit
Zielgruppe	• Kleinkinder & Vorschulkinder • Schulkinder & Jugendliche
Arbeitsmittel	Schulbuch & Fachliteratur

1. Definieren Sie den Begriff „Wahrnehmungsgesetz". Benennen Sie die bekannten Wahrnehmungsgesetze. Tragen Sie Ihre Ergebnisse in das Schaubild ein.

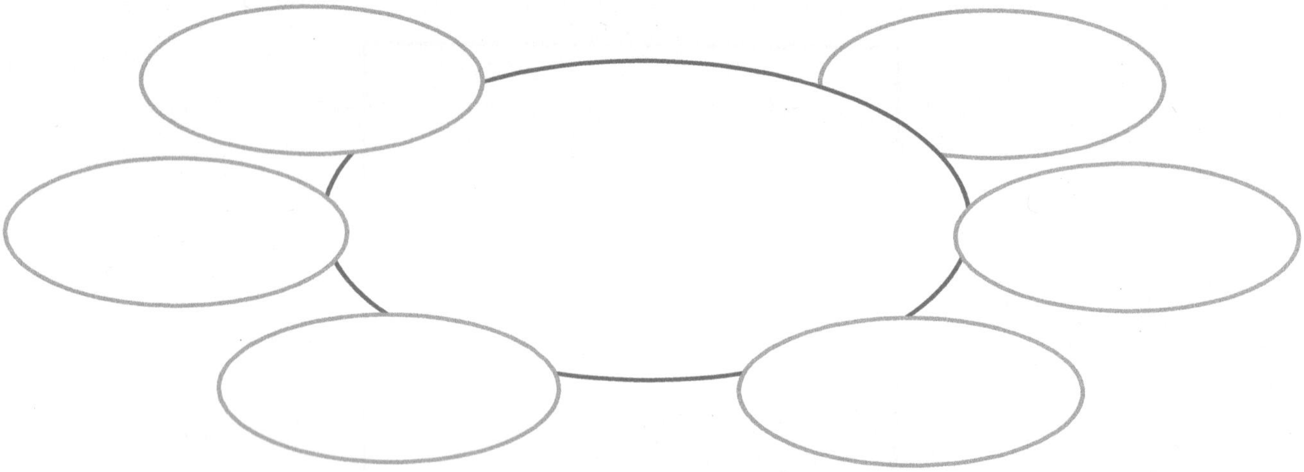

2. a) Definieren Sie in der Tabelle die unterschiedlichen Wahrnehmungsgesetze aus folgendem Kasten.

Gesetz der Ähnlichkeit – Prägnanzgesetz/Gesetz der guten Gestalt – Gesetz der Nähe – Kontinuitätsgesetz – Gesetz der Geschlossenheit – Gesetz der Erfahrung – Figur-Grund-Gesetz

b) Auf den folgenden 5 Seiten finden Sie Beispiele für Wahrnehmungsgesetze. Ordnen Sie die Bildnummern den Gesetzen zu und übertragen Sie in die Tabelle. Mehrfachnennungen sind möglich.

a) Wahrnehmungsgesetz definiert	b) Nummer am Bild

(Fortsetzung →)

	Station 1: Wahrnehmen
	1.5 Gesetzmäßigkeiten der Wahrnehmung
Sozialform	Einzelarbeit
Zielgruppe	• Kleinkinder & Vorschulkinder • Schulkinder & Jugendliche
Arbeitsmittel	Schulbuch & Fachliteratur

Beispiele für Wahrnehmungsgesetze *(Fortsetzung Aufgabe 2)*

1 „Morgen, ein bewölkter Tag, Rouen“, Camille Pissarro (1830–1903)

2

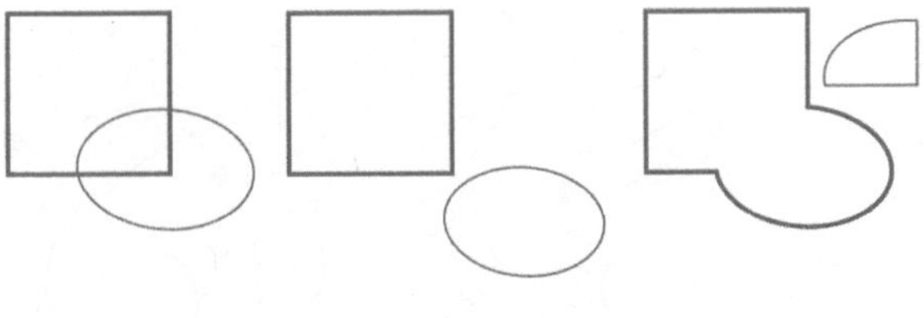

3

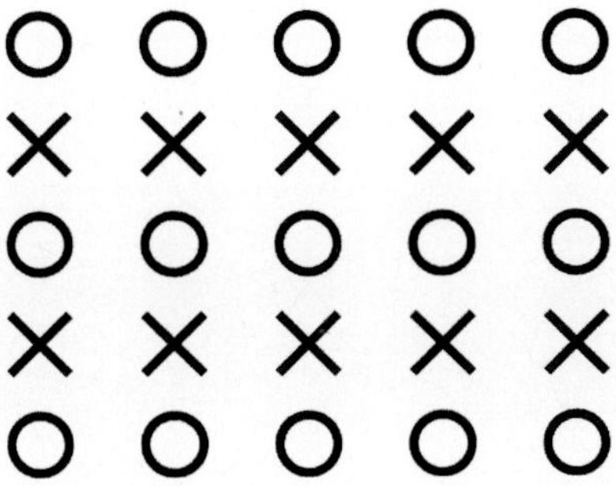

(Fortsetzung →)

	Station 1: Wahrnehmen
	1.5 Gesetzmäßigkeiten der Wahrnehmung
Sozialform	Einzelarbeit
Zielgruppe	• Kleinkinder & Vorschulkinder • Schulkinder & Jugendliche
Arbeitsmittel	Schulbuch & Fachliteratur

Beispiele für Wahrnehmungsgesetze *(Fortsetzung Aufgabe 2)*

4

5

6

Antilope oder Vogel?

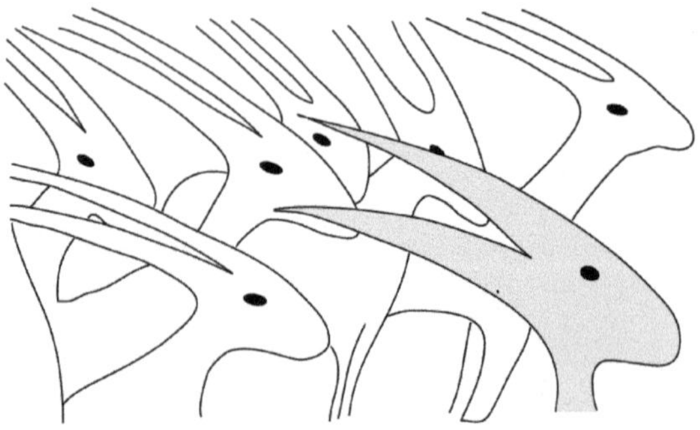

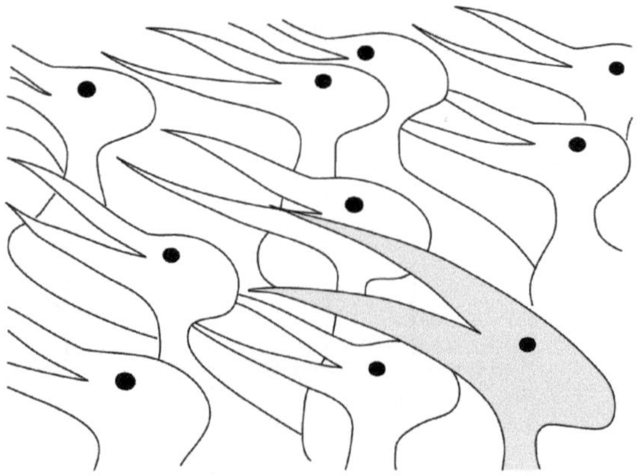

7

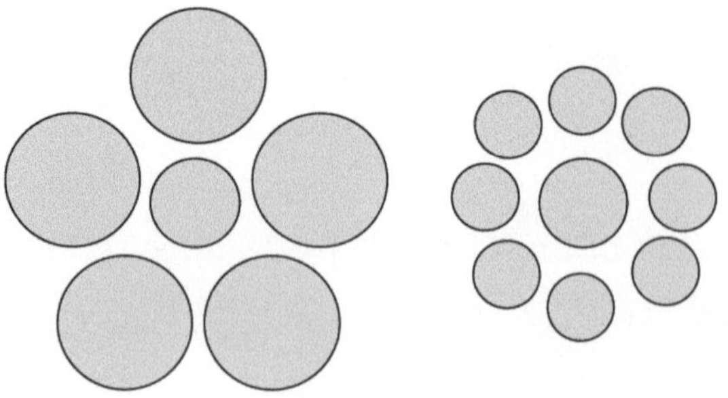

(Fortsetzung →)

	Station 1: Wahrnehmen
	1.5 Gesetzmäßigkeiten der Wahrnehmung
Sozialform	Einzelarbeit
Zielgruppe	• Kleinkinder & Vorschulkinder • Schulkinder & Jugendliche
Arbeitsmittel	Schulbuch & Fachliteratur

Beispiele für Wahrnehmungsgesetze *(Fortsetzung Aufgabe 2)*

8

Bcuhsatbenslaat
Wuram knenön Sie deiesn Txet fast moelhüs lseen? Die Regihenfloe der Buhcsatebn ist dcoh vlonstlädig ducirhenaednr! Aebr dauarf kmomt es acuh gar nihct an. Das stleletn birstihce Wesesnhcaftlsir brieets vor mher als 25 Jhraen fset. Sie baetn Sendutten, Txete mit cohaticsh vetrusachetn Bcuhsatebn zu leesn. Kenier von inehn httae Peborlme dmiat, sloagne nur der esrte und der ltetze Bcushtbae jeeds Wroets rihcitg war. Das Emerpexint biesewt, dsas Wetörr als gnaze whemogranmen wreedn, und dsas das Hrin biem Lseen stniädg Hopyhtseen afutslelt. Wnen scih dsiee biem Bcilk auf das Writbold acuh nur ofberllcähcih bsietetägn, wreedn die ennilezen Busahtcebn pkarctsih gar nchit mher wramgomhenen.

9

(Fortsetzung →)

	Station 1: Wahrnehmen **1.5** Gesetzmäßigkeiten der Wahrnehmung
Sozialform	Einzelarbeit
Zielgruppe	• Kleinkinder & Vorschulkinder • Schulkinder & Jugendliche
Arbeitsmittel	Schulbuch & Fachliteratur

Beispiele für Wahrnehmungsgesetze *(Fortsetzung Aufgabe 2)*

10

11

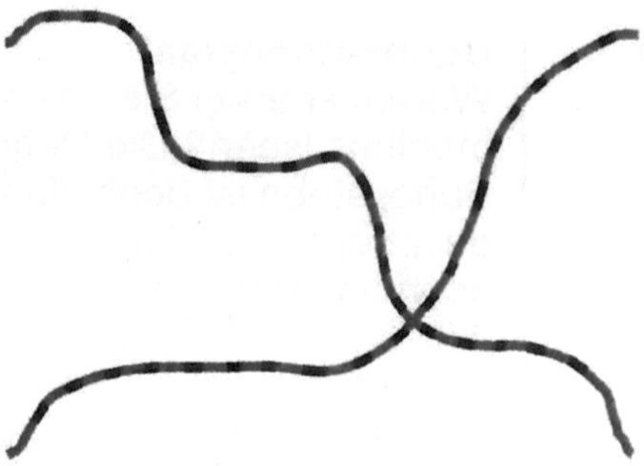

12 Was passiert mit Ihrer Wahrnehmung, wenn die beiden Fäden zusammengeschoben werden?

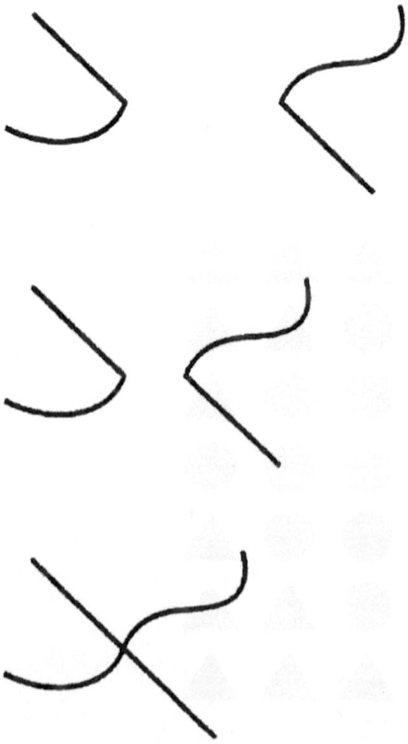

(Fortsetzung →)

	Station 1: Wahrnehmen
	1.5 Gesetzmäßigkeiten der Wahrnehmung
Sozialform	Einzelarbeit
Zielgruppe	• Kleinkinder & Vorschulkinder • Schulkinder & Jugendliche
Arbeitsmittel	Schulbuch & Fachliteratur

Beispiele für Wahrnehmungsgesetze (Fortsetzung Aufgabe 2)

13 *Aus welchen Teilen besteht die erste Form?*
Man neigt dazu, die einfachste Lösung anzunehmen (Quadrat und Kreis).

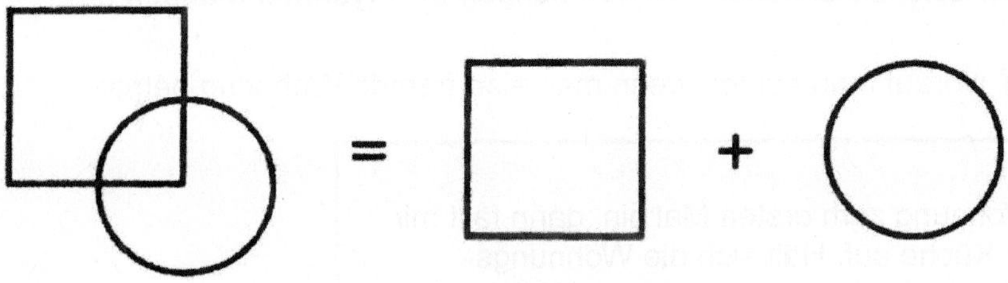

Warum denken wir nicht so?

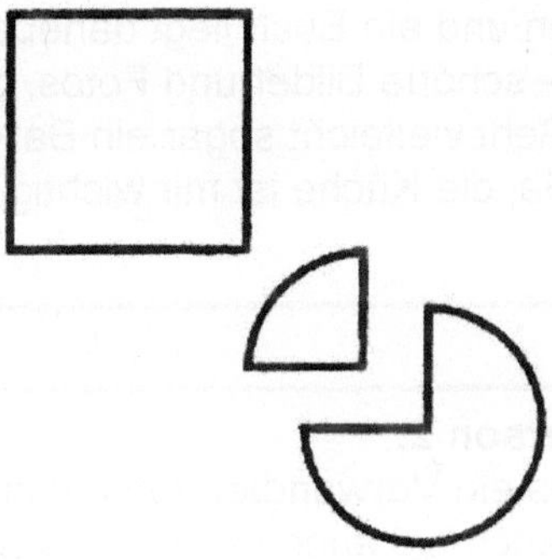

14 *Sehen Sie den Würfel von oben oder von unten? Oder sehen Sie ihn gar nicht?*

	Station 1: Wahrnehmen
	1.6 Konstruiertes Weltbild: Einflüsse
Sozialform	3er-Team
Zielgruppe	• Kleinkinder & Vorschulkinder • Schulkinder & Jugendliche
Arbeitsmittel	Schulbuch & Fachliteratur

Konstruiertes Weltbild – Einflüsse auf die Wahrnehmung

1. *Lesen Sie folgende Texte. Vergleichen Sie die Wahrnehmungseindrücke.*

a) *Welche Einflüsse, Emotionen, Erfahrungen o. a. spielen eine Rolle?*

b) *Gibt es möglicherweise biografische Einflüsse?*

c) *Wie ginge es Ihnen in einer solchen Situation? Wovon hängen Ihre Wahrnehmungen ab?*

Aus einer spontanen Befragung, worauf man achtet, wenn man eine fremde Wohnung betritt:

Person 1:
„Wenn ich in einer fremden Wohnung zum ersten Mal bin, dann fällt mir besonders die Einrichtung der Küche auf. Hält sich die Wohnungsinhaberin gerne hier auf? Ich finde, das kann man erkennen! Vielleicht hat sie Blumen auf dem Tisch stehen und ein Buch liegt daneben. Die Wandgestaltung ist mir wichtig – schöne Bilder und Fotos, daran kann ich mich später gut erinnern! Geht vielleicht sogar ein Balkon davon ab, auf dem Gäste sitzen können? Ja, die Küche ist mir wichtig, der Rest der Wohnung weniger."

Person 2:
„Da ein Verwandter von mir im Rollstuhl sitzt, achte ich unbewusst, manchmal auch bewusst darauf, ob die Räume einer fremden Wohnung behindertengerecht sind. Das sieht man zum Beispiel sofort am Badezimmer! Ist die Tür zu schmal oder der ganze Raum zu klein? Was für Gegenstände in der Wohnung stehen, ist mir nicht so wichtig."

Person 3:
„Freunde sagen, ich habe ein fotografisches Gedächtnis, denn ich kann mich hinterher immer gut an Details einer fremden Wohnung erinnern! Meine Mutter kann das übrigens auch. Welches Buch auf dem Tisch in der Wohnung lag – ich kanns dir sagen. Und wo das Lesezeichen darin steckte! Die verräterischen Tierhaare auf dem Sofa erzählen mir Geschichten über den Lieblingsplatz des Haustieres … selbst wenn es gar nicht zu sehen ist. Habe selbst eine Katze!"

2. Was bedeutet das für Ihre erzieherische Arbeit? Diskutieren Sie im Team.

	Station 1: Wahrnehmen
	1.6 Konstruiertes Weltbild: Einflüsse
Sozialform	kollegial (Zweiergruppe)
Zielgruppe	• Kleinkinder & Vorschulkinder • Schulkinder & Jugendliche
Arbeitsmittel	Schulbuch & Fachliteratur

SOL

Praxisaufgabe 2 (Fortsetzung)

Ausgedachte Begriffe	Visuell (Sehen)	Auditiv (Hören)	Kinästhetisch (Fühlen, Empfinden)
1	Punkt/e	Punkt/e	Punkt/e
2	Punkt/e	Punkt/e	Punkt/e
3	Punkt/e	Punkt/e	Punkt/e
4	Punkt/e	Punkt/e	Punkt/e
5	Punkt/e	Punkt/e	Punkt/e
6	Punkt/e	Punkt/e	Punkt/e
7	Punkt/e	Punkt/e	Punkt/e
8	Punkt/e	Punkt/e	Punkt/e
9	Punkt/e	Punkt/e	Punkt/e
10	Punkt/e	Punkt/e	Punkt/e

c) *Stimmen Ihre Ergebnisse mit Ihren Selbsteinschätzungen überein?*

d) *Ist die Ausprägung von Wahrnehmungstypen auch kulturell bedingt? Wie ist es bei Ihnen?*

e) *Welche Konsequenzen ziehen Sie für sich daraus?*

f) *Dokumentieren Sie die Ergebnisse Ihrer Erkenntnisse im Praxistagebuch.*

Praxisaufgabe 3
Sehen Sie die folgenden beiden Fotos von Kindern an. Welche Gedanken haben Sie dabei?

a) Schreiben Sie Ihre Wahrnehmungseindrücke auf und vergleichen Sie diese mit Ihrem Gruppenpartner.

b) Welche Gemeinsamkeiten bzw. Unterschiede in der Wahrnehmung traten auf?

c) Worin könnten die Gründe dafür liegen?

Lernort-kooperation

(Fortsetzung →)

	Station 1: Wahrnehmen **1.6** Konstruiertes Weltbild: Einflüsse
Sozialform	• kollegial (Zweiergruppe) • Einzelarbeit
Zielgruppe	• Kleinkinder & Vorschulkinder • Schulkinder & Jugendliche
Arbeitsmittel	Schulbuch & Fachliteratur

Praxisaufgabe 3 *(Fortsetzung)*

d) Denken Sie darüber nach, ob Wahrnehmungsfehler beim ersten Eindruck von Menschen vorprogrammiert sein könnten.

e) Welche fachtheoretischen Begründungen machen Sie dafür verantwortlich?

f) Wie geht es Ihnen mit Kindern oder Jugendlichen aus Ihrer Praxisgruppe? Gibt es vergleichbare Erfahrungen?

g) Gibt es Lösungsansätze? Diskutieren Sie mit Mitstudierenden.

Referatsaufgabe
Wahrnehmung ist allgegenwärtig. Sie trägt unser persönliches wie berufliches Leben. Präsentieren Sie in einer kleinen Ausstellung den Mitstudierenden Ihrer Klasse und der Schulgemeinschaft, wie wir alle in Alltag (z. B. Werbung, Zeitschriften, Verkehr) und Beruf Wahrnehmungsgesetzen sowie Wahrnehmungstäuschungen ausgesetzt sind.
Arbeiten Sie interaktiv.

a) Lassen Sie die Besucher experimentieren. Können Sie bei Erklärungen helfen?

b) Welchen Nutzen hat ein Wissen über Wahrnehmungstäuschungen für Sie als künftige Erzieher/-innen?

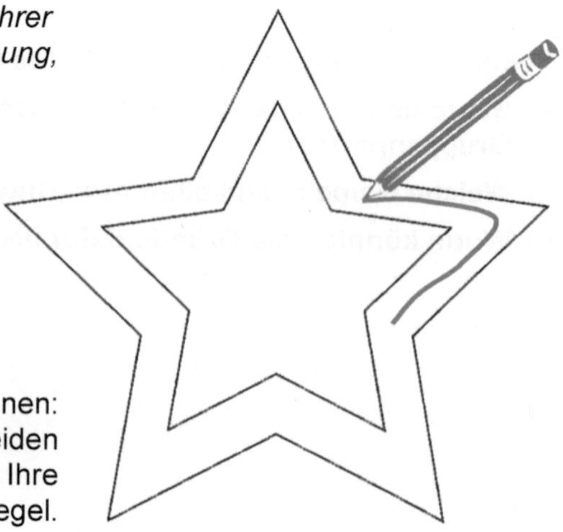

Spiegel-Zeichnen:
Versuchen Sie, eine Linie zwischen den beiden Sternen einzuzeichnen. Betrachten Sie dabei Ihre Hand aber nur durch einen Spiegel.

STATIONENLERNEN: Lebenswelten und Diversität wahrnehmen, verstehen und Inklusion fördern

Station 2: Objektiv beobachten

Objektiv beobachten – geht das?

	A	B	C	D	E	F	G	H	I	J	K	L	M	N	O	P	Q	R	S
1	D	W	T	O	D	M	H	A	O	H	L	T	T	O	R	S	N	W	E
2	U	I	E	N	O	B	E	O	B	A	C	H	T	E	N	:	B	A	A
3	T	T	E	S	K	R	T	N	I	N	:	Ä	N	L	B	W	E	H	U
4	I	D	O	K	U	M	E	N	T	I	E	R	E	N	N	A	O	R	T
5	N	E	W	N	M	E	R	C	A	I	T	D	T	S	I	H	B	N	E
6	K	I	E	T	E	E	O	B	J	E	K	T	I	V	Ä	R	A	E	C
7	L	R	E	J	N	E	G	T	T	T	B	N	:	D	H	N	C	H	E
8	U	U	H	T	T	I	E	W	E	R	:	R	B	O	N	E	H	M	I
9	S	T	A	T	I	O	N	2	:	B	E	O	B	A	C	H	T	E	N
10	I	E	A	A	E	D	I	V	E	R	S	I	T	Ä	T	M	E	N	K
11	O	T	E	:	R	W	T	E	A	E	R	K	L	Ä	R	E	N	I	C
12	N	M	N	H	E	R	Ä	N	E	H	E	I	T	N	O	N	N	O	W
13	T	E	Ä	R	N	E	T	N	K	R	T	K	E	E	E	H	V	B	N
14	C	N	N	T	N	D	N	T	E	N	S	V	K	N	W	E	N	T	I

Wichtige Hinweise zur Arbeitsweise Stationenlernen

Arbeiten Sie bewusst in den genannten **Sozialformen**.
Wechseln Sie zwischendurch das Team.

Die Arbeitsblätter in den Stationen dienen einer selbstständigen bzw. kooperativen Erarbeitung der Fachinhalte mithilfe der in der Klasse genutzten Fachkunde (Schulbuch) bzw. weiterer Fachliteratur.

Aufgabenarten

- Praxisaufgaben: verknüpfen die theoretischen Inhalte mit Erfahrungen in der Praxis
- (Inhaltliche) Aufgaben: sichern Faktenwissen aus Schulbuch/Fachliteratur
- Referatsaufgaben: vertiefen bestimmte Aspekte des Themas

Zwingend oder freiwillig?

Das jeweilige Schriftbild in den Aufgaben zeigt an:

Fett geschriebene Aufgaben sind **zwingend** zu erarbeiten.

Gerade geschriebene Aufgaben sind möglichst zu erarbeiten.

Kursiv geschriebene Aufgaben sind eine sinnvolle Ergänzung.

Zielgruppe

Die Kopfzeile gibt Hinweise auf die angesprochene Zielgruppe bei den Edukanden:

- Kleinkinder, Vorschul- und Grundschulkinder, Altersgruppe von 0–10 Jahren (entspricht in Bayern dem Vertiefungsgebiet I)
- Schulkinder, Jugendliche und junge Erwachsene, in der Altersgruppe von 6–27 Jahren (entspricht in Bayern dem Vertiefungsgebiet II)

	Station 2: Objektiv beobachten
	2.1 Formen von professioneller Beobachtung
Sozialform	Einzelarbeit
Zielgruppe	Kleinkinder & Vorschulkinder
Arbeitsmittel	Schulbuch & Fachliteratur

Situation: Die Mutter von Anna spricht Sie im Kindergarten an. Sie möchte wissen, weshalb Sie in der Freispielzeit heute wieder mit Block und Stift im Gruppenzimmers säßen und nur zuschauten, ohne mit den Kindern zu spielen, und nicht einmal eingriffen, wenn Konflikte entstehen. Sie fragt, was Sie da machen? Auch ihre Tochter wüsste nicht, was Sie da tun.

1. a) Sie sind gerade in einer fachlichen Beobachtung. Erläutern Sie der Mutter, was unter einer professionellen Beobachtung zu verstehen ist, und

b) welche Formen von Beobachtung Sie in der Regel anwenden.

Fachliche Beobachtung ist:

Situation: Die Mutter von Anna erklärt Ihnen, sie beobachte ihre Tochter zwar auch immer, wenn sie mit ihr auf dem Spielplatz sei. Aber zusätzlich kümmere sie sich, wenn jemand Spielzeug wegnähme oder ein Streit entstünde.

2. Erläutern Sie der Mutter den Unterschied der beiden Beobachtungsformen:

Alltägliche Beobachtung	Fachliche Beobachtung

	Station 2: Objektiv beobachten **2.1** Formen von professioneller Beobachtung **2.2** Ziele von professioneller Beobachtung
Sozialform	Einzelarbeit
Zielgruppe	Kleinkinder & Vorschulkinder
Arbeitsmittel	Schulbuch & Fachliteratur

3. Formulieren Sie zu den Kategorien „Selbstständigkeit“, „Kontaktfreudigkeit“ und „Ängstlichkeit“ jeweils 4 beobachtbare Verhaltensweisen:

Kontaktfreudigkeit

______________ ______________

______________ ______________

Ängstlichkeit

______________ ______________

______________ ______________

Selbstständigkeit

______________ ______________

______________ ______________

4. Die Mutter von Anna möchte wissen, warum Sie eine solche Beobachtung vornähmen; ob sich der Aufwand lohne? Was beobachten Sie eigentlich genau? Welche Vorgaben gäbe es da?

INHALTE	→	ZIELE

	Station 2: Objektiv beobachten
	2.2 Ziele von professioneller Beobachtung **2.3** Beobachtungsinhalte **2.4** Methoden in der fachlichen Beobachtung
Sozialform	Einzelarbeit
Zielgruppe	• Kleinkinder & Vorschulkinder • Schulkinder & Jugendliche
Arbeitsmittel	• Schulbuch & Fachliteratur • Praxistagebuch

SOL

Situation: Peter (4;3 Jahre) spielt täglich in der Bauecke. Schon wenn er morgens den Gruppenraum betritt, steuert er sofort dorthin. Dort spielt Peter mit verschiedenen Konstruktionsmaterialien, wechselt häufig die Spielpartner, wobei es scheint, er spiele nur mit jüngeren Kindern.
Dabei spricht er kaum und es kommt oft zu Konflikten, denn er nimmt anderen Kindern kommentarlos weg, was ihm gerade bei seinem Spiel fehlt.

5. a) Welches Beobachtungsverfahren wenden Sie an, um Aufschluss über die Spielsituationen in der Bauecke zu erlangen? Wägen Sie unterschiedliche Möglichkeiten ab und begründen Sie Ihre Auswahl.
b) Dokumentieren Sie die Aufgabe in Ihrem Ordner/Portfolio.

Praxisaufgabe 1
Führen Sie an Ihrer Praxisstelle eine fachliche Beobachtung zu einer Spielsituation von maximal 15 Minuten durch.
a) Welches Ziel streben Sie konkret mit dieser Beobachtung an?
b) Was sind Inhalte der Vorbereitung?
c) Was soll konkret beobachtet werden?
d) Wählen Sie ein geeignetes Verfahren. Begründen Sie Ihre Wahl.
e) Worauf achten Sie methodisch?
f) Dokumentieren Sie die Beobachtungsaufgabe in Ihrem Praxistagebuch.

Praxisaufgabe 2
Führen Sie in der Praxis eine Beobachtung über mehrere Tage an einem einzelnen Kind durch. Nutzen Sie als Beobachtungsform eine Ratingskala zu einem von Ihnen gewählten Beobachtungsinhalt, welche Sie im Vorfeld der Beobachtung vorbereiten.
a) Fassen Sie anschließend die Ergebnisse schriftlich zusammen.
b) Reflektieren Sie mit Ihrer Anleiterin die Beobachtung.
c) Beurteilen Sie die Sinnhaftigkeit des Messinstruments.
d) Welche anderen Beobachtungsverfahren wären effektiv (ggf. effektiver) gewesen und weshalb?
e) Dokumentieren Sie diese Aufgabe in Ihrem Praxistagebuch.

Lernort-kooperation

Praxisaufgabe 3
Informieren Sie sich über Beobachtungsverfahren, die an Ihrer Praxisstelle genutzt werden.
a) Für welche Kinder/Jugendlichen, für welchen Beobachtungsinhalt wird welches Verfahren genutzt? Ordnen Sie diese nach erarbeiteten Maßgaben (offen, systematisch o.a.).
b) Was sind die Gründe für diese Auswahl?
c) Wie schaffen es Erzieher/-innen, von jedem Kind/Jugendlichen in der Gruppe eine Bildungs- und Lerndokumentation anzufertigen?
d) Wofür werden die Erhebungen genutzt?
e) Was geschieht mit den Daten? Wo werden sie gespeichert?
f) Welche Dokumentationen dürfen an Dritte (z.B. Lehrkräfte) weitergegeben werden?
g) Welche Auflagen gibt es bezüglich Datenschutz?
h) Dokumentieren Sie diese Aufgabe in Ihrem Praxistagebuch.

	Station 2: Objektiv beobachten **2.4** Methoden in der fachlichen Beobachtung
Sozialform	kollegial (Zweiergruppe)
Zielgruppe	Kleinkinder & Vorschulkinder
Arbeitsmittel	Schulbuch & Fachliteratur

6. Vergleichen Sie diese Ausschnitte aus Beobachtungsprotokollen:

Protokoll 1:	**Protokoll 2:**
„Lara (3;9 Jahre) sitzt am Tisch und knetet. Steffi (4;1) und Lars (4;8) sitzen neben ihr am Tisch und malen. Lara sticht mit dem Zahnstocher Löcher in die Knete. Lars fragt Lara, was sie da bastelt. Sie antwortet nicht, sieht aber jetzt den beiden beim Malen zu. Erzieherin fragt: „Möchtest du auch malen?“ Lara nickt. Sie fängt an, ein Haus zu malen. Max (3;6) kommt zum Tisch und äußert aufgeregt: „Ich kann auch ein Haus malen!“ Lara hört auf zu malen und beobachtet Max, der ein Haus und eine Straße mit Figuren malt. Auf einmal steht Lara auf und geht auf den Bauteppich, auf dem gerade kein Kind spielt. Sie setzt sich auf den Boden und sieht unbestimmt in den Raum.“	„Pierre kommt aggressiv in den Gruppenraum der Kita und fängt an, Spielsachen aufzunehmen und wild damit um sich zu werfen. Dann stört er Steffi am Maltisch und unterbricht Peer, der gerade ein Puzzle legt. Er läuft durch den Raum und sucht Streit mit den anderen.“
Was fällt auf?	**Was fällt auf?**

7. Sie nehmen als Praktikant/-in an folgender Situation teil:

Eine kleine Gruppe von Kindern sitzt im Stuhlkreis und hört dem Erzieher zu, der mit den Kindern zusammen ein Bilderbuch ansieht. Währenddessen sind Sie selbst in der Bau-Ecke und räumen auf.

Auf der nächsten Seite ist die Situation den 3 verschiedenen Verarbeitungsstufen einer Beobachtung („Beschreibung“ / „Deutung“ / „Bewertung“) zugeordnet. Der Text in der 3. Spalte fehlt.

Ergänzen Sie die abschließende Verarbeitungsstufe „Bewertung“, indem Sie die 3. Spalte mit Inhalt füllen.

(Fortsetzung →)

	Station 2: Objektiv beobachten **2.5** Beobachtungsfehler
Sozialform	kollegial
Zielgruppe	• Kleinkinder & Vorschulkinder • Schulkinder & Jugendliche
Arbeitsmittel	Schulbuch & Fachliteratur

3. Betrachten Sie die beiden Bilder:

a) Welchen der beiden Männer hätten Sie gern als Lehrer?

b) Haben Sie den beiden Herren unterschiedliche Eigenschaften zugeschrieben? Woran könnte das liegen?

c) Bestimmt haben Sie inzwischen festgestellt, dass es sich um denselben Mann handelt. Begründet wird das durch den sogenannten ______________________-Effekt. Erklären Sie diesen am obigen Beispiel.

4. a) Überlegen Sie, wie sich der Beobachtungsfehler aus Aufgabe 3 auf Ihre Arbeit in Kindertagesstätte, Hort, Jugendeinrichtung u. a. auswirken könnte.

b) Welche Stereotype kennen Sie?

c) Benennen Sie konkret Situationen, in denen Sie nach solchen Stereotypen agiert haben.

5. Sie haben viele freundliche Mitstudierende in der Klasse. Überlegen Sie ganz konkret, wie sich Ihre Wahrnehmung bezüglich eines Kommilitonen ändern würde, wenn Sie erführen,

a) dass er/sie Mitglied in einer religiösen Sekte sei.

b) dass er/sie homosexuell sei.

c) dass er/sie …

	Station 2: Objektiv beobachten **2.5** Beobachtungsfehler
Sozialform	• Zweiergruppen • Team (4)
Zielgruppe	• Kleinkinder & Vorschulkinder • Schulkinder & Jugendliche
Arbeitsmittel	Schulbuch & Fachliteratur

6. Bilden Sie Zweiergruppen. Hier sehen Sie ein Baby abgebildet. Das Baby heißt „Sven" (für Sie) und „Svenja" (für Ihre/n Gruppenpartner/-in).

a) Notieren Sie einzeln (vermutete) Eigenschaften dieses Kindes, bezogen auf …

Körperliche Merkmale	Verhaltenseigenschaften	Persönlichkeitseigenschaften

b) Vergleichen Sie jetzt Tabellen mit Ihrem Partner.
c) Welche Unterschiede stellen Sie fest und worin könnten diese begründet sein?
d) Welcher Beobachtungsfehler wird wirksam?

(nach: Rubin, Provenzano & Luria, 1974)

7. Rollenspiele in Vierergruppen: 2 Teilnehmer spielen eine Lehrkraft und einen Schüler (m/w), 2 Teilnehmer beobachten das Spiel; dann werden die Rollen getauscht.

- Die Lehrkraft ist davon überzeugt, dass der Schüler (m/w) dumm, faul, hinterlistig und verlogen sei.
- Die Lehrkraft ist davon überzeugt, dass der Schüler fleißig, klug, hilfsbereit und ehrlich sei.

a) Spielen Sie die Reiz-Reaktions-Situationen durch. Wie entwickelt sich der Schüler in Abhängigkeit der Lehrereinschätzung?
b) Besprechen Sie Ihre Eindrücke. Haben Sie Ähnliches erlebt?
c) Welcher Beobachtungsfehler wird wirksam?

	Station 2: Objektiv beobachten
	2.5 Beobachtungsfehler
Sozialform	Einzelarbeit
Zielgruppe	• Kleinkinder & Vorschulkinder • Schulkinder & Jugendliche
Arbeitsmittel	Schulbuch & Fachliteratur

SOL

Situation: Sie erfahren von Dritten, dass Ihre neue Arbeitskollegin an Ihrer vorherigen Stelle Schwierigkeiten im Team hatte.

8. a) Welches Bild machen Sie sich von ihr aufgrund dieser Information?
b) Welche Person erwarten Sie?
c) Welcher Beobachtungsfehler ist eventuell wirksam?

Praxisaufgabe 1
Suchen Sie Beispiele in der Praxis, wo kindliche Projektion wirksam war:

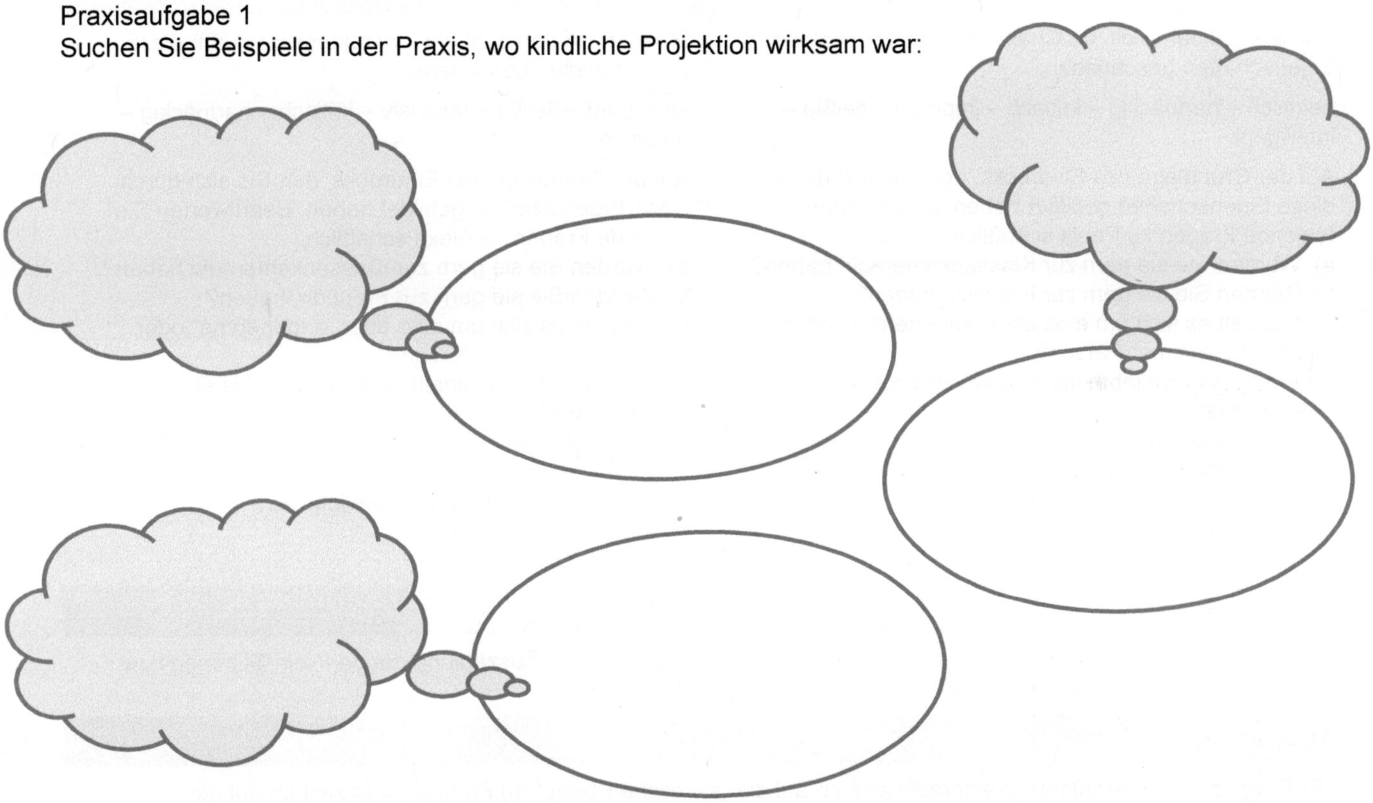

Situation: Im Herbst wird eine neue Kollegin in Ihrer Einrichtung anfangen.

Lernort-kooperation

9. a) Wie ist es für Sie, wenn Sie erfahren, dass die neue Mitarbeiterin bei den Eltern in der ehemaligen Einrichtung sehr beliebt war und mit einem großen Fest verabschiedet wurde?
b) Welcher Beobachtungsfehler könnte Ihnen zum Verhängnis werden?

Praxisaufgabe 2
Denken Sie an ein schwieriges Kind an Ihrer Praxisstelle.
a) Welche Eigenschaften/Verhaltensweisen fallen Ihnen besonders auf?
b) Wie verhält sich das Kind, wenn es keine problematischen Verhaltensweisen zeigt?
c) Wie nehmen Sie und Kollegen/Kolleginnen dieses nicht problematische Verhalten wahr?
d) Dokumentieren Sie die Ergebnisse in Ihrem Praxistagebuch.

	Station 2: Objektiv beobachten
	2.5 Beobachtungsfehler
Sozialform	ganze Klasse
Zielgruppe	• Kleinkinder & Vorschulkinder • Schulkinder & Jugendliche (6–27 J.)
Arbeitsmittel	Schulbuch & Fachliteratur

10. Der Ausstrahlungseffekt (Halo-Effekt) in der Eindrucksbildung
Solomon Asch machte schon 1946 Experimente dazu, wie sich Menschen Eindrücke von ihrem Gegenüber bilden. Folgende Übung zum „Halo-Effekt" ist ein Klassiker der Sozialpsychologie.
Machen Sie den Selbsttest, indem Sie die Klasse in 2 Gruppen einteilen, „Gruppe PAULA" und „Gruppe ALEXA". Jede Gruppe erhält einen eigenen Bogen ausgeteilt. (Beachte: Die Bögen der einen Gruppe werden vor den Augen der anderen Gruppe geheim gehalten.)

Bogen „PAULA"	**Bogen „ALEXA"**
Paula ist 18 Jahre alt. Ihr Charakter wird durch diese Eigenschaften beschrieben: neidisch – hartnäckig – kritisch – impulsiv – fleißig – intelligent Auf der Grundlage des Eindrucks, den Sie sich durch diese Eigenschaften gebildet haben: Beantworten Sie folgende Fragen zu Paula schriftlich. a) Würden Sie sie gern zur Klassenkameradin haben? b) Würden Sie sie gern zur Freundin haben? c) Handelt es sich um eine eher „angenehme" oder „unangenehme" Person? d) Wo auf der Beliebtheitsskala würden Sie sie einordnen? 1 = sehr beliebt, 2 = ziemlich beliebt, 3 = weder beliebt noch unbeliebt, 4 = ziemlich unbeliebt, 5 = sehr unbeliebt.	Alexa ist 18 Jahre alt. Ihr Charakter wird durch diese Eigenschaften beschrieben: intelligent – fleißig – impulsiv – kritisch – hartnäckig – neidisch Auf der Grundlage des Eindrucks, den Sie sich durch diese Eigenschaften gebildet haben: Beantworten Sie folgende Fragen zu Alexa schriftlich. a) Würden Sie sie gern zur Klassenkameradin haben? b) Würden Sie sie gern zur Freundin haben? c) Handelt es sich um eine eher „angenehme" oder „unangenehme" Person? d) Wo auf der Beliebtheitsskala würden Sie sie einordnen? 1 = sehr beliebt, 2 = ziemlich beliebt, 3 = weder beliebt noch unbeliebt, 4 = ziemlich unbeliebt, 5 = sehr unbeliebt

Auszählung

Für jede Gruppe werden die Ergebnisse der 4 Fragen an der Tafel notiert (Auszählung der Ja-/Nein-Stimmen bzw. der Häufigkeit der Skalenergebnisse).

Auswertung

Die Frage a) nach der *Klassenkameradin* zielt ab auf die „sachliche Ebene", b*) Freundschaft* zielt ab auf die „emotionale Ebene".

Wie wichtig waren Ihnen die einzelnen Eigenschaften für die Eindrucksbildung von den beiden jungen Frauen? (Die Eigenschaftswörter sind die gleichen, allerdings in unterschiedlicher Reihenfolge.) Stellen Sie einen Ausstrahlungseffekt der vorausgegangenen Eigenschaften fest?

Recherchieren Sie die Begriffe „Primacy-Effekt" und „Recency-Effekt". Welcher kommt hier zum Tragen?

Zur Interpretation: Primacy-Effekt bedeutet, dass das erste Wort den größten Einfluss auf die Eindrucksbildung hat. Die Bedeutung einer Eigenschaft hängt von den vorausgegangenen Eigenschaften ab. (Beim Recency-Effekt kann das letztgenannte Wort noch länger in Erinnerung bleiben und so den Eindruck über eine Person „einfärben".) Ausstrahlungseffekte treten besonders stark auf, wenn wenig Zeit für eine differenzierte Beurteilung des Gegenübers bleibt.

	Station 2: Objektiv beobachten
	2.6 Kontext von Beobachtungen **2.7** Bedeutung von Beobachtungen
Sozialform	Einzelarbeit
Zielgruppe	• Kleinkinder & Vorschulkinder • Schulkinder & Jugendliche
Arbeitsmittel	Schulbuch & Fachliteratur

SOL

Kontext von Beobachtungen

Praxisaufgabe 1
Beobachtung als professioneller Prozess wird ausgerichtet am Kontext und den Rahmenbedingungen der Situation.

a) Welche Maßgaben kennen Sie im Umfeld der Beobachtung? Schreiben Sie mindestens 3 Rahmenbedingungen in das Schaubild.

b) Welche Maßgaben sehen Sie an Ihrer Praxisstelle verwirklicht?

c) Diskutieren Sie Ihre Erkenntnisse mit der Praxisanleitung.

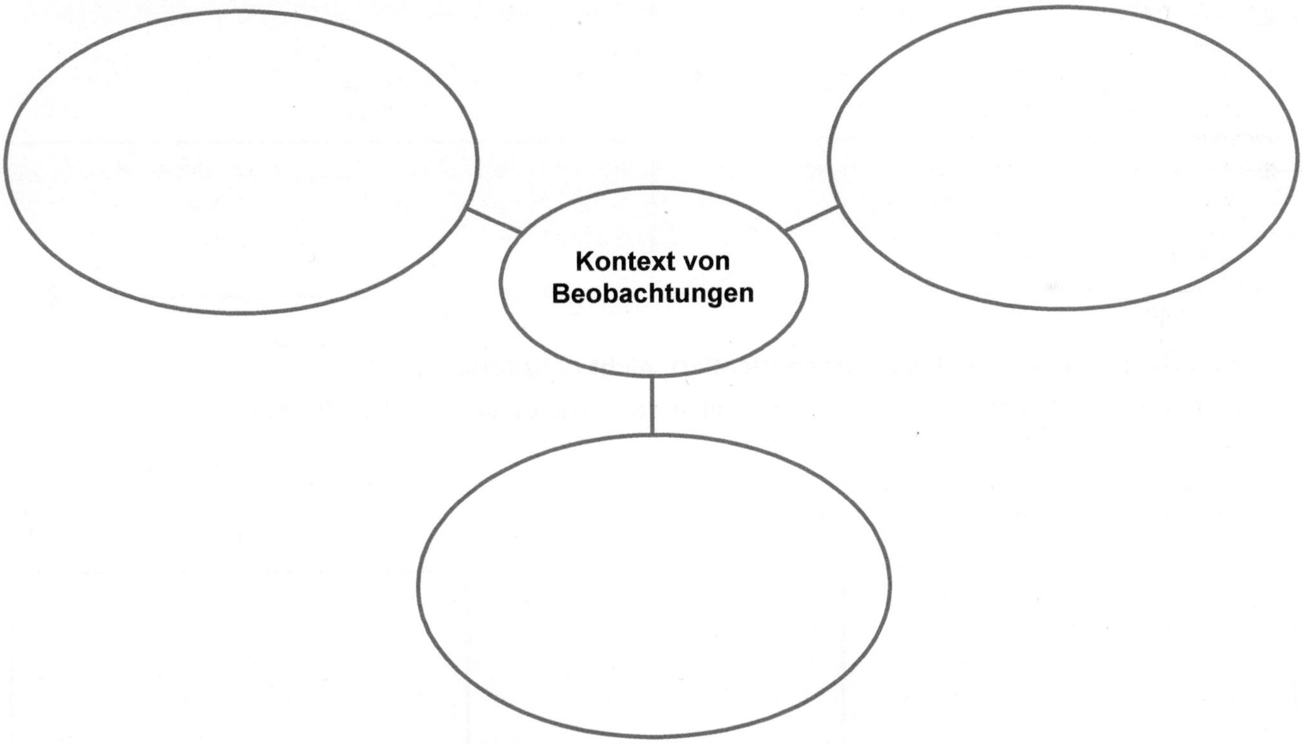

Bedeutung von Beobachtungen

Lernort-kooperation

Praxisaufgabe 2
Beobachtung hat für die professionelle Erziehungsarbeit einen großen Wert.

a) Was ist die Bedeutung von Beobachtung? Erläutern Sie kurz die 3 Ihnen am wichtigsten erscheinenden Werte.

b) Belegen Sie diese 3 mit konkreten Fallbespielen aus Ihrer Praxis, aus denen der Vorteil fachlicher Beobachtung einsichtig wird.

c) Dokumentieren Sie diese Fallbeispiele in Ihrem Praxistagebuch mithilfe folgender Tabelle (nächstes Blatt).

(Fortsetzung →)

	Station 2: Objektiv beobachten
	2.7 Bedeutung von Beobachtungen
Sozialform	Einzelarbeit
Zielgruppe	• Kleinkinder & Vorschulkinder • Schulkinder & Jugendliche
Arbeitsmittel	Schulbuch & Fachliteratur

Bedeutung von Beobachtungen

Praxisaufgabe 2 *(Fortsetzung)*

Bedeutung von Beobachtungen	Fallbeispiel aus der Praxis dazu
1.	
2.	
3.	

1. „Wir arbeiten zunehmend ressourcenorientiert, nicht defizitorientiert."

a) Erläutern Sie diesen Paradigmenwechsel in der sozialpädagogischen Praxis anhand des Aspekts „Beobachtung".

b) Worin erkennen Sie den besonderen Wert dieser veränderten Grundhaltung? Geben Sie ein praktisches Beispiel.

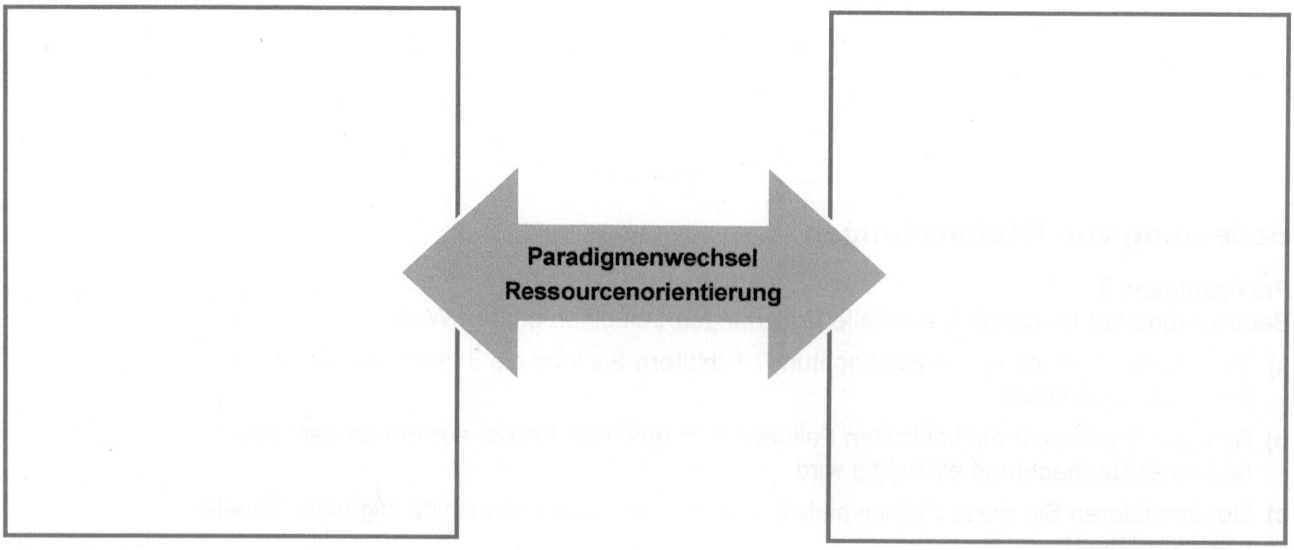

	Station 2: Objektiv beobachten
	2.8 Beobachtung – eine sozialpädagogische Grundkompetenz
Sozialform	• Einzelarbeit • Team
Zielgruppe	• Kleinkinder & Vorschulkinder • Schulkinder & Jugendliche
Arbeitsmittel	• Schulbuch & Fachliteratur • Bayerischer Erziehungs- und Bildungsplan für Kinder in Tageseinrichtungen (BEP 2019)

1. Erklären Sie kurz die einzelnen Ebenen von Beobachtung, benennen Sie jeweils mindestens ein geeignetes Beobachtungsinstrument sowie ein praktisches Beispiel.

Beobachtungsebene A – Entwicklung einer kindzentrierten Perspektive in der Pädagogik		
Ebene:	Instrument:	Beispiel:
Beobachtungsebene B – Kontrolle von Lernfortschritten im Rahmen klar definierter Altersnormen und Lernziele		
Beobachtungsebene C – Frühzeitiges Erkennen von Entwicklungsstörungen		

Referatsaufgabe

Im „Bayerischen Erziehungs- und Bildungsplan für Kinder in Tageseinrichtungen bis zur Einschulung" (BEP 2019; Punkt 8.4) werden klare inhaltliche Aussagen zur fachlichen Beobachtung gemacht:

- Sinn und Zweck
- Grundsätze
- Methoden
- Rechtliche Grundlagen zum Sozialdatenschutz.

Referieren Sie die Aussagen für die Klasse. Dokumentieren Sie diese anschaulich im Klassenzimmer.
[Webansicht BEP: *https://www.ifp.bayern/files/media/ifp/public/books/bildungs-erziehungsplan/index.html*]

	Station 2: Objektiv beobachten **2.8** Beobachtung – eine sozialpädagogische Grundkompetenz
Sozialform	• Einzelarbeit • Team
Zielgruppe	Kleinkinder & Vorschulkinder
Arbeitsmittel	• Schulbuch & Fachliteratur • BEP 8.4.1 „Beobachtung von Lern-/Entwicklungsprozessen“

2. Informieren Sie sich differenziert über jene Aussagen, die der „Bayerische Erziehungs- und Bildungsplan für Kinder in Tageseinrichtungen bis zur Einschulung“ unter Punkt 8.4.1 bezüglich fachlicher Beobachtung macht (mittels Lektüre bzw. Information durch Referat).

Notieren Sie wesentliche Inhalte folgender Gesichtspunkte:

Sinn und Zweck	Grundsätze
Methoden	**Rechtliche Grundlagen zum Sozialdatenschutz**

[Webansicht des BEP: *https://www.ifp.bayern/files/media/ifp/public/books/bildungs-erziehungsplan/index.html*]

	Station 3: Dokumentieren
	3.2 Formen
Sozialform	Einzelarbeit
Zielgruppe	• Kleinkinder & Vorschulkinder • Schulkinder & Jugendliche
Arbeitsmittel	Schulbuch & Fachliteratur

Das Leuvener Modell

4. a) Welche Vorzüge hat das „Leuvener Modell" als Bildungsdokumentation zu bieten?

b) Welche Vorzüge des Modells können Sie in Ihre praktische Arbeit integrieren?

Vorteile Leuvener Modell	Übernahmemöglichkeiten in eigene Praxis

Lerngeschichten

Situation: Peer (4;0 Jahre) will schon seit längerer Zeit das große Puzzle mit den vielen Teilen zusammenlegen, letzte Woche traute er sich zum ersten Mal. Jeden Tag holt er sich das Puzzle und versucht sich allein daran. Heute ist Lily (4;9 Jahre) dabei und zusammen schaffen sie es.
Dabei tauschten sie sich viel aus über die richtigen Positionen der Teile.
„Morgen nehmen wir uns das nächste Puzzle vor!", sind sich beide einig. „Klar kannst du mitmachen, Diego!"

5. a) Woran erkennen Sie die fachliche Ausrichtung einer vollständigen Lerngeschichte im Hinblick auf Bildungsdokumentation?

b) Was versteht M. Carr unter Lerndispositionen?
Welche Lerndispositionen sind in der Situation vorhanden?

c) Obiges Beispiel ist lediglich die Beschreibung einer Situation. Welche 3 weiteren Schritte sollten für eine professionelle Lerngeschichte vonseiten der Fachkräfte folgen?
Benennen Sie die 3 Schritte.

d) Erstellen Sie in Ihrem Praktikum eine Lerngeschichte für eine Beobachtungssituation an einem Kind. Dokumentieren Sie diese in Ihrem Praxistagebuch.

	Station 3: Dokumentieren
	3.2 Formen **3.3** Bedeutung
Sozialform	• 5er-Team • Einzelarbeit
Zielgruppe	• Kleinkinder & Vorschulkinder • Schulkinder & Jugendliche
Arbeitsmittel	Schulbuch & Fachliteratur

Portfolio

6. Reflektieren Sie die Bedeutung Ihres (Ausbildungs-)Portfolios als Bildungsdokumentation. Führen Sie dabei ein Gespräch in Teams.

a) Welche Inhalte sind besonders hilfreich?

b) Welche Inhalte machen Ihnen Schwierigkeiten und weshalb?

Praxisaufgabe 2
Gibt es an ihrer Praxisstelle Portfolios zur Bildungsdokumentation?

a) Welcher Umgang wird damit gepflegt seitens dieser Beteiligten? Beschreiben Sie den Umgang in der Tabelle möglichst wertfrei.

Kinder	Erzieher/Team	Eltern

b) Bewerten Sie anschließend bewusst diese Arbeit.

7. Fassen Sie die Bedeutung von Bildungsdokumentation zusammen mit dem Blick auf diese Beteiligten:

Kind	Erzieher/Team	Eltern

	Station 3: Dokumentieren **3.4** Gesetzliche Aspekte
Sozialform	• 5er-Team • Einzelarbeit
Zielgruppe	• Kleinkinder & Vorschulkinder • Schulkinder & Jugendliche
Arbeitsmittel	• Schulbuch & Fachliteratur • Gesetzliche Grundlagen des Bundeslandes

Sozialdatenschutz

Situation: Die zukünftige Lehrerin der Kindergartenkinder Ihrer Gruppe möchte den Beobachtungsbogen von Max (6;0 Jahre), der recht auffällig ist, einsehen. Sie möchte damit zu einer Entscheidung bezüglich Schulreife kommen.
Auch Ihre Kollegin aus der anderen Gruppe möchte den Beobachtungsbogen einsehen.

8. a) Geben Sie den Beobachtungsbogen und die dazu formulierte Dokumentation weiter?

b) Differenzieren und begründen Sie Ihre Aussage.

c) Reflektieren Sie die rechtlichen Vorgaben des Sozialdatenschutzes in Bezug auf:
- **Vertrauensschutz von Sozialdaten im Allgemeinen**
- **Mitarbeiter im Team**
- **außenstehende Dritte**

STATIONENLERNEN: Lebenswelten und Diversität wahrnehmen, verstehen und Inklusion fördern

Station 4: Inklusion fördern

Diversität wahrnehmen – Individualisierungs- und Inklusionsorientierung als pädagogische Grundhaltungen

	A	B	C	D	E	F	G	H	I	J	K	L	M	N	O	P	Q	R
1	I	N	E	D	R	B	A	4	B	A	U	S	N	I	L	T	N	T
2	I	E	A	E	N	N	E	E	I	B	D	E	M	E	Ä	H	O	U
3	R	R	S	E	T	N	R	E	N	E	D	K	O	U	U	W	E	H
4	T	L	E	T	D	K	K	T	Ä	W	D	A	E	M	H	I	R	N
5	O	N	J	I	N	E	L	K	V	R	O	R	E	E	4	N	H	T
6	N	A	I	R	R	S	Ä	I	E	R	K	I	E	T	A	K	E	N
7	I	M	R	E	H	L	R	I	L	A	U	H	R	N	R	L	T	H
8	U	H	B	E	K	W	E	O	I	R	M	E	A	I	T	U	E	N
9	E	A	W	A	H	R	N	E	H	M	E	N	H	E	R	S	R	H
10	S	T	A	T	I	O	N	4	:	I	N	K	L	U	S	I	O	N
11	N	W	H	Ä	N	O	B	J	E	K	T	I	V	E	I	O	G	S
12	K	N	R	A	Ä	I	E	E	B	T	I	I	I	E	E	N	E	4
13	M	N	N	4	E	M	R	E	O	R	E	R	K	R	Ä	Ä	N	K
14	T	:	E	C	E	N	W	H	N	I	R	R	O	B	E	T	I	T
15	I	B	H	Ä	R	S	E	D	I	V	E	R	S	I	T	Ä	T	M
16	K	O	M	R	D	A	E	O	E	Ä	N	K	I	E	W	D	Ä	D
17	I	B	E	O	B	A	C	H	T	E	N	T	E	L	E	N	T	N
18	M	I	N	M	T	K	T	N	N	M	I	O	W	K	O	E	E	M

Wichtige Hinweise zur Arbeitsweise Stationenlernen

Arbeiten Sie bewusst in den genannten **Sozialformen**.
Wechseln Sie zwischendurch das Team.

Die Arbeitsblätter in den Stationen dienen einer selbstständigen bzw. kooperativen Erarbeitung der Fachinhalte mithilfe der in der Klasse genutzten Fachkunde (Schulbuch) bzw. weiterer Fachliteratur.

Aufgabenarten

- Praxisaufgaben: verknüpfen die theoretischen Inhalte mit Erfahrungen in der Praxis
- (Inhaltliche) Aufgaben: sichern Faktenwissen aus Schulbuch/Fachliteratur
- Referatsaufgaben: vertiefen bestimmte Aspekte des Themas

Zwingend oder freiwillig?

Das jeweilige Schriftbild in den Aufgaben zeigt an:

Fett geschriebene Aufgaben sind **zwingend** zu erarbeiten.

Gerade geschriebene Aufgaben sind möglichst zu erarbeiten.

Kursiv geschriebene Aufgaben sind eine sinnvolle Ergänzung.

Zielgruppe

Die Kopfzeile gibt Hinweise auf die angesprochene Zielgruppe bei den Edukanden:

- Kleinkinder, Vorschul- und Grundschulkinder, Altersgruppe von 0–10 Jahren (entspricht in Bayern dem Vertiefungsgebiet I)
- Schulkinder, Jugendliche und junge Erwachsene, in der Altersgruppe von 6–27 Jahren (entspricht in Bayern dem Vertiefungsgebiet II)

	Station 4: Inklusion fördern
Sozialform	Einzelarbeit
Zielgruppe	• Kleinkinder & Vorschulkinder • Schulkinder & Jugendliche
Arbeitsmittel	• Schulbuch & Fachliteratur • Querschnittsaufgaben Erzieher (Lehrplan)

Individualisierungs- und Inklusionsorientierung

1. Klären Sie die Bedeutung folgender Begrifflichkeiten, auch unter Berücksichtigung der Querschnittsaufgaben des Erziehers.

Diversität

Inklusion

Partizipation

Individualisierung

	Station 4: Inklusion fördern **4.1** Möglichkeiten von Diversität
Sozialform	• kollegial (Zweiergruppe) • Einzelarbeit
Zielgruppe	• Kleinkinder & Vorschulkinder • Schulkinder & Jugendliche
Arbeitsmittel	Schulbuch & Fachliteratur

Zur Perspektive der Gleichheit

2. *Inklusive Pädagogik eröffnet eine Perspektive, in der die Gleichheit der Kinder und Jugendlichen, die eine sozialpädagogische Institution besuchen, bewusst werden kann. Welche Aspekte von Gleichheit (Homogenität) sind grundlegend für einen modernen Bildungsbegriff? Diskutieren Sie zusammen mit einem Partner. Welche Erfahrungen zu „Gleichheit" von Kindern und Jugendlichen haben Sie in der Praxis gemacht?*

Zur Perspektive der Heterogenität

3. **Plurale Differenzen bei Kindern und Jugendlichen bilden sich vielfältig ab. Versuchen Sie, so stark wie möglich zu differenzieren (soziale, ethnische, familiäre, körperliche Aspekte u.v.m.). Gruppen in Kindertagesstätten, Schulen und Jugendeinrichtungen können heterogen sein hinsichtlich ...**

Diversität

Alter

Geschlecht

Körperliche Entwicklung

Kinder ohne sicheren Aufenthaltsstatus

	Station 4: Inklusion fördern
	4.1 Möglichkeiten von Diversität
Sozialform	Einzelarbeit, dann kollegial
Zielgruppe	• Kleinkinder & Vorschulkinder • Schulkinder & Jugendliche
Arbeitsmittel	Schulbuch & Fachliteratur

Praxisaufgabe 1
Wählen Sie eine der in Arbeitsaufgabe 3 erwähnten Diversitäten bezogen auf Kinder bzw. Jugendliche an Ihrer Praxiseinrichtung und beschreiben Sie diese an einem konkreten Fallbeispiel. Tauschen Sie sich anschließend über Ihre Interpretation mit einer Kollegin oder einem Kollegen aus:

Beschreibung von nachvollziehbaren, also „sinnlichen“ Beobachtungen	Deutung/ Interpretation

Geschlechtsbewusste Erziehung

4. Die Zugehörigkeit zum Geschlecht ist ein Heterogenitätsmerkmal. Unterscheiden Sie die Begriffe Sexus und Gender:

Sexus →

Gender →

	Station 4: Inklusion fördern 4.1 Möglichkeiten von Diversität
Sozialform	Einzelarbeit
Zielgruppe	• Kleinkinder & Vorschulkinder • Schulkinder & Jugendliche
Arbeitsmittel	Schulbuch & Fachliteratur

5. a) Was zeichnet eine geschlechtsbewusste Erziehung grundsätzlich aus?

➔ ______________________________

➔ ______________________________

➔ ______________________________

➔ ______________________________

b) Geben Sie konkrete Beispiele ...
beim Kleinkind und Kindergartenkind:

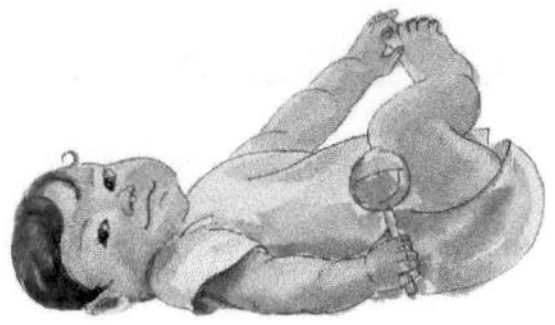

beim Schulkind und Jugendlichen:

	Station 4: Inklusion fördern
	4.1 Möglichkeiten von Diversität
Sozialform	Einzelarbeit
Zielgruppe	• Kleinkinder & Vorschulkinder • Schulkinder & Jugendliche
Arbeitsmittel	Schulbuch & Fachliteratur

6. Gendersensible Erziehung basiert u. a. auf der Selbstreflexion des Erziehers, d. h.,

sich seiner eigenen Geschlechtsidentität bewusst zu werden,

die eigene Geschlechtsrollenstereotype zu reflektieren.

Reflektieren Sie beide Aspekte biografisch und ganz persönlich für sich. (Notizen in diesen Feldern optional.)

Legen Sie Ihre persönlichen Erkenntnisse im Praxistagebuch ab.

Praxisaufgabe 2
Welchen Bezug von gendersensibler Erziehung können Sie herstellen zur Praxis in Krippe/Kindergarten oder in Schule/Jugendarbeit?
Welche Auswirkungen haben Ihre persönlichen Erkenntnisse für die Arbeit mit den Ihnen anvertrauten Kindern und Jugendlichen?
Vielleicht können Sie mit Ihrer Kollegin/Ihrem Kollegen darüber sprechen?

Fassen Sie in einem Satz zusammen:

Ich bin achtsam im Umgang mit ______________________________

____,

weil ____

____.

Lernort-

	Station 4: Inklusion fördern
	4.1 Möglichkeiten von Diversität
Sozialform	Einzelarbeit, evtl. kollegial
Zielgruppe	• Kleinkinder & Vorschulkinder • Schulkinder & Jugendliche
Arbeitsmittel	• Schulbuch & Fachliteratur • Beller'sche Entwicklungstabelle

Praxisaufgabe 3
Informieren Sie sich mittels geeigneter Medien und Fachliteratur über entwicklungspsychologische Erkenntnisse zur geschlechtlichen Entwicklung der Edukanden an Ihrer Praxiseinrichtung.

Fassen Sie in Stichworten zusammen:

Ziehen Sie Ihre Schlüsse für eine bewusste Gestaltung des erzieherischen Umfelds:

➔ ______________________

➔ ______________________

➔ ______________________

➔ ______________________

➔ ______________________

Praxisaufgabe 4
Spitzen Sie Ihre „Gender-Ohren": Sammeln Sie im Alltag und/oder an Ihrer Praxisstelle Aussagen, welche ungünstig auf eine gendersensible Erziehung wirken können, und verbessern Sie.

Lernort-kooperation

	Station 4: Inklusion fördern **4.1** Möglichkeiten von Diversität
Sozialform	• Einzelarbeit • kollegial (Zweiergruppe)
Zielgruppe	• Kleinkinder & Vorschulkinder • Schulkinder & Jugendliche
Arbeitsmittel	Schulbuch & Fachliteratur

7. *Herkunft historisch*
Die ethnische Herkunft ist wohl das augenscheinlichste Heterogenitätsmerkmale in einer Zeit ausgeprägten Zuzugs von Menschen aus fremden Ländern. Vollziehen Sie den historischen Umgang mit der Frage von Integration in Deutschland mithilfe von Stichworten für sich nach.

in den 1960er-Jahren __________

in den 1970er-Jahren __________

in den 1980er-Jahren __________

in den 1990er-Jahren __________

seit den 2000er-Jahren __________

8. a) Bestimmen Sie den Begriff „Integration" in seiner doppelten Deutung.

Assimilation →

Partizipation →

b) Diskutieren Sie Vor- und Nachteile dieser Deutungen und positionieren Sie sich.

Assimilation		**Partizipation**	
Vorteile	Nachteile	Vorteile	Nachteile

Lernort-

	Station 4: Inklusion fördern
	4.1 Möglichkeiten von Diversität
Sozialform	• Einzelarbeit • Team (arbeitsteilig)
Zielgruppe	• Kleinkinder & Vorschulkinder • Schulkinder & Jugendliche
Arbeitsmittel	• Schulbuch & Fachliteratur • LF1: Arbeitsfelder Erzieher

Soziale Unterschiede

9. Soziale Unterschiede gelten heute in der Bildungsdiskussion als Heterogenitätsmerkmal mit großen Auswirkungen. Welchen Beitrag können Sie in den verschiedenen Arbeitsbereichen einer Erzieherfachkraft leisten, um soziale Unterschiede zu relativieren und Stigmatisierung zu vermeiden?

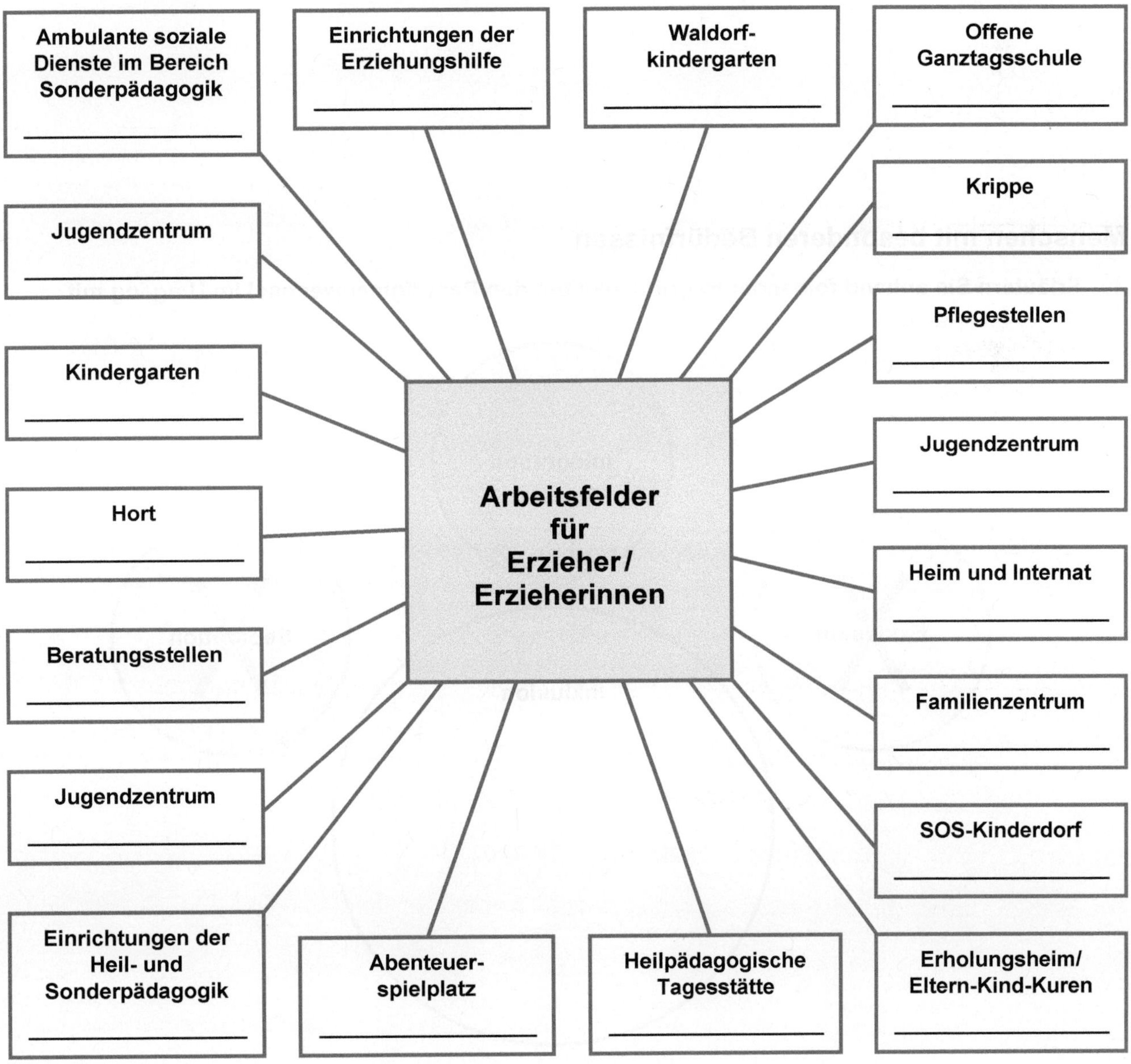

	Station 4: Inklusion fördern
	4.1 Möglichkeiten von Diversität
Sozialform	Einzelarbeit
Zielgruppe	• Kleinkinder & Vorschulkinder • Schulkinder & Jugendliche
Arbeitsmittel	Schulbuch & Fachliteratur

Soziale Unterschiede

Praxisaufgabe 5
Welche Erfahrungen konnten Sie bezüglich sozialer Unterschiede an Ihrer Praxisstelle machen? Welche Möglichkeiten von Elternkooperation wirkten sich günstig aus auf Heterogenitätsmerkmale? Geben Sie konkrete Beispiele.

Menschen mit besonderen Bedürfnissen

10. Erläutern Sie anhand folgender Begrifflichkeiten den Paradigmenwechsel im Umgang mit Behinderung.

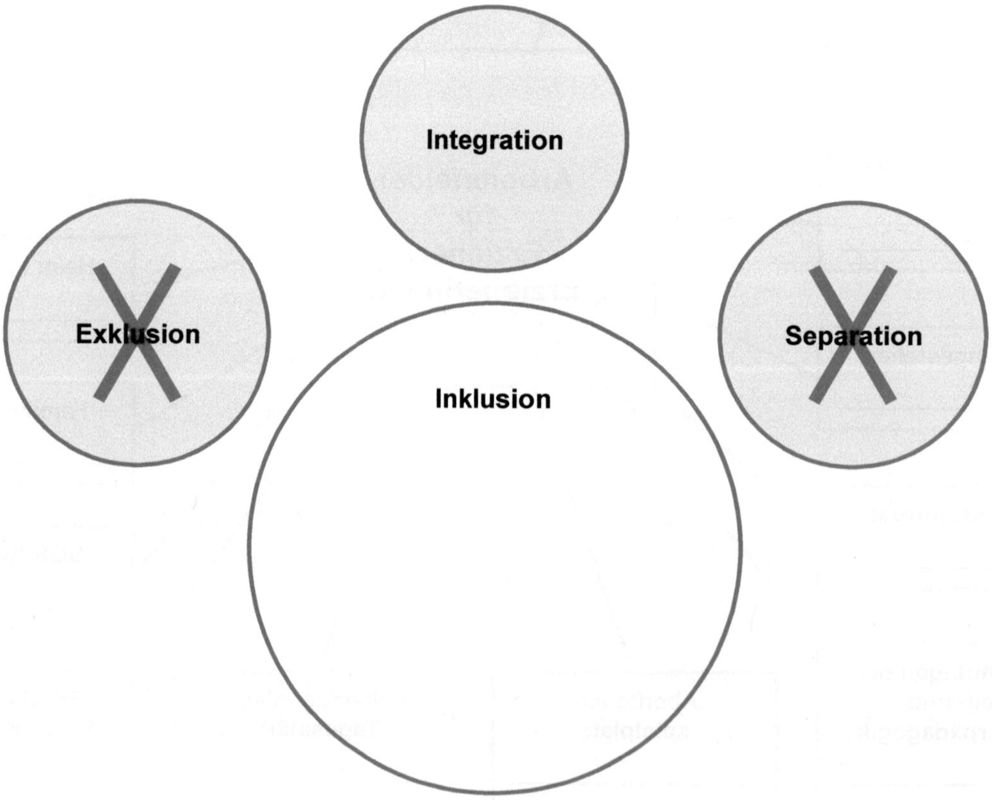

	Station 4: Inklusion fördern
	4.1 Möglichkeiten von Diversität
Sozialform	Team
Zielgruppe	• Kleinkinder & Vorschulkinder • Schulkinder & Jugendliche
Arbeitsmittel	Schulbuch & Fachliteratur

SOL

Förderung

11. Welche Förderbereiche gelten als typisch für Kinder mit besonderen Bedürfnissen?

→

→

→

Praxisaufgabe 6
Geben Sie für Ihren Praxisbereich verschiedene methodisch-didaktische Möglichkeiten an, um Kinder/Jugendliche in den einzelnen Bereichen des Förderbedarfs zu unterstützen:

Lernort-kooperation

	Station 4: Inklusion fördern **4.1** Möglichkeiten von Diversität
Sozialform	Einzelarbeit
Zielgruppe	• Kleinkinder & Vorschulkinder • Schulkinder & Jugendliche
Arbeitsmittel	Schulbuch & Fachliteratur

Hochbegabung

12. Hochbegabung gilt als Heterogenitätsmerkmal im Rahmen von Menschen mit besonderen Bedürfnissen. Wie erkennen Sie solche Kinder oder Jugendlichen? Orientieren Sie sich an der Klientel Ihrer gewählten Zielgruppe.

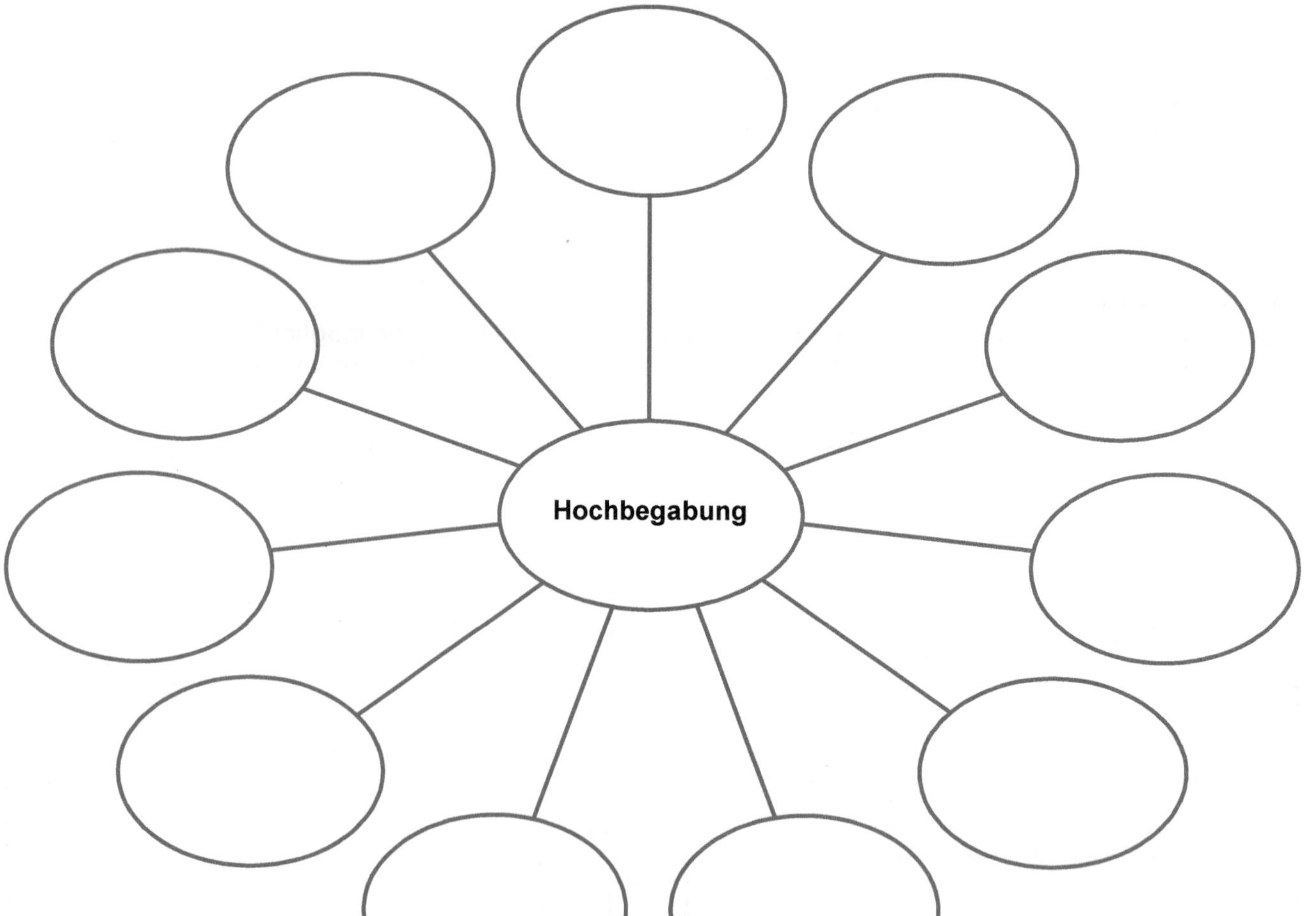

Praxisaufgabe 7
Hochbegabung ist in ihrer Ausprägung immer sehr individuell. Kennzeichnen Sie beschriebene Merkmale, welche Sie an einem Kind/Jugendlichen bereits in Ihrer Praxis erlebt haben, indem Sie sie im Schaubild farbig einkreisen.

	Station 4: Inklusion fördern **4.2** Individualisierungs- und Ressourcenorientierung
Sozialform	Einzelarbeit
Zielgruppe	• Kleinkinder & Vorschulkinder • Schulkinder & Jugendliche
Arbeitsmittel	Schulbuch & Fachliteratur

1. a) Klären Sie die Bedeutung folgender Begrifflichkeiten.

b) Geben Sie konkrete Beispiele bezogen auf Ihre gewählte Zielgruppe:

- Kleinkinder und Vorschul-/Grundschulkinder (0–10 J.)
- Schulkinder und Jugendliche (6–27 J.)

Ressourcenorientierung	

Individualisierung	

Binnendifferenzierung	

	Station 4: Inklusion fördern
	4.2 Individualisierungs- und Ressourcenorientierung
Sozialform	Einzelarbeit
Zielgruppe	• Kleinkinder & Vorschulkinder • Schulkinder & Jugendliche
Arbeitsmittel	• Schulbuch & Fachliteratur • Vgl. Lernfeld 1: Grundhaltungen

Akzeptanz

2. Setzen Sie Heterogenität und Inklusion in Beziehung zu Akzeptanz als Merkmal einer erzieherischen Grundhaltung:

Neben ______________________________ und ______________________________ ist Akzeptanz ein wesentlicher Bestandteil einer positiven pädagogischen Grundhaltung. Dies gilt für jegliches Arbeitsfeld und jeden Edukanden gleichermaßen.

Bezogen auf Heterogenität und Inklusion verstehen wir darunter

____

____

____

____

____

Praxisaufgabe Akzeptanz

Erläutern Sie aus Ihrem Praxisbereich Lernvoraussetzungen und Bildungssituationen, die dem o. g. Denkansatz entsprechen.

→

→

→

[Hinweis: Bildungspläne für die frühe Kindheit aus Ihrem Bundesland können helfen.
Im bayerischen BEP finden sich Ausführungen zu Kindern von 0–10 Jahren.]

	Station 4: Inklusion fördern **4.2** Individualisierungs- und Ressourcenorientierung
Sozialform	• kollegial (Zweiergruppe) • Team
Zielgruppe	• Kleinkinder & Vorschulkinder • Schulkinder & Jugendliche
Arbeitsmittel	Schulbuch & Fachliteratur

3. Folgende Handlungsansätze können für Individualisierung und Ressourcenorientierung hilfreich sein. Erklären Sie und geben Sie jeweils ein konkretes Beispiel für Kinder bzw. Jugendliche.

Handlungskonzept					
Dekonstruktion		**Ermächtigung**		**Gemeinsames Denken**	
Erläuterung	Praxisbezug	Erläuterung	Praxisbezug	Erläuterung	Praxisbezug

Konstruktivismus

4. Erläutern Sie die konstruktivistische Theorie als gedankliche Basis für einen ko-konstruktivistischen Bildungsansatz.
Welche Bedeutung hat diese für Wirklichkeit und Wissen?

	Station 4: Inklusion fördern
	4.2 Individualisierungs- und Ressourcenorientierung
Sozialform	Einzelarbeit
Zielgruppe	• Kleinkinder & Vorschulkinder • Schulkinder & Jugendliche
Arbeitsmittel	Schulbuch & Fachliteratur

5. a) Welche Konsequenzen hat ein konstruktivistischer Bildungsansatz für das Lernen?

b) Welche Schwerpunkte ergeben sich für die didaktische Arbeit am Kind/Jugendlichen? Geben Sie konkrete Beispiele zu der Klientel Ihrer Zielgruppe.

Ko-Konstruktion

6. a) Definieren Sie Ko-Konstruktion nach Fthenakis:

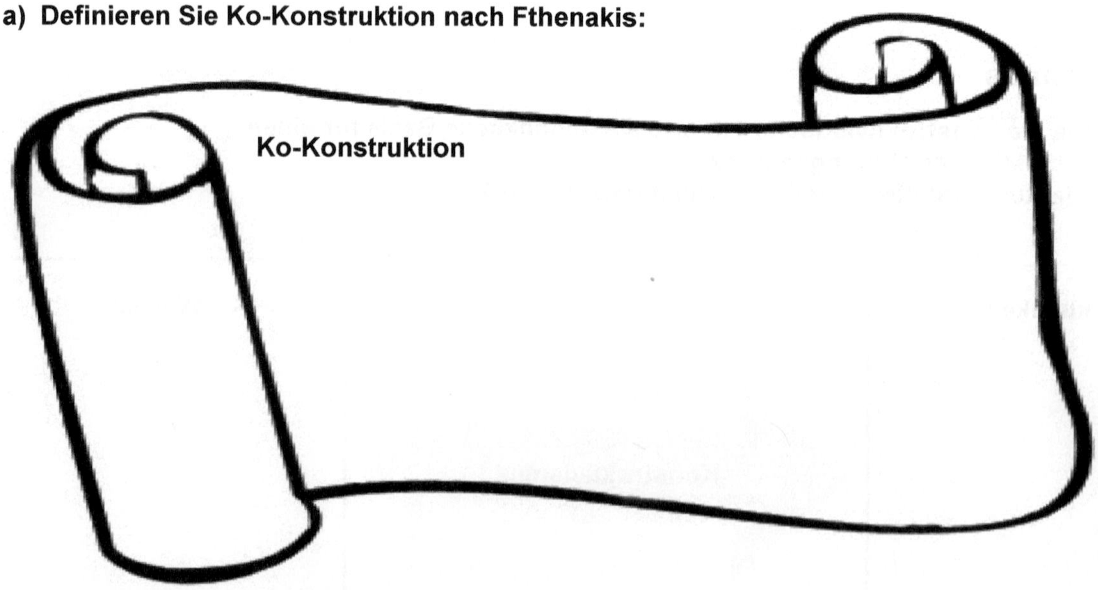

b) Stellen Sie in der Erklärung einen Zusammenhang zum Individualisierungsanspruch eines reformierten Bildungsbegriffes her.

	Station 4: Inklusion fördern **4.2** Individualisierungs- und Ressourcenorientierung
Sozialform	Einzelarbeit
Zielgruppe	• Kleinkinder & Vorschulkinder • Schulkinder & Jugendliche
Arbeitsmittel	• Schulbuch & Fachliteratur • Vgl. LF2 Kommunikation

7. Vergegenwärtigen Sie sich die Definition von „Sozialer Interaktion“. Stellen Sie den Zusammenhang her zu einer ko-konstruktiven Erzieherhaltung, nehmen Sie folgende Begriffe als Anhaltspunkte.

Haben Sie noch andere Ideen?

	Station 4: Inklusion fördern **4.2** Individualisierungs- und Ressourcenorientierung
Sozialform	Einzelarbeit
Zielgruppe	• Kleinkinder & Vorschulkinder • Schulkinder & Jugendliche
Arbeitsmittel	• Schulbuch & Fachliteratur • Vgl. LF1: Bild vom Kind

8. Welches Bild vom Kind steckt hinter diesem Ausspruch?
Welche Pädagogen haben schon in der Vergangenheit dieses Bild vom Kind postuliert?

Das Kind wird als aktive, von Geburt an lernende, kommunizierende und gestaltende Persönlichkeit gesehen.

9. Man spricht im Rahmen von ko-konstruktivem Vorgehen auch von der Selbstbildung des Kindes. Welche Möglichkeiten und welche Grenzen sehen Sie? Tragen Sie Möglichkeiten und Grenzen in die Kreise ein.

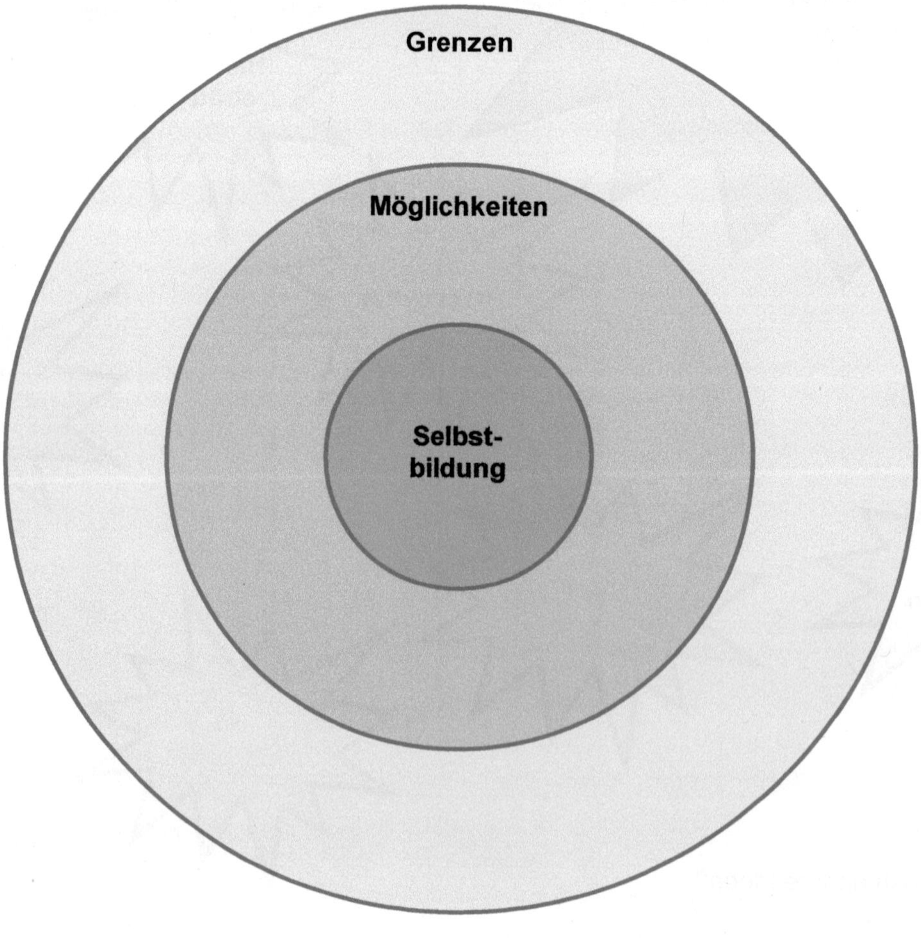

	Station 4: Inklusion fördern
	4.2 Individualisierungs- und Ressourcenorientierung
Sozialform	• Einzelarbeit • Team
Zielgruppe	• Kleinkinder & Vorschulkinder • Schulkinder & Jugendliche
Arbeitsmittel	Schulbuch & Fachliteratur

10. Interpretieren Sie das berühmte Zitat des Reformpädagogen Hartmut von Hentig für heutige Bildungsziele.

„Die Menschen stärken, die Sache klären!"

(Hartmut von Hentig)

11. a) Grenzen Sie folgende erzieherische Haltungen voneinander ab.

b) Welche Erziehungsmittel entsprechen welcher Haltung? Fokussieren Sie auf Ihre Klientel.

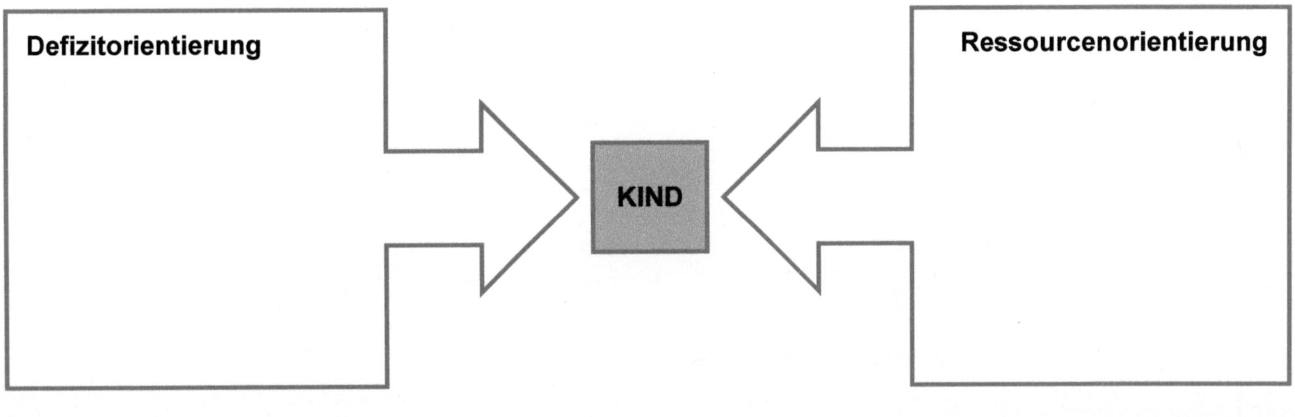

Erziehungsmittel	**Erziehungsmittel**

	Station 4: Inklusion fördern
	4.2 Individualisierungs- und Ressourcenorientierung
Sozialform	• Einzelarbeit • Team
Zielgruppe	• Kleinkinder & Vorschulkinder • Schulkinder & Jugendliche
Arbeitsmittel	Schulbuch & Fachliteratur

12. a) Welche äußeren Ressourcen sind in der erzieherischen Arbeit bedenkenswert?

____

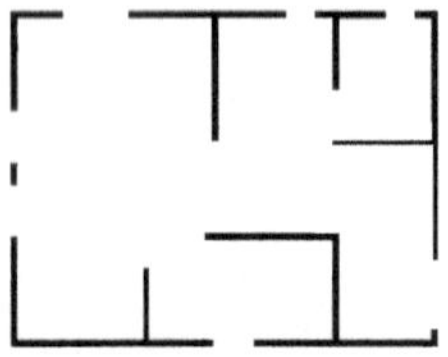

____

b) Geben Sie Beispiele für genannte Ressourcen aus Ihrer Praxis.

c) Diskutieren Sie im Team, welche äußeren Ressourcen Ihnen wichtig sind.

Beispiele für Ressourcen:

	Station 4: Inklusion fördern
	4.3 Integration und Inklusion
Sozialform	Team
Zielgruppe	• Kleinkinder & Vorschulkinder • Schulkinder & Jugendliche
Arbeitsmittel	Schulbuch & Fachliteratur

Inklusion

1. Inklusion setzt institutionelle Gleichheit voraus, also dass alle Heranwachsenden die Chance auf Besuch einer gemeinsamen Einrichtung haben. Was sind Voraussetzungen dafür auf der institutionellen Ebene?

➔ ______________________________

____

➔ ______________________________

____

➔ ______________________________

____

➔ ______________________________

____

2. **Welche Möglichkeiten von Inklusion sehen Sie auf der didaktischen Ebene in den beiden genannten Arbeitsfeldern?**

Kinder von 0–6 Jahren

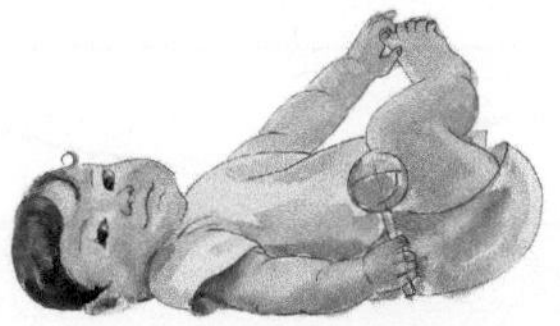

Schulkinder & Jugendliche

	Station 4: Inklusion fördern **4.3** Integration und Inklusion
Sozialform	Team
Zielgruppe	• Kleinkinder & Vorschulkinder • Schulkinder & Jugendliche
Arbeitsmittel	• Schulbuch & Fachliteratur • Querschnittsaufgaben Erzieher (Lehrplan)

Situation: Sie arbeiten in einer integrativen Einrichtung.
Eine Mutter spricht Sie mit nachfolgendem Kommentar an.

3. a) Antworten Sie entsprechend dem inklusiven Konzept Ihrer Einrichtung.

„Also, wissen Sie, ich habe ja nichts gegen Behinderte, aber wie soll mein Kind hier etwas lernen bei den Schwierigkeiten und Einschränkungen ...?“

Eine an der Lebenswelt orientierte sozialpädagogische Praxis strebt wo immer möglich folgende Ziele an:

b) Erläutern Sie die Begriffe unter Berücksichtigung der Querschnittsaufgaben.

PLANSPIEL: Vorbereitung eines Entwicklungsgesprächs

SITUATION

„Helen kann noch nicht richtig sprechen“

Fünf Spielgruppen

Jede Spielgruppe ist zwecks Wiedererkennung farblich gekennzeichnet, d. h., jeder Teilnehmer erhält ein farbiges Namensschild (siehe Kopiervorlage) sowie die Aufgabenstellungen auf entsprechend farbigem Papier.

Helen
im Alter von 4;6 Jahren (Farbe Weiß)

Die Kinder
im Alter von 3 bis 6 Jahren (Gelb)

Das pädagogische Team
(Kitaleitung, Erzieher/-innen, Kinderpfleger/-innen) (Orange)

Das therapeutische Umfeld
(Integrationskraft u. a.) (Lila)

Die Familie
(Eltern, Oma, Bruder) (Rot)

Zeitplan – Dauer ca. 3 Stunden am Stück

Orientierungsphase
Ca. 45 Minuten. Uhrzeit: ______________ Ort: ______________________________ (z. B. Aula)

Informationsphase
Ca. 30 Minuten. Uhrzeit: ______________ Ort: ______________________________ (z. B. Aula)

Planungs- und Dokumentationsphase
Ca. 45 Minuten. Uhrzeit: ______________ in den bereitgestellten Räumen (Klassenzimmer, Aufenthaltsraum, Aula)

Präsentationsphase
Ca. 45 Minuten. Uhrzeit: ______________ Ort: ______________________________ (z. B. Aula)

Reflexionsphase
Ca. 15 Minuten. Uhrzeit: ______________ Ort: ______________________________ (z. B. Aula)

Der Informationsaustausch („Konferenz – Besprechung – Begegnung“) zwischen den Spielgruppen findet an diesem Ort statt: ______________________________________ (z. B. Sitzecke, Pausenhof)

Hilfsmittel wie Bücher, Computer, Internetzugang finden sich in den jeweiligen Medienräumen.

Was soll das Planspiel bezwecken?

Mögliche Zielsetzungen

für die Studierenden:

- Lernzielkontrolle in Kernbereichen wie Pädagogik, Psychologie, Praxis- und Methodenlehre, Sozialpädagogische Praxis
- Zusammenarbeit im Team
- Gegenseitiger Wissensaustausch über Sprachentwicklung/Sprachförderung
- Organisation günstiger, pragmatischer Aufgabenverteilung
- Grundregeln der Gesprächsführung
- Gegenseitige Wahrnehmung zwischen Studierenden und Praxisanleitern
- Selbstgeleitetes Arbeiten innerhalb der Erwachsenenbildung, selbst kontrolliertes Tun
- Einnehmen unterschiedlicher Perspektiven
- Kompetenzerweiterung in unterschiedlichen Bereichen wie Sprache und Kommunikation
- Erfahrungsaustausch
- Wertschätzung schulischer Ausbildung

für die Praxisanleiter/-innen:

- Besinnung auf grundsätzliche pädagogische Basis
- Auseinandersetzung mit theoretischen Inhalten zur Sprachentwicklung und Sprachförderung
- Zeit zur bewussten Abgrenzung gegenüber stetig steigenden Forderungen
- Wahrnehmung der Studierendenkompetenzen
- Gegenseitiger Erfahrungsaustausch
- Kontakt zur Ausbildung
- Bewusste Reflexion eigener Haltungen
- Gegenseitiger Wissensaustausch
- Freude an der Mitwirkung beruflicher Ausbildung

für die schulische Betreuung:

- Kooperation mit den Praxisstellen, auch und besonders für die praxisintegrierte Ausbildung
- Wahrnehmung von gegenseitigen Bedürfnissen
- Vertrauen schaffen durch gemeinsam formulierte Ziele
- Gegenseitige Wahrnehmung
- Wertschätzung der praxisnahen Ausbildung durch zusätzliche Angebote an der Schule
- Wecken von Interesse an der Weitergabe beruflicher Qualifikationen innerhalb der Ausbildung

Die Spielgruppen stellen sich im Plenum mit folgenden konzeptionellen Texten allen vor:

Das pädagogische Team – die Integrationskraft

Frau Stütz (29 Jahre) ist seit einem Kindergartenjahr in der Einrichtung als unterstützende pädagogische Fachkraft angestellt. Sie arbeitet in Teilzeit (mit 75 Prozent einer Vollzeitstelle) und ist nur vormittags anwesend.
In der pädagogischen Ausbildung zur Heilerziehungspflegerin lag ihr Schwerpunkt auf heilpädagogischen Inhalten; auch ihre praktischen Erfahrungen gewann sie in Einrichtungen mit heilpädagogischer Ausrichtung. So hat sie die ersten Berufsjahre in einer Einrichtung für Kinder mit geistigen Behinderungen gearbeitet. Nach einem 3-jährigen Erziehungsurlaub freut sie sich, nun wieder ortsnah in eine pädagogische Aufgabe eingebunden zu sein. Sie ist selbst alleinerziehend: Ihre Kinder sind mittlerweile auch im Kindergarten.
Sie betreut jene Kinder aller Gruppen, die in ihrer Entwicklung individuelle Unterstützung brauchen. Diese Kinder werden von den Gruppenleitern ermittelt und dann von Frau Stütz mindestens einmal wöchentlich während der Freispielzeit aus der Gruppe abgeholt, um in einem ungestörten Nebenraum individuell ausgerichtete Spielangebote zu erhalten.
Weiter ist Frau Stütz regelmäßig in den Gruppen dabei, um die Gruppenerzieher/-innen zu unterstützen. Dabei beobachtet und begleitet sie mit besonderer Aufmerksamkeit die ihr anvertrauten Kinder.

Die Eltern von Helen

Das Mädchen Helen (4;6 Jahre) lebt bei ihrer **Mutter** (40 Jahre), die sich vor einem halben Jahr von ihrem **Mann** (45 Jahre) einvernehmlich trennte. Bei ihm verblieb der gemeinsame Sohn **Max** (7;8 Jahre).
Der Kontakt zu Bruder und Vater ist derzeit wegen der örtlichen Distanz eher schwierig. Die Familie trifft sich sporadisch, etwa einmal im Monat an einem Wochenende.
Die Mutter zog wieder zurück in ihr früheres Umfeld, in räumlicher Nähe zur Oma. Die Mutter hat dort wieder eine berufliche Tätigkeit aufgenommen, die sie derzeit ziemlich fordert: Sie ist Geschäftsführerin in einem ortsansässigen Hotelbetrieb, der Sommer wie Winter zahlreiche Gäste anzieht. Die Arbeitszeiten sind unregelmäßig und fordern die alleinerziehende Mutter auch zeitlich sehr. Zusätzlich muss sie sich im neuen beruflichen Umfeld bewähren.
Deshalb ist Helen am Wochenende oft bei der Oma. Unter der Woche helfen die verlängerten Öffnungszeiten des Kindergartens der Mutter in der Betreuung von Helen – die bislang nur den Vormittag in der Einrichtung verbrachte.
Die Mutter berichtet von der Unterschiedlichkeit der beiden Geschwisterkinder: Helens Bruder Max ist ein kraftvolles Kind, das den schulischen Herausforderungen mit Leichtigkeit gewachsen ist. Er wurde schon vorzeitig eingeschult und ist Klassenbester. Er ist wie Helen zweisprachig aufgewachsen – der Vater, ein gut situierter Geschäftsmann, reist viel und spricht muttersprachig Englisch. Bewusst redet er mit seinen Kindern immer in beiden Sprachen.
Max hat daher in der Schule Vorteile. Helen hingegen kann sich nicht mit der englischen Sprache arrangieren: Wenn der Vater sie auf Englisch anspricht, versteht sie ihn zwar, antwortet aber nicht. Darüber gab es Verstimmung mit ihrem Vater. Er wollte (nach Aussage der Mutter), dass Helen auch in seiner Muttersprache mit ihm spreche. Die Eltern reden in beiden Sprachen miteinander.
Die Kinder seien im Verhalten wie Feuer und Wasser, sagt die Mutter, und liebten sich sehr. Vor allem abends beim Einschlafen weint Helen manchmal und ist traurig, weil ihr der Bruder fehlt: Sie haben viel miteinander gespielt.
Dann ist die Mutter bekümmert und macht sich Vorwürfe, ob die Trennung von ihrem Mann und die damit verbundenen Veränderungen in der Lebenswirklichkeit der Familie verantwortbar seien.

Die Spielgruppen stellen sich im Plenum mit folgenden konzeptionellen Texten allen vor:

Die Elternschaft im Kindergarten

Die Elternschaft des Kindergartens ist sehr heterogen.
Die meisten Eltern aus der Gruppe von Helen leben im Stadtteil 2 oder in den angrenzenden kleineren Gemeinden. Nur wenige Familien leben vom bäuerlichen Erwerb auf eigenen Bauernhöfen. Beim Großteil handelt es sich um deutsche Familien. Seit kurzem sind auch asylsuchende Familien in der Elternschaft vertreten. Einige Eltern unterstützen diese Familien tatkräftig, vor allem vonseiten der evangelischen Kirchengemeinde - andere Eltern stehen den Neuen aber eher skeptisch gegenüber.
Ein Drittel der Eltern sind Alleinerziehende. Die anderen leben vorwiegend in Kleinfamilien mit einem oder 2 Kindern – teilweise in Patchwork-Konstellationen.
In fast allen Elternhäusern sind die Eltern berufstätig, in den Kleinfamilien arbeiten häufig auch beide Elternteile. Sie haben somit teilweise wenig Zeit für ihre Kinder. Einige Eltern sind Akademiker. Es gibt in dieser Gruppe auch mehrere Pädagogen, so eine Erzieherin eines Waldkindergartens und 2 Grundschullehrer.
Die Eltern legen großen Wert darauf, dass ihre Kinder im Kindergarten eine gute Grundlage für ihre weitere Entwicklung und Bildung erhalten.
Die Eltern sind konfessionell unterschiedlich, teilweise auch gar nicht gebunden. Wenige Elternhäuser sind in einer der umliegenden Pfarreien aktiv: 2 Väter gehören dem evangelischen Pfarrgemeinderat an, 4 Mütter singen im Kirchenchor.

Die Oma

Oma Herta ist mit der Familie ihrer Tochter sehr vertraut: Sie besucht die Familie regelmäßig, auch als die Wohnorte noch weiter auseinanderlagen. Die Kinder waren immer wieder bei ihr zu Besuch in den Ferien. Ihre Enkelin war von Geburt an „nicht pflegeleicht" in der Wahrnehmung der Großmutter; Helen kam 3 Wochen zu früh zur Welt und hatte aufgrund einer heftigen Frühgeborenen-Gelbsucht einen längeren Aufenthalt in der Klinik. Auch später erschien Helen eher zerbrechlich und weniger belastbar als der erstgeborene Bruder Max. Jede Grippe erreichte sie, Kinderkrankheiten durchlebte sie heftiger als ihr Bruder.
Helen war immer ein recht anhängliches Mädchen, das vor allem hinter ihrem großen Bruder stand. Auch Besuche bei Oma Herta machte sie nur, wenn Max mitkam. Die Kinder spielten dann stundenlang im Garten.
Oma Herta erlebte das Familienleben in den Anfangsjahren recht harmonisch, bemerkte aber auch die zunehmenden Spannungen in der Ehe, die letztendlich zur Trennung führten. Sie bedauert das Scheitern der Beziehung sehr, zumal sie die Kinder als leidtragend erlebt – vor allem Helen.

Als Großmutter springt sie selbstverständlich hilfreich ein bei der Betreuung von Helen, wenngleich sie mit ihren 70 Jahren angestrengt ist: Sie muss Helen oft vom Kindergarten abholen, kochen und sich mit ihr beschäftigen. Vor allem die betreuungsintensiven Wochenenden, an denen ihre Tochter arbeitet, empfindet sie als herausfordernd.
Außerdem belastet sie, dass Helen sich aus ihrer Sicht noch nicht integriert habe in der neuen Situation, dass das Mädchen wenig zum Spielen nach draußen gehe und oft vor dem Fernseher sitze.
Die sprachlichen Defizite machen ihr auch Kummer, weil ihre Enkelin doch bald in die Schule kommen soll. Allerdings empfindet sie die Ansprüche der Eltern an die Kinder manchmal als überhöht. Vor allem den Vater von Helen habe sie immer schon gemahnt, nicht so ehrgeizige Pläne mit den Kindern zu verfolgen.
Oma Herta ist oft unsicher, ob ihre eigene Betreuung von Helen Mängel aufweise – das macht sie traurig, denn sie möchte alles erdenklich Gute für das Mädchen tun.

Planungs- und Dokumentationsphase

Jede Spielgruppe erarbeitet die 3 methodischen Phasen eines Entwicklungsgesprächs:

Schritt 1: Anamnese
Schritt 2: Wahrnehmen, Beobachten und Verstehen
Schritt 3: Maßnahmen
Schritt 4: Bewertung und Perspektiven

Zusätzliche Fragen können jederzeit vom Spielleiter in die Spielgruppen eingebracht werden; auch die Spielgruppen können sich gegenseitig schriftliche Fragen zukommen lassen. Der Austausch von Fragezetteln findet am vorgesehenen Ort des Informationsaustauschs („Konferenz – Besprechung – Begegnung") statt.

Schritt 1: ANAMNESE

→ betrifft die Vergangenheit von Helen

- Was müssen wir über Helen wissen, um hilfreich wirken zu können?
- Was wissen wir über Helens Geburt?
- Was hat die Familie bisher geprägt?
- Gab es für Helen besondere Erlebnisse im Lauf ihrer bisherigen Kindheit?
- Hatte Helen besondere Krankheiten, die sie in ihrer Kindheit belastet haben?
- Gab es in der Familie Krankheiten, die sich auf Helen ausgewirkt haben?
- Können ärztliche Befunde eingeholt werden? Ist das sinnvoll?
- Welche Einrichtungen, Beratungsstellen, Pädagogen u. a. haben Helen bereits begleitet?

Schritt 2: WAHRNEHMEN, BEOBACHTEN UND VERSTEHEN

→ betreffen die Gegenwart von Helen

- Welches Erscheinungsbild gibt Helen im Moment ab?
- Welche Beobachtungen im Verhalten Helens können wir machen? (Was sehe, höre, rieche, spüre ich?)
- Welche Erlebnisse haben einzelne Menschen von uns mit Helen gehabt?
- Welche Reaktionen/Provokationen sind bei Helen beobachtbar?
- Vor welche Probleme stellt Helen uns, jeden Einzelnen von uns?
- Welche sozialen Kontakte sind für Helen tragend?
- Welche Auffälligkeiten sind an Helen beobachtbar?
- Was kennzeichnet Helens Sprache derzeit?
- Was macht uns Freude, Angst, Ärger, Trauer im Umgang mit Helen?
- Welche Erwartungen äußern wir an die Eltern, Oma Herta u. a.?
- Wobei brauchen die Eltern, die Oma u. a. im Moment Unterstützung? (Beobachtungen)

Schritt 3: MASSNAHMEN

→ betreffen die Zukunft von Helen

- Welche Gespräche können uns weiterhelfen, um einen fachkompetenten Hilfeplan zu erstellen?
- Welche Stellen/Menschen sollen in den Hilfeplan mit einbezogen werden?
- Welche Intention haben wir in der pädagogischen Arbeit mit Helen?
- Welche pädagogische Grundhaltung ist uns wichtig?
- Welches Zeitfenster steht zur Verfügung?
- Welche Maßnahmen sind für eine ganzheitliche Entwicklung von Helen förderlich? (Förderplan)
- Wie können die Eltern möglichst effektiv im Sinne von Helens ganzheitlicher Entwicklung wirken bzw. miteinbezogen werden? Elternkooperation: Erziehungs- und Bildungspartnerschaft?
- Welche pädagogischen Maßnahmen können geleistet werden? Wer kann was mit Helen leisten? (Erzieherinnen, Kinderpflegerinnen, Integrationskraft)
  - Organisatorische Überlegungen
  - Methodisch-didaktische Überlegungen (Arbeitsformen, Materialien, Medien, Räumlichkeiten, Hilfsmittel u. a.)
- Welche therapeutische Unterstützung ist empfehlenswert?
- Wie können wir (Team, Eltern u. a.) uns Informationen/Unterstützung holen bezüglich ...?

Schritt 4: BEWERTUNG UND PERSPEKTIVEN

→ verbindet Vergangenheit und Zukunft von Helen

- Wann wird eine Bewertung der Maßnahmen sinnvoll sein?
- Wer bestimmt wann den Zeitpunkt?
- Welche Menschen können eine solche Bewertung des pädagogischen Vorgehens vornehmen? (Familie, Fachkräfte, Therapeuten u.a.)
- Welche Grundlagen stehen zur Verfügung, um eine fachlich gesicherte Bewertung der Maßnahmen vorzunehmen? (Beobachtungsinstrumente, Gespräche u.a.)
- Welche weiterführenden Perspektiven für Helen könnten sich ergeben?

Placemat-Methode

Arbeiten Sie mit einer Placemat (siehe Anlage):

1. Im Mittelpunkt steht Helen. Den 4 Seiten des Placemats (engl. Platzdeckchen) ordnen Sie die 4 Schritte eines Entwicklungsgesprächs zu.
2. Nehmen Sie als Team um das Placemat herum Platz ein und tragen Sie zunächst einzeln ihre individuellen Überlegungen in das Placemat ein.
3. Dann drehen Sie das Blatt um 90 Grad weiter zum nächsten Kollegen. Jedes Teammitglied sieht sich jetzt vor dem nächsten Schritt des Entwicklungsgesprächs. Ergänzen Sie Ihre Vorstelllungen zum Vorgehen in diesem Schritt.
4. Verfahren Sie so weiter, bis jeder von Ihnen alle 4 Schritte des Entwicklungsgesprächs bedacht hat.
5. Tauschen Sie sich im Team über die einzelnen Schritte aus und fassen die zentralen Ergebnisse, die vom Team als tragfähig erachtet werden, für Ihre Präsentation zusammen.

Anlage: Placemat

Wahrnehmen
Beobachten
Verstehen

Anamnese

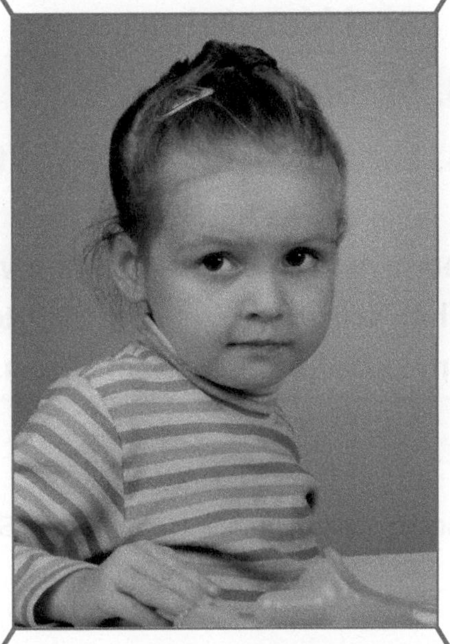

Maßnahmen

Bewertung
Perspektiven

Präsentationsphase

Die einzelnen Phasen des Entwicklungsgesprächs sind an Stellwänden angebracht. Die Spielgruppen ordnen erarbeitete Aspekte zu und heften sie an die Pinnwände, um sie dann kurz im Ergebnis zu referieren.

DOKUMENTATIONSPLAN

Entsprechend der Phasen des Entwicklungsgesprächs dokumentieren wir die Inhalte zur Fallanalyse „Helen kann noch nicht richtig sprechen“

1. **Anamnese**
2. **Wahrnehmen, Beobachten und Verstehen**
3. **Maßnahmen**
4. **Bewertung, Perspektiven**

aus den unterschiedlichen Blickwinkeln aller am erzieherischen Prozess beteiligten Menschen im Lebensumfeld von Helen.

Anlage im E-Book: Vorlagen für den Dokumentationsplan für die Stellwände

LERNFELD 3 Lebenswelten wahrnehmen [Planspiel Helen]

Vorlage: Für den Dokumentationsplan an den Stellwänden

ANAMNESE

WAHRNEHMEN, BEOBACHTEN und VERSTEHEN

MASSNAHMEN

BEWERTUNG

RÄUMLICHE BEDINGUNGEN

PERSONALE KOMPETENZEN

ZEITLICHER RAHMEN DER FÖRDERUNG

PÄDAGOGISCHE ZIELSETZUNGEN

handwerk-technik.de

Lernort-

Reflexionsphase

Am Ende des Planspiels bearbeiten die Teilnehmer einzeln und ohne Namensnennung folgenden Reflexionszirkel. Abschließend fasst jeder in einem „Blitzlicht“ seinen Eindruck in einem Satz zusammen.

Reflexionszirkel

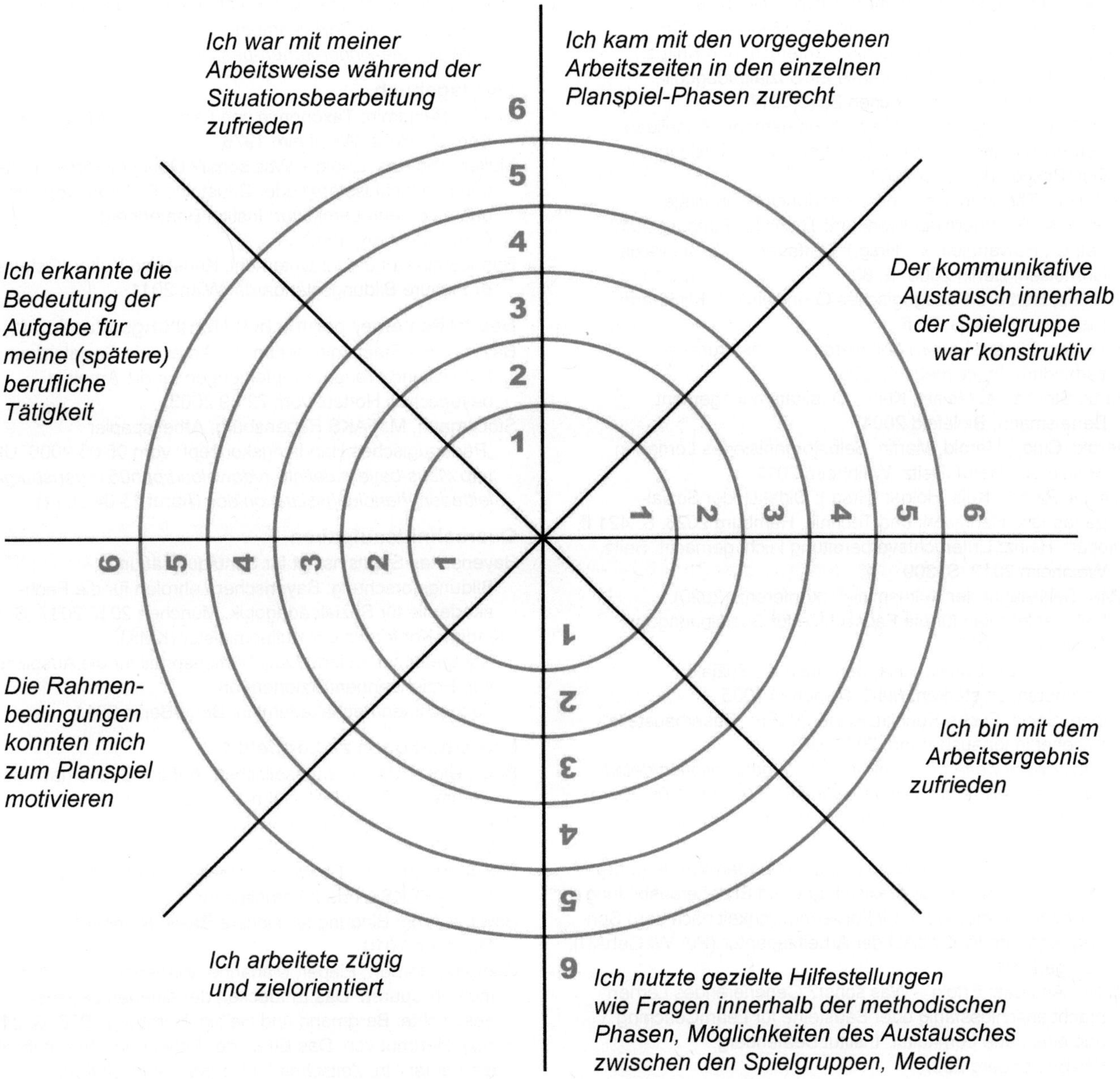

Literaturverzeichnis Band 1

Didaktisches Glossar

Arnold, Rolf: WIFI Lernmodell LENA. 2013, URL: *www.wifi.at/lernmodell* (Abruf 03.10.2014)

Bayerisches Staatsinstitut für Frühpädagogik: Schlüssel Projektarbeit. München 2012

Bayerisches Staatsinstitut für Schulqualität und Bildungsforschung: Handreichung für Seminarveranstaltungen im Berufspraktikum der Fachakademie für Sozialpädagogik. München 2006

Bayerisches Staatsministerium für Unterricht und Kultus: Lehrplan für die Fachakademie für Sozialpädagogik, Erzieherausbildung. München 2013/2017

Beer, Peter; Langenmayr, Margret, Heinemann, Anneliese: Lernfeldorientierung in der Erzieherinnenausbildung. Don Bosco, München 2003

Berkefeld, Thorsten u. a.: Lehrerhandbuch Altenpflege. Dr. Felix Büchner/Handwerk und Technik, Hamburg 2010

Bovet, G.; Huwendiek, V. (Hrsg.): Leitfaden für Schulpraxis. Cornelsen, Berlin 2000, S. 80

Gudjons, Herbert: Pädagogisches Grundwissen. Klinkhardt, Heilbrunn 2008, S. 76 ff.

Haffelder, Günter: Lernen optimieren – Lernstörungen verhindern. In: co'med 10/1998

Hartz, Stephanie; Meisel, Klaus: Qualitätsmanagement. Bertelsmann, Bielefeld 2004

Herold, Cindy; Herold, Martin: Selbstorganisiertes Lernen in Schule und Beruf. Beltz, Weinheim 2011

Jaszus, Rainer; Küls, Holger (Hrsg.): Didaktik der Sozialpädagogik. Handwerk und Technik, Hamburg 2023, S. 421 ff.

Klippert, Heinz: Unterrichtsvorbereitung leicht gemacht. Beltz, Weinheim 2012, S. 309

KMK: Sekretariat der Kultusministerkonferenz (2020): Rahmenlehrplan für die Fachschule für Sozialpädagogik. Bonn/Berlin 2020

Lehner, Andrea; Baselt, Julia; Berentz u. a.: Soziale Kompetenzen stärken. Maiß, München 2005

Mende, Sonja, Fuchs-Rechlin, Kirsten/WiFF: „Dauerbaustelle" Erzieher:innenausbildung, 2022, URL: *https://www.weiterbildungsinitiative.de/publikationen/detail/dauerbaustelle-erzieherinnenausbildung* (Abruf 11.05.2024)

Meyer, Hilbert: Unterrichtsmethoden Band 2. Cornelsen, Stuttgart 1987, S. 385

Ministerium für Kultus, Jugend und Sport Baden-Württemberg: Informationspapier zur praxisintegrierten Erzieherausbildung in Baden-Württemberg mit Fördermöglichkeit nach dem Sonderprogramm WeGebAU der Arbeitsagentur (PiA-WeGebAU), Stuttgart 2015

Müller, Andreas: Erfolg – Was sonst? Generierendes Lernen macht anschlussfähig oder Bausteine für LearnCoaching und eine neue Lernkultur. Institut Beatenberg, CH-Beatenberg 2007

Pätzold, Günter: Lernfelder und Lernortkooperation in der beruflichen Bildung, Band 30. Projekt Verlag, Dortmund 2003

PiA Ba-Wü: Ministerium für Kultus, Jugend und Sport Baden-Württemberg: Rahmenplan für die praktische Ausbildung von Erzieherinnen und Erziehern an der Fachschule für Sozialpädagogik (praxisintegriert) vom 31.07.2012. Stuttgart 2012

Reich, K. (Hrsg.); Universität Köln: Methodenpool. Unterrichtsmethoden im konstruktiven und systemischen Methodenpool. URL: *http://methodenpool.uni-koeln.de* (Abruf 07.05.2015)

Reichen, Jürgen: Sachunterricht und Sachbegegnung. Grundlagen zur Lehrmittelreihe MENSCH UND UMWELT. Sabe, Zürich 1991, S. 61, 83

Reischmann, Jost: Weiterbildungsevaluation. Lernerfolge messbar machen. Luchterhand, Neuwied 2006, S. 18

Sacher, Werner: Leistungen entwickeln, überprüfen und beurteilen. Bewährte und neue Wege für die Primar- und Sekundarstufe. Klinkhardt, Bad Heilbrunn 2009, S. 231

Siebert, Horst: Methoden für die Bildungsarbeit, Leitfaden für aktivierendes Lernen. Bertelsmann, Bielefeld 2010

Weidner, Margit: Sozialziele-Katalog. Ein Lehrgang zur Steigerung von Sozialkompetenz. (Selbstverlag) *www.soziale-kinder-lernen-besser.de* 2004

Lerntagebuch

Bloom, Benjamin: Taxonomie von Lernzielen im kognitiven Bereich. Beltz, Weinheim 1976

Müller, Andreas: Erfolg – Was sonst? Generierendes Lernen macht anschlussfähig oder Bausteine für LearnCoaching und eine neue Lernkultur. Institut Beatenberg, CH-Beatenberg 2007

Bundesministerium für Unterricht, Kunst und Kultur (Österreich): Broschüre Bildungsstandards. Wien 2011

Bearbeiten einer beruflichen Handlungssituation (1)

Bayerisches Staatsministerium für Arbeit und Sozialordnung, Familie und Frauen: Empfehlungen für die Arbeit in bayerischen Horten; vom 22.09.2003

Stockmann, M./FAKS Regensburg: Arbeitspapier „Pädagogisches Handlungskonzept" vom 05.05.2006, URL: *http://faks-bayern.de/intern/download/pph05/regensburg-leitfaden_handlungssituation.doc* (Abruf 13.04.2014)

Querschnittsaufgaben

Bayerisches Staatsinstitut für Schulqualität und Bildungsforschung: Bayerischer Lehrplan für die Fachakademie für Sozialpädagogik. München 2013/2017, S. 10

Ständige Konferenz der Kultusminister (KMK): Kompetenzorientierte Qualifikationsprofil für die Ausbildung von Erzieherinnen/Erziehern an Fachschulen/Fachakademien. Bonn/Berlin 2011

Lernsituationen zu Lernfeld 1

Beck, Ulrich: Weltrisikogesellschaft: Auf der Suche nach der verlorenen Sicherheit. Suhrkamp, Berlin 2008

Beil, Brigitte: Gutes Kind, böses Kind – Warum brauchen Kinder Werte?" dtv, München 1996

Bischofberger, Ute; Feyrer, Iris; Johler, Dagmar; Sechser, Conny/FAKS Lindau: Lernsituation

Bowlby, John: Bindung als sichere Basis. Reinhardt, München 2010

Gudjons, Herbert, Pieper, Marianne, Wagener, Birgit: Auf meinen Spuren. Das Entdecken der eigenen Lebensgeschichte. Bergmann und Helbig, Hamburg 1996, S. 24

Hentig, Hartmut von: Das Ethos der Erziehung. Was in ihr ist elementar? In: Zeitschrift für Pädagogik 55 (2009), S. 509–527

Inglehart, Ronald: Kultureller Umbruch. Wertwandel in der westlichen Welt. Campus, Frankfurt M. 1995

Jaszus, Rainer u. a.: Sozialpädagogische Lernfelder für Erzieherinnen und Erzieher. 2. Auflage. Holland + Josenhans, Stuttgart 2014

Jaszus, Rainer u. a.: Sozialpädagogische Lernfelder für Erzieherinnen und Erzieher. LF 1–6 Neubearbeitung. Handwerk und Technik, Hamburg 2021

Lay, Reinhard: Ethik in der Pflege. Schlütersche, Hannover 2012

Neumann, Christine; Niederwestberg, Lucia; Wenning, Martina: Erziehen Bilden Betreuen im Kindesalter. Handwerk und Technik, Hamburg 2019, S. 11–13

Oerter, Rolf; Montada, Leo (Hrsg.): Entwicklungspsychologie. Beltz, Weinheim 2008, S. 124
Rogers, Carl: Der neue Mensch. Klett-Cotta, Stuttgart 1981
Tausch, Anne-Marie; Tausch, Reinhard: Erziehungspsychologie. Psychologische Prozesse in Erziehung und Unterricht. Verlag für Psychologie, Göttingen 1971/1998, S. 181, 215

Präsentationsdatei Montessori-Pädagogik (E-Book)
Maria Montessori: Das Kind in der Familie, Stuttgart 1954, S. 59
Maria Montessori: Die Entdeckung des Kindes, Freiburg 1969
Maria Montessori: Das kreative Kind, Freiburg 1972, S. 185
Maria Montessori: Schule des Kindes, Freiburg, 1976, S. 101–118, 204
Becker-Textor, Ingeborg: Maria Montessori – der pädagogische Ansatz. In: Fthenakis/Textor (Hrsg.), Pädagogische Ansätze im Kindergarten. Beltz, Weinheim 2000, S. 30–41
www.montessori-paedagogik.info/ (Abruf 20.11.2014)

Präsentationsdatei Reggio-Pädagogik (E-Book)
Knauf, Tassilo: Reggio-Pädagogik: kind- und bildungsorientiert. In: A. Bostelmann, M. Textor: Das Kita-Handbuch. URL: *https://www.kindergartenpaedagogik.de/fachartikel/paedagogische-ansaetze/moderne-paedagogische-ansaetze/1138/* (Abruf 10.07.2024)

Präsentationsdatei Waldorfpädagogik (E-Book)
Glas, Norbert: Frühe Kindheit Band 1. Mellinger, Stuttgart 1985
Lang, Peter; Internationale Vereinigung der Waldorfkindergärten e.V.: Was Kinder brauchen. Erziehung und Bildungsziele in der Waldorfpädagogik für Kinder bis zur Schulfähigkeit. In: A. Bostelmann, M. Textor: Das Kita-Handbuch. URL: *https://www.kindergartenpaedagogik.de/fachartikel/paedagogische-ansaetze/klassische-paedagogische-ansaetze-allgemeines/756/* (Abruf 10.07.2024)
Saßmannshausen, Wolfgang: Waldorfkindergarten – Grundlagen und Grundanliegen. In: A. Bostelmann, M. Textor: Das Kita-Handbuch. URL: *https://www.kindergartenpaedagogik.de/fachartikel/paedagogische-ansaetze/klassische-paedagogische-ansaetze-allgemeines/163/* (Abruf 10.07.2024)
Steiner, Rudolf: Allgemeine Menschenkunde als Grundlage der Pädagogik. Rudolf Steiner Verlag, Stuttgart 1919
Steiner, Rudolf: Die Erziehung des Kindes. Rudolf Steiner Verlag, Dornach 1992

Lerntheke Kommunikation
Six, Ulrike; Gleich, Uli; Gimmler, Roland (Hrsg): Kommunikationspsychologie und Medienpsychologie. Beltz-PVU, Weinheim 2007

Bearbeiten von beruflichen Handlungssituationen (2)
Bayerisches Staatsinstitut für Frühpädagogik IFP: Bildung, Erziehung und Betreuung von Kindern in den ersten drei Lebensjahren. Handreichung zum Bayerischen Bildungs- und Erziehungsplan für Kinder in Tageseinrichtungen bis zur Einschulung. Verlag das netz, Kiliansroda 2010, Kapitel 1.7
Bischofberger, Ute/FAKS Lindau: Rahmensituation
Stockmann, M./FAKS Regensburg: Arbeitspapier Leitfaden vom 05.05.2006, URL: *http://faks-bayern.de/intern/download/pph05/regensburg-leitfaden_handlungssituation.doc* (Abruf 13.04.2014)

Bearbeiten von beruflichen Handlungssituationen (3)
Stockmann, M./FAKS Regensburg: Arbeitspapier Leitfaden vom 05.05.2006, URL: *http://faks-bayern.de/intern/download/pph05/regensburg-leitfaden_handlungssituation.doc* (Abruf 13.04.2014)

Stationenlernen Wahrnehmen und Beobachten
Asch, S.: Forming impressions of personality. In: The Journal of Abnormal and Social Psychology, Vol 41(3), 1946, S. 258–290
Bayerisches Staatsministerium für Arbeit und Sozialordnung, Familie und Frauen & Staatsinstitut für Frühpädagogik: Bayerischer Bildungs- und Erziehungsplan für Kinder in Tageseinrichtungen bis zur Einschulung (BEP). Cornelsen, Berlin 2012
Bensel, J., Haug-Schnabel, G. (FVM): Kinder beobachten und ihre Entwicklung dokumentieren. In: Kindergarten Heute Spezial. 2006, Seite 58
Bruner, J. S., & Postman, L.: Perception and the dynamics of behavior. 1947. Zitiert in *http://psychclassics.yorku.ca/Bruner/Value/*
Büchin-Wilhelm, Irmgard; Jaszus, Rainer; Küls, Holger: Fachbegriffe für Erzieherinnen und Erzieher. Handwerk und Technik, Hamburg 2023
Faulstich-Wieland, Hannelore: Einführung in Genderstudien. Verlag Barbara Budrich, Opladen 2006
Heinrich-Böll-Stiftung; Brilling, Julia: Editorial Diversität und Kindheit URL: *https://www.boell.de/sites/default/files/2012-09-Diversitaet-Kindheit.pdf* (Abruf 10.07.2024)
Jaszus, Rainer u. a.: Sozialpädagogische Lernfelder für Erzieherinnen und Erzieher. Holland + Josenhans, Stuttgart 2014, S. 198–199
Jeannot, Godje; Stinsmeier, Julia; Strodtmann, Dorothea: Kompetent in der Kita. Handwerk und Technik, Hamburg 2021, S. 113
Kliebisch, Udo; Weyer, Dirk: Selbstwahrnehmung und Körpererfahrung. Verlag an der Ruhr, Mühlheim 2001, S. 18 ff.
Prengel, Annedore: Wieviel Unterschiedlichkeit passt in eine Kita? Theoretische Grundlagen einer inklusiven Praxis in der Frühpädagogik. Vortragstext Fachforum Inklusion, Weiterbildungsinitiative Frühpädagogische Fachkräfte, Deutsches Jugendinstitut, München 29.6.2010, URL: *https://www.weiterbildungsinitiative.de/fileadmin/Redaktion/Themen/PDF/WiFF_Fachforum_Inklusion_Impulsreferat_Prof_Dr_Prengel.pdf* (Abruf 07.10.2024)
Rubin, J. Z., Provenzano, F. J., & Luria, Z.: The eye of the beholder: Parents' views on sex of newborns. In: American Journal of Orthopsychiatry, 1974, Vol 44, S. 512–519.
Vopel, Klaus W.: Interaktionsspiele. Iskopress, Salzhausen 2005
Zimbardo. P. G.: Psychologie. 6. Auflage, Springer, Heidelberg 1995, S. 196, 205

Präsentationsdatei Entwicklungsgespräch/ Kinderbetrachtung (E-Book)
Köhler, Henning: War Michel aus Lönneberga aufmerksamkeitsgestört? Der AD(H)S-Mythos und die neue Kindergeneration. Verlag Freies Geistesleben, Stuttgart 2013

Bildquellenverzeichnis (Buch und Zusatzdateien im E-Book)

123RF GmbH, Nidderau: S. 239/2 (Igor Zakowski); 255/2 (Igor Zakowski)

akg-images GmbH, Berlin: S. 135/4; 177/1g; 197/1 (New York, Metropolitan Museum of Art)

dpa-Picture-Alliance GmbH, Frankfurt am Main: S. 135/1 (picture-alliance/dpa),2 (picture alliance/ Keystone), 3 (picture alliance/akg-images),7 (picture-alliance/dpa); 154/4 (picture-alliance/ZB); 177/1c-f

stock.adobe.com: S. 3 (bittedankeschön); 6 /1 (Thodoris Tibilis),2 (mikoo),3 (AnNat); 8 (Lucian_3D); 11 (Ekler); 13 (JiSign); 14/2 (Birgit Reitz-Hofmann),4(elxeneize); 17 (donatas1205); 19 (ecco); 21 (Coloures-pic); 23/1-3,4,6 (Mimi Potter); 27 (fotomek); 28/1 (Nenov Brothers); 30 (Dreaming Andy); 61 (Rudie); 71/1 (by-studio), 2a (Oksana Kuzmina),2b (GoldPix), 74/1a (Oksana Kuzmina), 1b (GoldPix); 2 (by-studio); 77 (by-studio); 79 (by-studio); 80 (by-studio); 81 (by-studio); 82/1 (by-studio), 2a (GoldPix), 2b (Oksana Kuzmina); 88/1a (GoldPix),1b (Oksana Kuzmina); 94 (by-studio); 97 (by-studio); 99 (Peter Hermes Furian); 100 (by-studio); 103 (by-studio); 106 (by-studio); 107 (by-studio); 108 (by-studio); 109/1a (GoldPix), 1b (Oksana Kuzmina); 110/1a (GoldPix),1b (Oksana Kuzmina); 111(by-studio); 121/1a (Oksana Kuzmina), 1b (GoldPix); 122/1a (Oksana Kuzmina),1b (GoldPix); 123/1a (Oksana Kuzmina),1b (GoldPix); 125/1a (Oksana Kuzmina),1b (GoldPix); 127/1a (Oksana Kuzmina),1b (GoldPix); 128/1a (Oksana Kuzmina), 1b (GoldPix); 129/1a (Oksana Kuzmina),1b (GoldPix); 134/1 (by-studio),2a (Oksana Kuzmina),2b (GoldPix); 135/6 (Stauke),8 (Giovanni Cancemi),9 (Christian Schwier); 138 (Stauke); 139 (Stauke); 140 (Stauke); 141/1 (Stauke); 143/1 (Stauke); 145 (Stauke); 147 (Stauke); 150 (Giovanni Cancemi); 151 (Giovanni Cancemi); 152/1 (Giovanni Cancemi),2 (Nebojsa Markovic); 153/1 (Giovanni Cancemi),2 (lichtmeister); 154/1 (Giovanni Cancemi); 155/1 (Giovanni Cancemi),2 (Lucian_3D); 156 (Giovanni Cancemi); 157 (Giovanni Cancemi); 158 (Giovanni Cancemi); 159 (Giovanni Cancemi); 175 (Stauke); 183 (Christian Müller); 185 (Christian Müller); 203/4 (kharlamova_lv); 208/1 (Roman Bodnarchuk); 219/1 (Viorel Sima), 2 (Viorel Sima) 220 (Calek); 239/1 (budogosh); 255/1 (budogosh); 257 (vitma); 260 (vitma); 267(vitma)

Freie Waldorfschule Wangen e.V., Wangen : S. 143/2,3

Hermine König, Das große Jahresbuch für Kinder. Illustriert von Eva Amonde. ©2001, Kösel-Verlag, München, in der Verlagsgruppe Random House GmbH: S. 78/2

Illustration, Animation, Design Gregor Mecklenburg, Pinneberg: S. 12; 178; 179; 181; 209; 227; 234

iStock.com, Dublin, Irland: S. 14/3 (foto-ruhrgebiet); 23/5 (Palto); 192/1 (francescoch); 208/2 (Slonov); 254/1(lineartestpilot)

Kaya, Merve, Lindau: S. 14/1; 78/1; 149

Kramer, Angelika, Stuttgart: S. 187/1; 188/2; 190; 191; 192/2; 193; 194; 197/2; 198/2-6; 205/2

Müller, Thomas, Alwin, Filderstadt, alwin@mopf.net: S. 71/3; 74/3; 89; 92; 110/2; 113; 114; 118; 119; 131; 132

Schaalburg, Bianca, Berlin: S. 105

Shutterstock Images LLC, New York, USA: S. 6/4 (npine),5 (sdebenport); 203/1-3 (Melissa King)

Timm, Gabriele, Kaarst: S. 186

Verlag Handwerk und Technik GmbH, Hamburg: S. 10; 28/2; 154/3; 189/1; 198/1; 208/3; 241; 250; 254/2

www.wikipedia.com: S. 15; 134/5; 177/1a,b,2; 180; 188/1; 189/2; 199; 201